Praxisratgeber Recht
Kaufrecht

Praxisratgeber Recht

Band 1 – Kaufrecht

von

Prof. Dr. jur. Rolf Schmidt

4. Auflage 2020

Schmidt, Rolf: Praxisratgeber Recht Band 1 – Kaufrecht
4. Auflage – Grasberg bei Bremen 2020
ISBN 978-3-86651-240-5; Preis 9,80 EUR

Umschlaglayout:	mann + maus GmbH & Co. KG, 30171 Hannover
Titelbild:	amnaj – Adobe Stock
Autor:	Prof. Dr. Rolf Schmidt c/o Verlag Dr. Rolf Schmidt GmbH
Druck:	Druckhaus Pinkvoss GmbH, 30519 Hannover
Verlag:	Dr. Rolf Schmidt GmbH, Wörpedorfer Ring 40, 28879 Grasberg bei Bremen, Tel. (04208) 895 299; Fax (04208) 895 308; www.verlag-rolf-schmidt.de; E-Mail: info@verlag-rolf-schmidt.de

Für Verbraucher erfolgt der deutschlandweite Bezug über den Verlag versandkostenfrei.

Über diesen Ratgeber

Dieser Ratgeber für die Praxis soll für Sie, als Rechtssuchende(n), eine erste Anlaufstelle sein, damit Sie sich einen Überblick über die aus einem Kaufvertrag entstehenden Rechte und Pflichten verschaffen können. Dabei beschränkt sich dieser Ratgeber auf die typischen Fälle, die Ihnen im Alltag begegnen können. Er erläutert die Rechte und Pflichten aus dem Kaufvertrag, zeigt den Unterschied zwischen (Hersteller-)Garantie und gesetzlicher Gewährleistung auf und erklärt die Käuferrechte bei Mängeln an der Kaufsache anhand zahlreicher praktischer Beispielsfälle. Die Verjährung von Ansprüchen und Beweislastfragen werden ebenfalls angesprochen. Denn in der Praxis entscheidet über Erfolg oder Misserfolg eines Rechts oft die Frage, wer den Beweis für das Vorliegen der anspruchsbegründenden Voraussetzungen führen muss. Sie erhalten also Hinweise, ob es sich „lohnt", für Ihr Recht zu kämpfen.

Bitte beachten Sie aber stets, dass es nur selten eine „allein richtige Antwort" auf eine Rechtsfrage gibt. Die folgende Darstellung basiert v.a. auf den gesetzlichen Regelungen und der höchstrichterlichen Rechtsprechung. Eine andere, abweichende Rechtsauffassung ist gerade hinsichtlich der Auslegung unbestimmter Gesetzesbegriffe sicherlich möglich. Das gilt auch für die Stellungnahmen und kritischen Gedanken des Verfassers. Im Zweifel sollten Sie eine Rechtsanwältin oder einen Rechtsanwalt konsultieren, die oder der die möglichen Besonderheiten Ihres Falls berücksichtigen wird.

Hamburg, im September 2020   *Prof. Dr. jur. Rolf Schmidt*

Inhaltsverzeichnis

1. Teil – Einführung in das Kaufrecht 1

2. Teil – Zustandekommen eines Kaufvertrags 3
   I. Angebot und Annahme 3
   II. Grundsatz der Formfreiheit 9
   III. Schweigen im Rechtsverkehr 10
   IV. Recht auf Abschluss eines Kaufvertrags? 11

3. Teil – Rechte und Pflichten aus dem Kaufvertrag 13
   I. Wesen eines Kaufvertrags; Trennungsprinzip 13
   II. Nebenpflichten aus dem Kaufvertrag 15
   III. Der Verbrauchsgüterkauf und das Widerrufsrecht 15

4. Teil – Rechte bei Sachmängeln 23
   I. Begriff des Sachmangels 23
      1. Subjektiver und objektiver Fehlerbegriff 23
         a. Beschaffenheitsvereinbarung 23
         b. Weitere Kriterien zur Bestimmung des Sachmangels 33
            aa. Keine Eignung für vertraglich vorausgesetzte Verwendung 34
            bb. Keine Eignung für gewöhnliche Verwendung; keine übliche Beschaffenheit, die der Käufer erwarten kann 36
      2. Besonderheiten bei gebrauchten Sachen 39
         a. Restriktiver Mangelbegriff 39
         b. Speziell: Verbrauchsgüterkauf 40
         c. Speziell: Gebrauchtwagenkauf 41
      3. Besonderheiten beim Tierkauf 47
      4. Besonderheiten bei Verschleißteilen 48
      5. Besonderheiten bei kurzlebigen Produkten 49
      6. Mangelverdacht 50
      7. Maßgeblicher Zeitpunkt 52
   II. Abgrenzung zur (Hersteller-)Garantie 54
   III. Abgrenzung zur Anfechtung 57

1. Anfechtung wegen Eigenschaftsirrtums 58
   a. Ausschluss des Anfechtungsrechts 59
   b. Begründung des Ausschlusses des Anfechtungsrechts 60
2. Anfechtung wegen arglistiger Täuschung 62
IV. Rechte bei Vorliegen eines Sachmangels 70
1. Systematik der Mängelrechte 70
2. Recht auf Nacherfüllung 71
   a. Mangelbeseitigung, § 439 Abs. 1 Var. 1 BGB 73
      aa. Mangelbeseitigung durch Nachbesserung (Reparatur) 73
      bb. Anspruch auf Neu- bzw. Originalteile? 73
      cc. Herausgabe der Altteile 74
      dd. Ausgleich bei Werterhöhung? 74
   b. Lieferung einer mangelfreien Sache 75
      aa. Gattungsschuld versus Stückschuld 76
         a.) Rechtslage vor Übergabe der Sache 76
         b.) Rechtslage nach Übergabe der Sache 80
            aa.) Nachlieferung bei Gattungskauf 80
            bb.) Nachlieferung auch bei Stückkauf? 81
            cc.) Bei Neukauf Ersatzsache nicht mehr beschaffbar 84
            dd.) Recht auf Nachlieferung einer neuen Sache? 86
            ee.) Nutzungsersatz? 87
            ff.) Wertersatz (Ausgleich „neu für alt")? 91
      bb. Besonderheiten beim Tierkauf 92
   c. Bei Mangelbeseitigung: Anzahl der Nachbesserungsversuche 93
   d. Wechsel zwischen den Arten der Nacherfüllung? 95
   e. Beweislast für das Fehlschlagen der Nachbesserung 98
   f. Kosten der Nacherfüllung 98
   g. Zur-Verfügung-Stellen der Sache zwecks Prüfung 100
   h. Ort der Nacherfüllung 102
   i. Aus- und Einbaukosten im Rahmen der Nacherfüllung 105
      aa. Rechtslage vor dem 1.1.2018 / Rechtsprechung 105
         a.) Allgemeines Kaufrecht 105
         b.) Verbrauchsgüterkauf 107

  bb. Rechtslage seit dem 1.1.2018 111
   a.) Allgemeines Kaufrecht 111
   b.) Verbrauchsgüterkauf 117
   c.) Fazit 119
   d.) Anwendungsfall 119
  cc. Rechtslage beim Werklieferungsvertrag 121
 j. Aufwendungen zur Klärung einer unklaren Mängelursache 123
 k. (Kein) Ausschluss/keine Einschränkung des Rechts auf
  Nacherfüllung 123
3. Recht auf Rücktritt vom Vertrag 127
 a. Rücktrittserklärung; kein Wechsel zur Minderung 127
 b. Insbesondere: Fristsetzung 128
 c. Entbehrlichkeit der Fristsetzung 130
  aa. Entbehrlichkeit der Fristsetzung bei Ausschluss der
   Leistungspflicht gem. § 275 Abs. 1 BGB 130
  bb. Entbehrlichkeitsgründe nach § 323 Abs. 2 BGB 130
  cc. Entbehrlichkeit nach § 440 S. 1 BGB 131
  dd. Entbehrlichkeitsgründe beim Verbrauchsgüterkauf 132
 d. Rücktritt bei Unmöglichkeit der Leistung 133
 e. Kein Ausschluss des Rücktrittsrechts 134
 f. Rechtsfolge des Rücktritts 137
4. Recht auf Kaufpreisminderung 141
 a. Minderung als Alternative zum Rücktritt 141
 b. Kein Wechsel von Minderung zum Rücktritt 142
 c. Minderungshöhe 143
5. Recht auf Schadensersatz 147
 a. Schadensersatz statt der Leistung 147
 b. Schadensersatz statt der ganzen Leistung 150
 c. Schadensersatz neben der Leistung 151
  aa. Ersatz von Begleitschäden 151
  bb. Ersatz von Mangelfolgeschäden 151
  cc. Ersatz von Verzögerungsschäden 152
 d. Fristsetzung bei Schadensersatz statt der Leistung 153

e. Verschuldenserfordernis 153
f. Ersatzfähige Positionen 156
g. Haftungsausschluss 158
h. Verhältnis zur Minderung und zum Rücktritt 158
6. Aufwendungsersatzanspruch 160
7. Rückgriff des Verkäufers gegen den Lieferanten 162
V. (Kein) Ausschluss der Gewährleistung 163
1. Grundsatz: Gewährleistungsausschluss zulässig 163
2. Grenzen des Gewährleistungsausschlusses 165
3. Speziell: Verbrauchsgüterkauf 169
4. AGB-Recht 174
a. Verbrauchsgüterkauf 175
b. Nicht-Verbrauchsgüterkauf 175
5. Umgehungsgeschäfte 180

5. Teil – Verjährung und Beweislast 184

I. Verjährung 184
1. Gesetzliche Verjährungsfristen 184
2. Vertragliche Fristverkürzung 186
a. Grundsatz: Fristverkürzung möglich 186
b. Beschränkungen durch AGB-Recht 187
c. Verbrauchsgüterkaufverträge 187
d. Abgrenzung Neu- und Gebrauchtware 191
II. Beweislast 194

Abkürzungsverzeichnis

a.F.	alte Fassung
Abs.	Absatz
AGB	Allgemeine Geschäftsbedingungen
AGG	Allgemeines Gleichbehandlungsgesetz
BGB	Bürgerliches Gesetzbuch
BGH	Bundesgerichtshof
BGHZ	Bundesgerichtshof in Zivilsachen (Entscheidungssammlung)
BR-Drs.	Bundesrat-Drucksache
BT-Drs.	Bundestag-Drucksache
BVerfG	Bundesverfassungsgericht
bzw.	beziehungsweise
DAR	Deutsches Autorecht (Zeitschrift)
EGBGB	Einführungsgesetz zum Bürgerlichen Gesetzbuch
etc.	et cetera (lat.: und so weiter)
f./ff.	folgende (r/s)/fortfolgende
FernUSG	Fernunterrichtsschutzgesetz
gem.	gemäß
GG	Grundgesetz
ggf.	gegebenenfalls
GmbH	Gesellschaft mit beschränkter Haftung
grds.	grundsätzlich
HGB	Handelsgesetzbuch
i.d.R.	in der Regel
i.H.v.	in Höhe von
i.S.d.	im Sinne des/der
i.S.v.	im Sinne von
i.V.m.	in Verbindung mit
JuSchG	Jugendschutzgesetz
LG	Landgericht
n.F.	neue Fassung
NJW	Neue Juristische Wochenschrift
Rn.	Randnummer
S.	Seite oder Satz
s.o./u.	siehe oben/unten
sog.	so genannt (-e), (-er)
u.a.	unter anderem
UKlaG	Unterlassungsklagengesetz
u.U.	unter Umständen
UWG	Gesetz gegen den unlauteren Wettbewerb
v.	von/vom
Var.	Variante
vgl.	vergleiche
z.B.	zum Beispiel
ZPO	Zivilprozessordnung

1. Teil – Einführung in das Kaufrecht

§ 433 BGB (Vertragstypische Pflichten beim Kaufvertrag):
(1) Durch den Kaufvertrag wird der Verkäufer einer Sache verpflichtet, dem Käufer die Sache zu übergeben und das Eigentum an der Sache zu verschaffen. Der Verkäufer hat dem Käufer die Sache frei von Sach- und Rechtsmängeln zu verschaffen.

(2) Der Käufer ist verpflichtet, dem Verkäufer den vereinbarten Kaufpreis zu zahlen und die gekaufte Sache abzunehmen.

Der Kaufvertrag ist der wohl wichtigste und verbreitetste Vertragstyp, der uns begegnet. Während beispielsweise der Kauf von Brötchen beim Bäcker oder von Fleisch- und Wurstwaren beim Metzger zu den Bargeschäften des täglichen Lebens gehört und i.d.R. unproblematisch ist, kann dies beim Kauf eines Pferdes, Autos oder gar einer Immobilie schon anders aussehen. Hier können Mängel an der Kaufsache oder Schäden, die der Sache anhaften oder die durch die Sache an anderen Rechtsgütern verursacht werden, sehr schnell hohe Beträge ausmachen sowie weitere Konsequenzen nach sich ziehen. Daher sind für den Käufer Kenntnisse seiner Rechte unabdingbar.

Der Kaufvertrag stellt einen sog. Typenvertrag dar. Typenverträge sind Verträge, die den Menschen besonders häufig begegnen und die der Gesetzgeber daher speziell geregelt hat. So hat er den Kaufvertrag in den §§ 433 ff. BGB geregelt. § 433 BGB beschreibt die primären Rechte und Pflichten der Vertragsparteien aus dem Kaufvertrag. § 434 BGB enthält eine (abstrakte) Definition, was unter einem Sachmangel zu verstehen ist. Das ist deswegen wichtig, weil Sachmängelrechte des Käufers zunächst einen Sachmangel voraussetzen. Bereits hier bestehen in der Praxis oft unterschiedliche Auffassungen zwischen den Parteien. Liegt aber ein Sachmangel vor, greifen bestimmte Käuferrechte, die der Gesetzgeber in § 437 BGB aufgezählt hat. Dies sind

Einführung

⇨ **Nacherfüllung** in den Formen der Lieferung einer anderen, mangelfreien Sache oder der Nachbesserung, d.h. Reparatur der Sache,

⇨ **Minderung** des Kaufpreises,

⇨ **Rücktritt** vom Kaufvertrag und

⇨ ggf. **Schadensersatz** oder Aufwendungsersatz.

Zu beachten ist jedoch, dass – entgegen dem ersten Anschein – der Käufer sich nicht nach Belieben eines der Rechte aussuchen darf. Vielmehr hat der Gesetzgeber den Grundsatz aufgestellt, dass der Käufer zunächst dem Verkäufer Gelegenheit geben muss, nachzuerfüllen, bevor er insbesondere den Kaufpreis mindern oder gar den Rücktritt erklären kann. Darauf wird an entsprechender Stelle zurückzukommen sein.

In der Praxis äußerst wichtig ist auch die Beantwortung der Frage, ob ein Sachmangel ein **Vertretenmüssen** des Verkäufers voraussetzt, ob dieser also den Eintritt des Mangels verschuldet haben muss. Auch die Frage nach der **Beweislast** kann entscheidend sein. Denn im Zivilprozess gilt die (unausgesprochene) Regel, dass derjenige, der anspruchsbegünstigende Voraussetzungen geltend macht, deren Vorliegen auch beweisen muss. Möchte der Gesetzgeber hiervon abweichen, muss er dies ausdrücklich regeln. Im Kaufrecht ist dies zugunsten des Verbrauchers (teilweise) geschehen (vgl. § 477 BGB in Bezug auf das Vorliegen eines Sachmangels zum Zeitpunkt der Übergabe).

Schließlich kann von entscheidender Bedeutung sein, innerhalb welcher **Frist** der Käufer einer mangelhaften Sache seine Rechte geltend machen muss (Stichwort: **Verjährung**). Bei neu hergestellten Sachen gilt die 2-Jahres-Frist des § 438 Abs. 1 Nr. 3 BGB. Auch die damit verbundenen Fragen – sowie Fragen nach der Wirksamkeit des Ausschlusses der Gewährleistung – werden an entsprechender Stelle beantwortet.

2. Teil – Zustandekommen eines Kaufvertrags

I. Angebot und Annahme

Ein Kaufvertrag gem. § 433 BGB kommt – wie jeder Vertrag – durch zwei aufeinander bezogene und inhaltlich einander entsprechende (also korrespondierende) Willenserklärungen, **Angebot** und **Annahme**, zustande (vgl. §§ 145 ff. BGB). Dabei wird die zeitlich früher (wenn auch nur für eine logische Sekunde) abgegebene Willenserklärung Antrag bzw. Angebot oder Offerte genannt (§ 145 BGB) und die darauf folgende Willenserklärung Annahme (§§ 147 ff. BGB).

Sowohl bei dem Angebot zum Abschluss eines Kaufvertrags als auch bei der Annahme des Angebots handelt es sich um **Willenserklärungen**, für die das Gesetz bestimmte Wirksamkeitsvoraussetzungen aufstellt. So müssen die Parteien bspw. **geschäftsfähig** sein. Das ergibt sich aus §§ 104 ff. BGB. Geschäftsfähig sind grds. alle Volljährigen, d.h. Personen, die mindestens 18 Jahre alt sind (§ 2 BGB). Bei Minderjährigen ist zu unterscheiden: Diejenigen, die noch nicht das 7. Lebensjahr vollendet haben, sind **geschäftsunfähig** (§ 104 Nr. 1 BGB); ihre Willenserklärungen sind stets unwirksam (§ 105 Abs. 1 BGB). Bei Minderjährigen, die zwar das 7., aber noch nicht das 18. Lebensjahr vollendet haben, nimmt der Gesetzgeber keine Geschäftsunfähigkeit, sondern eine **beschränkte Geschäftsfähigkeit** an (§ 106 BGB). Hier hängt die Wirksamkeit einer Willenserklärung von bestimmten Voraussetzungen ab, die der zunehmenden Verstandesreife Rechnung tragen (§§ 107 ff. BGB). Kernaussage der §§ 107 ff. BGB ist, dass Rechtsgeschäfte, die für den beschränkt Geschäftsfähigen nicht lediglich einen rechtlichen Vorteil bedeuten, zu ihrer Wirksamkeit der **Zustimmung des gesetzlichen Vertreters** bedürfen. Die gesetzliche Vertretung wird durch Gesetz oder Staatsakt begründet. Eine derartige Vertretungsmacht ergibt sich z.B. für die Eltern unmittelbar aus dem Gesetz (vgl. §§ 1626, 1629 BGB). Vgl. auch §§ 1789, 1793 BGB für den Vormund, §§ 1896 ff., 1902 BGB für den Betreuer und §§ 1909 ff. BGB für den Pfleger. Ohne die erforderliche Zustimmung durch den gesetzlichen Vertreter ist das getätigte Rechtsgeschäft schwebend unwirksam und bedarf zu seiner Wirksamkeit der Genehmigung (§ 108 BGB). Unterbleibt diese, ist das Geschäft endgültig unwirksam.

Beispiel: Der 15-jährige M schließt ohne Wissen seiner Eltern mit dem Elektrofachgeschäft E einen Kaufvertrag (§ 433 BGB) über einen Elektroroller („E-Scooter"). Als drei Tage später die Rechnung eingeht und die Eltern dadurch von dem Kauf erfahren, verweigern sie die Zahlung der Rechnung.

⇨ Der von E geltend gemachte Anspruch auf Kaufpreiszahlung könnte sich aus § 433 Abs. 2 BGB ergeben. Das setzt aber zunächst einen wirksamen Kaufvertrag voraus. M hat den Vertrag ohne Zustimmung seiner Eltern geschlossen. Da es sich aber um ein zustimmungspflichtiges Rechtsgeschäft handelt (§ 107 BGB), hängt die Wirksamkeit des Vertrags von der Zustimmung des gesetzlichen Vertreters ab, § 108 Abs. 1 BGB. Gesetzliche Vertreter sind vorliegend – in Ermangelung entgegenstehender Anhaltspunkte – die Eltern (§§ 1626, 1629 BGB). Durch die Weigerung, die Rechnung zu begleichen, machen diese deutlich, das Geschäft nicht zu genehmigen, was die endgültige Unwirksamkeit des Kaufvertrags zur Folge hat. Damit hat E keinen Anspruch auf Kaufpreiszahlung.

Grundsätzlich vertreten die Eltern das Kind gemeinschaftlich (§ 1629 Abs. 1 S. 2 Halbs. 1 BGB), sog. **Gesamtvertretung**. Das heißt, dass beide Eltern dem Rechtsgeschäft zustimmen müssen. Von dem Grundsatz der Gesamtvertretung macht das Gesetz aber Ausnahmen. So vertritt ein Elternteil das Kind allein, soweit er die elterliche Sorge allein ausübt oder ihm (im Rahmen einer Meinungsverschiedenheit mit dem anderen Elternteil) vom Familiengericht die Entscheidung nach § 1628 BGB übertragen ist (§ 1629 Abs. 1 S. 3 BGB). Eltern, die an sich gemeinschaftlich vertreten müssten, können aber vereinbaren, dass einem Elternteil die alleinige Stellvertretung des Kindes obliegt. Auch können sie sich gegenseitig bevollmächtigen, jeweils für bestimmte Gebiete die (gesetzliche) Stellvertretung auszuüben. Diese Bevollmächtigung kann auch konkludent, also durch schlüssiges Verhalten, erfolgen. Haben sich die Eltern z.B. auf eine Arbeitsteilung verständigt (der eine

Teil ist berufstätig, der andere hat die Haushaltsführung übernommen) kann in dieser Aufteilung die konkludente Übertragung der alleinigen Stellvertretung jedenfalls in Angelegenheiten des täglichen Lebens gesehen werden. Freilich ist damit noch nicht geklärt, was unter „Angelegenheiten des täglichen Lebens" zu verstehen ist. In Anlehnung an die anerkannte Definition zu § 1357 BGB wird man auch im vorliegenden Zusammenhang nur solche Angelegenheiten erfassen können, die nach Art und Umfang den Gebrauchsgewohnheiten der Familie entsprechen und bei denen die vorherige Abstimmung zwischen den Ehegatten gewöhnlich als nicht notwendig angesehen wird (BGH NJW 2018, 1313, 1314). In Zweifelsfällen ist dem Vertragsgegner aber anzuraten, die Zustimmung beider Elternteile einzuholen, möchte er das Risiko der Unwirksamkeit des Vertrags nicht riskieren.

Beispiel: Schließt der 15-jährige M des obigen Beispiels im Beisein seiner Mutter mit dem Elektrofachgeschäft E einen Kaufvertrag (§ 433 BGB) über einen Elektroroller („E-Scooter") und führt aufgrund der familiären Arbeitsteilung die Mutter den Haushalt, kann die Wirksamkeit des Kaufvertrags angenommen werden, sofern ein derartiges Geschäft eine „Angelegenheit des täglichen Lebens" ist. Das wird man von den konkreten familiären Verhältnissen abhängig machen müssen. Da hilft dem Vertragsgegner auch nicht das Beweisrecht. Denn nach den allgemeinen Beweisgrundsätzen trägt die grundsätzliche Beweislast für die rechtshindernden und rechtsvernichtenden Tatsachen der Anspruchsgegner. Beruft sich also der Minderjährige, vertreten durch seine Eltern, später auf Unwirksamkeit des Vertrags und verlangt die Rückzahlung des Kaufpreises Zug um Zug gegen Rückgabe des E-Scooters, ist es Sache des Verkäufers zu beweisen, dass die Zustimmung eines Elternteils genügt hatte. Diese Beweisführung ist jedenfalls schwierig.

Einen Sonderfall stellt § 110 BGB dar (sog. **Taschengeldparagraph**). Nach dieser Vorschrift gilt ein von dem Minderjährigen ohne Zustimmung des gesetzlichen Vertreters geschlossener Vertrag als von Anfang an wirksam, wenn der Minderjährige die vertragsgemäße Leistung mit Mitteln bewirkt (hat), die ihm zu diesem Zweck oder zur freien Verfügung von dem Vertreter oder mit dessen Zustimmung von einem Dritten überlassen worden sind. Mit „Mitteln" sind dabei nicht nur die üblichen, regelmäßigen Zahlungen durch die Eltern gemeint, sondern auch „Sonderzuwendungen" durch Eltern und Dritte. Insoweit ist also der nach allgemeinem juristischem Sprachgebrauch verwendete Begriff „Taschengeld" weit zu verstehen.

Beispiel: Der 15-jährige M erhält von seinen Eltern monatlich 80,- € Taschengeld. Darüber hinaus erhielt er letzte Woche von seiner Großmutter 100,- € als Geldgeschenk. Von dem Ersparten kauft er nun von einem Schulfreund dessen gebrauchtes Smartphone.

⇨ Da M den Kaufpreis entrichtet (also die Leistung „bewirkt") hat, ist gem. § 110 BGB der Kaufvertrag wirksam. Denn nach dieser Vorschrift konnte M über sein Taschengeld frei verfügen. Dabei spielt es keine Rolle, ob das Geld von den Eltern oder von Dritten überlassen wurde. Grundsätzlich gleichgültig ist es auch, ob die Eltern als gesetzliche Vertreter (§§ 1626, 1629 BGB) mit dem Kauf einverstanden sind.

Soll der Vertrag lediglich durch eine bloße Zustimmungserklärung des anderen Teils zustande kommen, muss das Angebot alle wesentlichen Punkte des beabsichtigten Vertrags enthalten; es müssen Gegenstand und Inhalt des Vertrags sowie der Vertragspartner bereits im Antrag so bestimmt oder zumindest bestimmbar (§§ 133, 157, 315 ff. BGB) angegeben werden, dass die Annahme durch ein einfaches „Ja" erfolgen kann. Nur wenn sich Angebot und Annahme aufeinander beziehen, liegt der erforderliche Konsens vor. So ist beim Kaufvertrag (§ 433 BGB) der Antrag jedenfalls dann bestimmt, wenn er den Kaufgegenstand, den Kaufpreis und die Vertragspartner beinhaltet. Zudem muss der Antrag den sog. Rechtsbindungswillen erkennen lassen, d.h. den Willen des „Anbietenden", dass er sich bereits mit seiner Erklärung binden möchte. Das ist deshalb wichtig, weil es Situationen gibt, in denen sich der „Anbieter" noch nicht binden möchte, etwa weil er den Vertragsschluss von bestimmten, mitunter noch nicht vollumfänglich bekannten Umständen abhängig macht.

Zustandekommen eines Kaufvertrags

Beispiel: Mit der Auslage von Ware im Schaufenster oder der Präsentation von Ware im Onlineshop möchte der „Anbietende" i.d.R. noch kein rechtsverbindliches Angebot zum Abschluss eines Kaufvertrags geben, insbesondere, wenn er sich zunächst über bestimmte Eigenschaften des Käufers (z.B. Volljährigkeit, wenn es um Waren geht, deren Verkauf an Minderjährige verboten ist) informieren möchte, oder wenn er zum Zeitpunkt des Präsentierens die Lieferbarkeit bestimmter Waren noch nicht kennt. Würde man allein in der Präsentation der Waren ein rechtsverbindliches Angebot sehen und käme es daraufhin (durch die Aussage: „Den nehme ich" oder durch Klicken auf den Bestellbutton in einem Onlineshop) zu einem Vertragsschluss, würde der Verkäufer mitunter gegen ein Verbotsgesetz verstoßen (etwa §§ 9, 10 JuSchG, wenn es um Alkohol oder Tabakwaren geht) oder in dem Fall, dass er nicht liefern kann, sich schadensersatzpflichtig machen (§§ 275 Abs. 1, Abs. 4, 283, 280 BGB). Um derartige Folgen von vornherein auszuschließen, ist es allgemein anerkannt, dass in der Präsentation von Waren noch kein Angebot im Rechtssinne vorliegt. Dieses geht vielmehr vom Kunden aus, das der „Anbietende" dann ablehnen kann, wenn er die o.g. Konsequenzen vermeiden möchte. Freilich gelangt man regelmäßig zu demselben Ergebnis, wenn der Verkäufer z.B. über Allgemeine Geschäftsbedingungen (AGB) den Vertragsschluss von bestimmten Voraussetzungen (Lieferbarkeit der Ware, Vorkasse, Abgabe nicht an Minderjährige etc.) abhängig macht. Die AGB müssen jedoch dem Käufer bei Vertragsschluss zur Kenntnisnahme bereitgestellt werden (siehe § 305 Abs. 1 S. 1 BGB: „...die eine Vertragspartei (Verwender) der anderen Vertragspartei bei Abschluss eines Vertrags stellt").

Liegt aber ein Angebot im Rechtssinne vor, muss sich die „Annahmeerklärung" inhaltlich darauf beziehen; anderenfalls liegt der erforderliche Konsens nicht vor (s.o.). In diesem Fall liegt aber mit der inhaltlich abweichenden „Annahmeerklärung" juristisch gesehen ein neues Angebot vor (§ 150 Abs. 2 BGB).

Beispiel: Verkäufer V bietet dem Käufer K seinen gebrauchten VW Golf für 10.500,- € zum Kauf an. K sagt, dass er ihn nehme, wenn V mit 10.000,- € einverstanden sei.

Zustandekommen eines Kaufvertrags

⇨ Dadurch, dass K sich nicht mit dem Kaufpreis i.H.v. 10.500,- € einverstanden zeigte, liegt – isoliert betrachtet – eine Ablehnung des Angebots vor. Da K gleichzeitig aber auch einen geänderten Kaufpreis vorschlug, liegt ein Fall des § 150 Abs. 2 BGB vor: Die ebenfalls auf den Abschluss eines Kaufvertrags gerichtete Erklärung des K wich inhaltlich vom Angebot des V ab, war aber gleichzeitig verbunden mit einem neuen Antrag, da die Erklärung alle vertragswesentlichen Aspekte enthielt. Zeigt V sich nun mit dem von K genannten Preis einverstanden, liegt eine Annahme vor. Sollte V dagegen beispielsweise sagen: „Mit 10.000,- € komme ich nicht klar, würde aber einen Preis von 10.250,- € akzeptieren", läge erneut ein Fall des § 150 Abs. 2 BGB vor. Dann läge es wiederum bei K, anzunehmen, abzulehnen oder gem. § 150 Abs. 2 BGB erneut ein verändertes Angebot zu machen („Pingpong-Spiel").

Aus alledem folgt: Nur wenn ein wirksamer Kaufvertrag geschlossen wurde, entstehen Ansprüche auf Vertragserfüllung, d.h. für den Käufer entsteht ein Anspruch auf Lieferung der Kaufsache und für den Verkäufer ein Anspruch auf Kaufpreiszahlung. Scheitert der Vertragsschluss, kommen lediglich (aber immerhin) bestimmte Sekundärrechte wie Schadensersatzansprüche in Betracht.

Beispiel: Der in München wohnende V hat im Internet sein 1 Jahr altes Motorrad zum Verkauf inseriert und dabei einen neuwertigen Zustand beschrieben. K, der in Hamburg wohnt und dies dem V auch mitteilt, ist interessiert und erkundigt sich telefonisch bei V über das Motorrad. V und K vereinbaren, dass K das Motorrad vor Ort besichtigen und Probe fahren solle. Daraufhin fährt K mit dem Zug nach München. Bei V angekommen, stellt sich heraus, dass das Motorrad starke Gebrauchsspuren aufweist. So ist der Hinterradreifen abgefahren und die rechte Seite des Motorrads ist stark zerkratzt, was ganz offensichtlich von einem Sturz herrührt. Zudem ist der 1. Service überfällig. V ist der Meinung, K solle sich nicht so anstellen, immerhin handele es sich um ein Gebrauchtfahrzeug.

⇨ *Hier hat V den K von Hamburg nach München reisen lassen, obwohl ihm bewusst war, dass K die Reise nur deshalb antritt, weil er von einem neuwertigen Zustand des Motorrads ausging. Dies stellt eine vorvertragliche*

Pflichtverletzung dar: V und K standen in Vertragsverhandlungen und V hat bewusst einen Zustand beschrieben, der objektiv nicht zutraf. V ist daher dem K zum Schadensersatz (Ersatz der Reisekosten) verpflichtet, §§ 280 Abs. 1, 311 Abs. 2 Nr. 1, 241 Abs. 2 BGB.

II. Grundsatz der Formfreiheit

Es ist ein weit verbreiteter Irrtum, zu glauben, dass ein Kaufvertrag nur wirksam sei, wenn er schriftlich geschlossen wurde. Vielmehr gilt im BGB der Grundsatz der Formfreiheit. Daher ist grds. auch ein „per Handschlag" bzw. rein mündlich geschlossener Kaufvertrag wirksam.

Beispiel: V und K einigen sich mündlich über den Kauf des Gebrauchtwagens des V. Anschließend übergibt und übereignet V den Wagen nebst Papieren und Schlüsseln an K und K zahlt an V den Kaufpreis.

Ebenso ist es möglich, die Annahme eines Vertragsangebots durch schlüssiges Verhalten zu erklären. Typische Fälle sind die Ingebrauchnahme einer zur Ansicht zugesendeten Sache oder deren Bezahlung.

Lediglich dann, wenn die Parteien vor bestimmten Gefahren geschützt werden müssen oder die Öffentlichkeit ein besonderes Interesse an der Publizität des Erklärten hat, enthält das Gesetz Formvorschriften, etwa bei Grundstücksgeschäften, wo § 311b BGB die notarielle Beurkundung vorschreibt. Verträge, bei denen die vorgeschriebene Form nicht eingehalten wurde, sind gem. § 125 BGB unwirksam.

Beachte: Auch für den Fall, dass der Kaufvertrag formlos geschlossen werden kann, ist Schriftform (§ 126 BGB) oder zumindest Textform (§ 126b BGB, worunter z.B. ein E-Mail-Verkehr fällt) zu empfehlen. Das schafft Rechtssicherheit und Rechtsklarheit.

Beispiel: So ermöglicht die schriftliche Abfassung einer Vertragserklärung über den Verkauf eines Autos es den Parteien, im Nachhinein klarzustellen und zu beweisen, ob und mit welchem Inhalt das Geschäft zustande gekommen ist.

III. Schweigen im Rechtsverkehr

Wie aufgezeigt, kann eine Vertragserklärung auch durch schlüssiges Verhalten angenommen werden. Schweigen hat dagegen i.d.R. aber keinerlei Erklärungswert. Bei einem Schweigen auf ein Vertragsangebot ist daher grds. keine Annahme gegeben („Wer schweigt, stimmt nicht zu"). Das ist folgerichtig, wenn man bedenkt, dass es kaum möglich ist, einem Schweigen einen Erklärungswert zu entnehmen. Im Rahmen des **Verbraucherschutzrechts** hat der Gesetzgeber dies sogar ausdrücklich klargestellt (§ 241a Abs. 1 BGB): Durch Schweigen eines Verbrauchers (§ 13 BGB) nach Erhalt einer durch einen Unternehmer (§ 14 Abs. 1 BGB) gelieferten, jedoch vom Verbraucher unbestellten Ware kommt grundsätzlich kein Vertrag zustande.

Beispiel: Privatperson P bekommt von der Versandhandel-GmbH (V) ein mobiles Navigationsgerät zugeschickt, ohne dass sie dieses bestellt oder sonst Kontakt zu V gehabt hätte. In dem Begleitschreiben heißt es: „Sofern Sie das Gerät nicht innerhalb einer Woche zurückschicken, gehen wir davon aus, dass Sie dieses einmalige Angebot annehmen. In diesem Fall überweisen Sie bitte den Rechnungsbetrag unter Angabe der angeführten Rechnungsdaten". P ist verärgert über dieses dreiste Vorgehen, legt das Gerät aber zunächst in die Schublade ihres Schreibtisches, wo es in Vergessenheit gerät. Als P es dort 4 Wochen später zufällig entdeckt, landet es im Hausmüll und wird entsorgt. Drei Tage später erhält P von V eine Mahnung. Ist diese begründet?

⇨ Die Mahnung ist begründet, wenn gem. § 433 Abs. 2 BGB ein Anspruch der V auf Zahlung des „Kaufpreises" besteht und P nicht fristgerecht gezahlt hat. Voraussetzung dafür ist zunächst das Vorliegen eines Kaufvertrags zwischen P und V. Da P das Navigationsgerät nicht bestellt, also gegenüber V auch kein entsprechendes Angebot abgegeben hat, liegt ein solches in dem Zusenden des Geräts durch V. Dieses Angebot müsste aber auch von P angenommen worden sein. Dies wiederum setzt eine entsprechende Willenserklärung voraus. Fraglich ist, ob allein der körperlichen Entgegennahme bzw. einem Schweigen ein solcher Erklärungswert entnommen werden kann. Grundsätzlich geht das BGB davon

aus, dass Schweigen keinerlei Erklärungswert zukommt. Zugunsten von Verbrauchern stellt § 241a Abs. 1 BGB dies sogar ausdrücklich klar. Nach dieser Vorschrift wird durch die Lieferung unbestellter Ware durch einen Unternehmer an einen Verbraucher ein Anspruch gegen diesen nicht begründet. Das bedeutet, dass im Anwendungsbereich des § 241a Abs. 1 BGB ein Vertrag nicht zustande kommt. Die sonst allgemein anerkannte Möglichkeit, die Annahme konkludent durch Ingebrauchnahme der Sache zu erklären, ist nach herrschender Auffassung im Anwendungsbereich des § 241a Abs. 1 BGB ausgeschlossen.

Das gilt auch für die sog. **„Auftragsbestätigung"**, sofern diese von der Bestellung abweicht. In dem Schweigen auf eine solche „Auftragsbestätigung" ist grds. keine stillschweigende Annahmeerklärung zu erblicken. Etwas anderes kann aber gelten, wenn der Käufer trotz Kenntnis der Abweichung den Gegenstand in Gebrauch nimmt oder den (vollen) Kaufpreis entrichtet. In diesem Fall liegt eine Annahmeerklärung durch schlüssiges Verhalten vor (s.o.).

Auch in dem Fall, dass die Parteien (freilich unter Beachtung des § 308 Nr. 5 BGB) zuvor vereinbart haben, das Schweigen solle als Annahme gelten („vereinbarter Erklärungswert"), liegt eine Ausnahme vor. Auch beim Handelskauf gilt unter bestimmten Voraussetzungen Schweigen als Annahme des Antrags (vgl. § 362 Abs. 1 HGB).

IV. Recht auf Abschluss eines Kaufvertrags?

Es gilt der Grundsatz der **Vertragsfreiheit**, der sogar verfassungsrechtlich garantiert ist (vgl. Art. 2 Abs. 1 GG). Teil der Vertragsfreiheit ist, dass man einen Vertragsabschluss auch verweigern kann („negative Vertragsfreiheit"). Dies gilt aber nur im Grundsatz. Ist der den Vertragsabschluss Begehrende auf den Vertragsabschluss angewiesen oder führt die Verweigerung dazu, dass er durch sie in sittenwidriger Weise geschädigt wird, muss die Vertragsfreiheit mitunter zurücktreten. Das Gleiche nehmen der Gesetzgeber und die Rechtsprechung für den Fall an, dass die Leistungsverweigerung diskriminierend wirkt. An die Stelle der Abschlussfreiheit tritt die Abschlusspflicht (sog. Kontrahierungszwang oder **Abschlusszwang**).

Beispiel: V möchte sein Auto verkaufen. Der polnische Staatsbürger P möchte den Wagen kaufen, was V aber mit dem Hinweis, dass er nicht an Polen verkaufe, verwehrt. ⇨ Die Ablehnung diskriminiert P und ist verboten (vgl. § 19 Abs. 1 Nr. 1 AGG). Aus § 21 Abs. 1 S. 1 AGG kann sich ein Kontrahierungszwang ergeben.

3. Teil – Rechte und Pflichten aus dem Kaufvertrag

I. Wesen eines Kaufvertrags; Trennungsprinzip

Welche Rechte und Pflichten aus einem Kaufvertrag entstehen, ergibt sich zunächst aus § 433 BGB. Gemäß § 433 Abs. 1 S. 1 BGB wird durch den Kaufvertrag der Verkäufer einer Sache verpflichtet, dem Käufer die Sache zu übergeben und das Eigentum an der Sache zu verschaffen (Übergabe und Übereignung). Zudem muss die Sache frei von Sach- und Rechtsmängeln sein, § 433 Abs. 1 S. 2 BGB. Als Gegenleistung schuldet der Käufer dem Verkäufer den vereinbarten Kaufpreis und er muss die gekaufte Sache abnehmen, § 433 Abs. 2 BGB. Es handelt sich damit um einen gegenseitigen Vertrag i.S.d. §§ 320 ff. BGB. Ein gegenseitiger Vertrag ist dadurch gekennzeichnet, dass sich die Parteien zu Leistung *und* Gegenleistung verpflichten („Ich gebe, damit Du gibst"). Solche Verträge sind z.B. Kauf-, Werk-, Miet- und Dienstverträge.

Beispiel: Verkäufer V und Käufer K verhandeln über den gebrauchten Wagen des V. Nachdem sich die Parteien auf einen Preis verständigt haben, unterzeichnen sie das Kaufvertragsformular.

⇨ Hier haben die Parteien einen Kaufvertrag gem. § 433 BGB geschlossen, der die genannten Pflichten auslöst.

Wie aus der obigen Formulierung und dem Beispiel folgt, wird der Käufer also nicht allein durch den Kaufvertrag Eigentümer der Kaufsache. Er hat lediglich den schuldrechtlichen Anspruch gegen den Verkäufer auf (spätere) Übergabe und Übereignung der Sache, was sich bei beweglichen Sachen nach § 929 S. 1 BGB vollzieht. Die Juristen nennen dieses Phänomen Trennungsprinzip: Der schuldrechtliche (hier kaufrechtliche) Anspruch auf Eigentumsverschaffung wird strikt getrennt von der sachenrechtlichen Situation. Bis zur Übereignung bleibt der Verkäufer Eigentümer.

Rechte und Pflichten aus dem Kaufvertrag

Beispiel: Verkäufer V und Käufer K des obigen Beispiels vereinbaren, dass V noch eine Hauptuntersuchung („TÜV") durchführen lassen soll. Übergabe und Übereignung des Fahrzeugs und Zahlung des Kaufpreises sollen in 3 Tagen stattfinden.

⇨ *Diese Pflichten ändern noch nichts an der sachenrechtlichen Zuordnung des Wagens. V bleibt (vorerst) Eigentümer. Erst wenn V aufgrund eines weiteren Rechtsgeschäfts Eigentum auf K überträgt und diesem den Besitz am Fahrzeug verschafft, wird K Eigentümer des Fahrzeugs.*

Bleibt also der Verkäufer bis zur Übereignung Eigentümer der Sache, kann er (theoretisch) wie jeder Eigentümer nach Belieben mit seiner Sache verfahren. Er könnte die Sache sogar an einen Dritten verkaufen. Ein solcher Kaufvertrag wäre wirksam. Sofern die Sache aber nur einmal existiert, kann der Verkäufer die Sache auch nur einmal übereignen. Nach dem Prioritätsprinzip wird Eigentümer derjenige, an den die Sache (zuerst) übergeben und übereignet wird. Der andere geht „leer" aus, hat u.U. aber einen Schadensersatzanspruch.

Beispiel: Verkäufer V und Käufer K des obigen Beispiels vereinbaren, dass V noch eine Hauptuntersuchung („TÜV") durchführen lassen soll. Die Übergabe von Fahrzeug und Kaufpreis soll in 3 Tagen stattfinden. Doch schon am Abend verkauft V den Wagen an den Dritten D, da dieser einen höheren Kaufpreis geboten hat. Da D Bargeld dabeihat, übergibt und übereignet V dem D den Wagen sofort.

⇨ *Hier hat V zwei vollwirksame Kaufverträge über eine nur einmal existierende Sache geschlossen. Da er den Wagen an D übergeben und übereignet hat, kann er das Eigentum an dem Wagen nicht mehr auf K übertragen. Dessen schuldrechtlicher Anspruch auf Übergabe und Übereignung kommt nicht mehr zum Zuge; er erlischt, wie sich aus § 275 Abs. 1 BGB (Unmöglichkeit der Leistung) ergibt. K hat stattdessen einen Anspruch auf Schadensersatz (§§ 275 Abs. 4, 283, 280 Abs. 1 S. 1 BGB), sofern er einen Schaden nachweisen kann. Ein Schaden kann etwa darin bestehen, dass K am freien Markt nun einen vergleichbaren, aber teureren Ersatzwagen kaufen muss (sog. Deckungskauf), oder dass K nun seinerseits den Wagen nicht mehr mit Gewinn weiterveräußern kann.*

II. Nebenpflichten aus dem Kaufvertrag

Wurden oben die Hauptpflichten von Verkäufer und Käufer beschrieben (Pflicht zur Übergabe und Übereignung der Kaufsache einerseits; Pflicht zur Kaufpreiszahlung andererseits), muss nun geklärt werden, ob weitere Pflichten (sog. Nebenpflichten) bestehen, die entsprechende Rechte der anderen Vertragspartei auslösen. Man möge sich den Fall vor Augen führen, dass der Käufer eine Maschine geliefert bekommt, bei der die Bedienungsanleitung fehlt. Folgenreich kann auch die Lieferung einer nicht ordnungsgemäß verpackten Sache sein. Auch kommt es vor, dass bei Ausführung des Vertrags Rechtsgüter des Käufers verletzt werden. Derartige Nebenpflichtverletzungen begründen regelmäßig zwar keine Sachmängelrechte, führen aber zu Schadensersatzansprüchen.

Beispiel: K kauft im Versandhandelsgeschäft des V eine Waschmaschine. Lieferung frei Haus. Im Zuge der Auslieferung beschädigen die Mitarbeiter des V mit der Transportkarre fahrlässig (vgl. § 276 Abs. 2 BGB: das Außeracht-Lassen der im Verkehr erforderlichen Sorgfalt) die Türzarge des K.

⇨ Hier hat K keine Sachmängelrechte, da es nicht um einen Sachmangel der Waschmaschine geht. Jedoch beschädigten die Mitarbeiter des V Eigentum des K. Diese Pflichtverletzung wird dem V über § 278 BGB zugerechnet, sodass dieser gem. §§ 280 Abs. 1 S. 1, 278, 276 Abs. 2 BGB auf Schadensersatz haftet.

III. Der Verbrauchsgüterkauf und das Widerrufsrecht

Besonderheiten bestehen beim Verbrauchergüterkauf. Darunter ist u.a. ein Kauf einer beweglichen Sache zu verstehen, bei dem auf Verkäuferseite ein Unternehmer und auf Käuferseite ein Verbraucher steht (siehe § 474 Abs. 1 S. 1 BGB). Unternehmer ist gem. § 14 Abs. 1 BGB jede natürliche oder juristische Person oder rechtsfähige Personengesellschaft, die bei Vertragsschluss in Ausübung ihrer gewerblichen oder selbstständigen beruflichen Tätigkeit Leistungen gegen ein Entgelt anbietet. Verbraucher ist gem. § 13 BGB jede natürliche Person, die ein

Rechte und Pflichten aus dem Kaufvertrag

Rechtsgeschäft überwiegend zu einem Zweck abschließt, der weder ihrer gewerblichen noch ihrer selbstständigen beruflichen Tätigkeit zugerechnet werden kann.

Liegt ein Verbrauchsgüterkauf vor, kann sich ein Verbraucher schlicht durch **Widerruf** von einem bereits geschlossenen Vertrag einseitig lösen, ohne dass es eines Grundes oder einer Begründung bedarf (siehe § 355 Abs. 1 BGB). Die Widerrufsfrist beträgt **14 Tage** (§ 355 Abs. 2 S. 1 BGB); sie beginnt mit Vertragsschluss, soweit nichts anderes bestimmt ist (§ 355 Abs. 2 S. 2 BGB). Voraussetzung für die Ausübung des Widerrufsrechts ist, dass das Gesetz ein verbraucherschützendes Widerrufsrecht gewährt und die gesetzlichen Voraussetzungen für die Ausübung des Widerrufsrechts vorliegen. Das BGB enthält eine Reihe von verbraucherschützenden Widerrufsrechten, deren Voraussetzungen im Rahmen der Vorschriften über die jeweiligen Verbraucherverträge geregelt sind.

Beispiele: Dem Verbraucher, der einen Darlehensvertrag abschließt (vgl. §§ 491 ff. BGB), wird in § 495 BGB das Recht eingeräumt, seine auf den Abschluss des Verbraucherdarlehensvertrags gerichtete Willenserklärung bei Vorliegen der dort genannten Voraussetzungen zu widerrufen. Ähnliche Widerrufsrechte bestehen bei außerhalb von Geschäftsräumen geschlossenen Verträgen (§§ 312b Abs. 1, 312g Abs. 1, 355 BGB – insbesondere bei sog. Haustürgeschäften oder bei „Kaffeefahrten"), Fernabsatzverträgen (§§ 312c Abs. 1, 312g Abs. 1, 355 BGB – insbesondere beim Onlinehandel) und Fernunterrichtsverträgen (§ 4 FernUSG). Zur Anwendbarkeit der Verbraucherschutzvorschriften auf Leasing- und Mietkaufverträge vgl. § 506 BGB.

Insbesondere **Fernabsatz**: Bei einem Fernabsatzvertrag gem. § 312c BGB (Hauptfall: Kauf von Sachen in einem Onlineshop) hat der Gesetzgeber mit § 312g Abs. 1 BGB ein solches **Widerrufsrecht** gewährt. Wie bei allen verbraucherschützenden Widerrufsrechten muss der Unternehmer den Verbraucher hierüber informieren, d.h. belehren (§ 312d Abs. 1 S. 1 BGB i.V.m. Art. 246a § 1 Abs. 2 EGBGB). Fehler bei den

Rechte und Pflichten aus dem Kaufvertrag

Informations-, Unterrichtungs- bzw. Belehrungspflichten führen nicht nur zur Verlängerung des Widerrufsrechts (auf maximal zwölf Monate und 14 Tage, siehe § 356 Abs. 3 S. 2 BGB), sondern v.a. zu sehr kostenintensiven und in ihren Folgen sehr weit reichenden Abmahnungen durch einen Verbraucherschutzverein oder ein Konkurrenzunternehmen wegen eines (behaupteten) Wettbewerbsverstoßes (vgl. § 8 UWG, § 2 UKlaG).

Zu beachten ist aber, dass das Gesetz nicht bei allen Verbraucherverträgen ein Widerrufsrecht gewährt. § 312g Abs. 2 BGB zählt eine Reihe von sog. **Ausschlusstatbeständen** auf. So ist gem. § 312g Abs. 2 S. 1 Nr. 1 BGB ein Widerrufsrecht ausgeschlossen, wenn der Vertrag die Lieferung einer Ware zum Inhalt hat, die nach **Kundenspezifikation** angefertigt wird oder eindeutig auf die persönlichen Belange zugeschnitten ist. Das ist nachvollziehbar, wenn man bedenkt, dass die Ware wegen der Berücksichtigung der Wünsche des Kunden anderweitig nicht oder nur mit einem unzumutbaren Preisnachlass abgesetzt werden kann. Ein Ausschluss des Widerrufsrechts liegt hingegen nicht vor, wenn der Unternehmer die Sache zwar nach den Wünschen des Verbrauchers zusammengestellt hat (bspw. einen Computer), die einzelnen Komponenten aber wieder voneinander getrennt werden können, ohne dass sie dadurch beschädigt werden. Das gilt nach der Rechtsprechung auch für den Kauf von Kompletträdern, wenn der Reifen von der Felge demontiert werden kann, ohne dass Reifen und Felge Schaden nehmen (BGH NJW 2003, 1665; LG Hannover DAR 2009, 530).

Nach § 312g Abs. 2 S. 1 Nr. 2 BGB scheidet ein Widerrufsrecht aus, wenn die Ware aufgrund ihrer Beschaffenheit **schnell verderben** kann oder das **Verfallsdatum schnell überschritten** würde. Das trifft etwa auf frische Lebensmittel oder auf Schnittblumen sowie Strom und Gas zu, weil Verbrauch die stärkste Form des „Verderbs" darstellt (Grüneberg, in: Palandt, § 312g BGB Rn. 5).

Nach § 312g Abs. 2 S. 1 Nr. 3 BGB ist ein Widerrufsrecht ausgeschlossen bei Verträgen über die Lieferung versiegelter Waren, die aus Gründen des **Gesundheitsschutzes** oder der **Hygiene** nicht zur Rückgabe geeignet sind, wenn ihre Versiegelung nach der Lieferung entfernt wurde. Nicht zur Rücksendung geeignet sind etwa benutzte (oder zumindest aus der Primärverpackung herausgenommene und ggf. entsiegelte) Sexartikel. Dasselbe gilt für angebrochene Arzneimittel, Kosmetika, aber auch für Fertiggerichte etc. Letztlich wird man diesen Ausschlusstatbestand bei sämtlichen mit einem Siegel versehenen Waren annehmen müssen, die allein aufgrund des entfernten Siegels aus Gründen des Gesundheitsschutzes oder der Hygiene nicht mehr verkehrsfähig sind. Ob die Schutzfolie einer Matratze eine Versiegelung i.S.d. § 312g Abs. 2 S. 1 Nr. 3 BGB darstellt, ist unklar. Der BGH (NJW 2018, 453, 454) hat die Frage dem EuGH vorgelegt. Maßgeblich dürfte sein, ob die Schutzfolie hygienischen Gründen bzw. Gründen des Gesundheitsschutzes dient und damit als Versiegelung i.S.d. Norm anzusehen ist. Dient die Schutzfolie lediglich einer unverminderten Wiederveräußerung durch den Unternehmer, ist das nicht der Fall.

Auch besteht gem. § 312g Abs. 2 S. 1 Nr. 4 BGB kein Widerrufsrecht in Bezug auf Verträge über die Lieferung von Waren, wenn diese nach der Lieferung aufgrund ihrer Beschaffenheit **untrennbar mit anderen Gütern vermischt** werden. Hierunter fällt etwa der Kauf von Flüssigkeiten aller Art, die nach Erhalt mit anderen Flüssigkeiten vermischt werden, etwa Heizöl, wenn es mit Restmenge im Tank vermischt wird (BR-Drs. 817/12, S. 91; vgl. auch BGH NJW 2015, 2959 f.).

Bedeutsam ist auch der Ausschlusstatbestand des § 312g Abs. 2 S. 1 Nr. 6 BGB, der ein Widerrufsrecht ausschließt bzgl. Verträge, die die Lieferung von Audio- oder Videoaufzeichnungen oder von Software zum Inhalt haben, wenn der **Datenträger vom Kunden entsiegelt** worden ist. Da Computerprogramme heutzutage aber weitgehend mithilfe von Aktivierungscodes freigeschaltet werden müssen, dürfte der

Rechte und Pflichten aus dem Kaufvertrag

Entsiegelung nicht mehr die vom Gesetzgeber beigemessene Relevanz zukommen. Sofern – wie heute üblich – die Lieferung über einen Download erfolgt, greift der Ausschlusstatbestand von vornherein nicht. Der Widerruf eines Kaufs digitaler Inhalte ist hier also möglich. Er richtet sich nach § 356 Abs. 5 BGB.

§ 312g Abs. 2 S. 1 Nr. 9 BGB betrifft insbesondere den **Ticketvorverkauf** im Internet. Zwar handelt es sich regelmäßig um ein Fernabsatzgeschäft, allerdings greift bzgl. des Widerrufsrechts der Ausschlusstatbestand des § 312g Abs. 2 S. 1 Nr. 9 BGB, wenn (wie üblich) die Veranstaltung (Konzert, Oper, Kino etc.) zu einem konkreten Zeitpunkt stattfinden soll.

§ 312g Abs. 2 S. 1 Nr. 10 BGB schließt unter den in der Vorschrift näher genannten Voraussetzungen ein Widerrufsrecht aus bei echten **Online-Auktionen**, d.h. bei solchen Online-Auktionen, für die § 156 BGB gilt. Nicht unter Nr. 10 fallen daher die sog. „eBay-Auktionen", da es sich bei diesen nicht um Auktionen i.S.d. § 156 BGB handelt, sondern „normales" Kaufvertragsrecht zur Anwendung gelangt (siehe BGHZ 149, 129, 134).

Liegt keiner der in § 312g Abs. 2 S. 1 BGB genannten Ausschlussgründe vor und greift daher das Widerrufsrecht nach §§ 312g Abs. 1, 355 BGB, beträgt gem. § 355 Abs. 2 S. 1 BGB die **Widerrufsfrist 14 Tage**. Sie **beginnt** gem. § 355 Abs. 2 S. 2 BGB mit **Vertragsschluss**, soweit nichts anderes bestimmt ist. Eine solche „andere Bestimmung" ist bei Fernabsatzverträgen nach Maßgabe des § 356 Abs. 3 und 3 BGB möglich. So beginnt bei einem **Verbrauchsgüterkauf** (§ 474 Abs. 1 S. 1 BGB), die 14-tägige Widerrufsfrist erst, wenn der Verbraucher oder ein von ihm benannter Dritter, der nicht Frachtführer ist, **die Ware erhalten hat** (§ 356 Abs. 2 Nr. 1a BGB).

Zu beachten ist: Die genannten Vorschriften regeln lediglich den Beginn der Widerrufsfrist. Das heißt nicht, dass der Widerruf erst ab Erhalt der Ware möglich wäre. Denn §§ 312g Abs. 1, 355 BGB knüpfen das Be-

Rechte und Pflichten aus dem Kaufvertrag

stehen des Widerrufsrechts an die Abgabe der Vertragserklärung durch den Verbraucher, nicht an die Warenübergabe. Lediglich der Beginn der Widerrufsfrist (und nicht das Bestehen eines Widerrufsrechts) wird auf das jeweilige spätere Ereignis (Vertragsschluss, Erhalt der Widerrufsbelehrung oder Erhalt der Ware) gelegt. Der Widerruf kann selbstverständlich auch schon vor Fristbeginn wirksam erklärt werden. Die gegenteilige Annahme wäre weder mit Wortlaut und Systematik noch mit Sinn und Zweck des Widerrufsrechts vereinbar.

Beispiel: Verbraucher K kauft über den Onlineshop des V ein Fahrrad. Noch bevor V das Fahrrad versendet, erklärt K den Widerruf. V meint, dies sei unzulässig, weil die Widerrufsfrist erst mit Erhalt der Sache beginne, und verlangt die Zahlung einer Vertragsstrafe i.H.v. 200 €, die für den Fall der Nichtabnahme durch K vereinbart wurde.

⇨ Die von V geltend gemachte Zahlung der Vertragsstrafe setzt voraus, dass die Weigerung der Vertragsdurchführung durch K unrechtmäßig war. Das wiederum ist nicht der Fall, wenn der Widerruf wirksam erklärt wurde. Zwar ist es richtig, dass bei einem Fern-absatzvertrag die Widerrufsfrist nicht bereits mit Vertragsschluss beginnt, sondern erst mit Erhalt der Sache (siehe § 356 Abs. 2 Nr. 1a BGB als Ausnahmevorschrift gem. § 355 Abs. 2 S. 2 BGB). Jedoch knüpfen §§ 312g Abs. 1, 355 Abs. 1 BGB das Widerrufsrecht allein an die dort genannten Voraussetzungen, d.h. an die Abgabe der Vertragserklärung durch den Verbraucher. Eine Abhängigkeit des Widerrufsrechts vom Beginn der Widerrufsfrist ist weder dem Wortlaut der Normen zu entnehmen noch der Systematik und dem Sinn und Zweck. Sähe man dies anders, könnte der Unternehmer etwa durch Unterlassen einer Widerrufsbelehrung bzw. mittels fehlerhafter Widerrufserklärung die Widerrufsmöglichkeit vereiteln, denn nach § 356 Abs. 3 S. 1 BGB beginnt die Widerrufsfrist erst nach ordnungsgemäßer Belehrung u.a. über das Widerrufsrecht. Für den hier vertretenen Standpunkt spricht auch der Erst-recht-Schluss: Könnte der Verbraucher den Widerruf nach Erhalt der Ware ausüben, muss dies erst recht vor Erhalt der Ware möglich sein.

Zudem dürfte es auch im Interesse des Unternehmers sein, dass der ohnehin zum Widerruf entschlossene Verbraucher den Widerruf vor

Rechte und Pflichten aus dem Kaufvertrag

Versand der Ware erklärt, bewahrt dies den Unternehmer doch vor weiteren Kosten.

Das Vorgehen des V im vorliegenden Fall zielt offensichtlich auf den Erhalt der Vertragsstrafe ab. Da aber K, dem durch Gesetz nach Maßgabe der §§ 312g Abs. 1, 355 Abs. 1 BGB das Widerrufsrecht eingeräumt wird, den Widerruf wirksam erklärt hat, war er an seine auf den Abschluss eines Vertrags mit einem Unternehmer gerichtete Willenserklärung nicht mehr gebunden (§ 355 Abs. 1 S. 1 BGB). Ist K also nicht mehr an seine Vertragserklärung gebunden, bestehen auch keinerlei vertragliche Verpflichtungen. Mithin besteht auch keine Verpflichtung zur Zahlung einer Vertragsstrafe. V hat daher keinen Anspruch auf Zahlung einer Vertragsstrafe. Sollte V daher Schadensersatz unter dem Aspekt der culpa in contrahendo (§§ 311 Abs. 2, 241 Abs. 2, 280 Abs. 1 BGB – „c.i.c.-Haftung") verlangen wollen, stünde dem freilich die Ratio der verbraucherschützenden Widerrufsrechte entgegen, die nicht umgangen werden dürfen (siehe § 312k Abs. 1 BGB, dessen Wirkung über die Verweisung in § 312g Abs. 1 BGB in § 355 (Abs. 2 S. 2) BGB und damit auch in §§ 356 ff. BGB hineinreicht).

Wurde der Widerruf danch wirksam erklärt, bestimmt sich die **Rechtsfolge** nach §§ 355-357 BGB. Die erhaltene Ware ist zurückzuschicken und – sofern vorab bezahlt – der Kaufpreis zu erstatten.

Beispiel: Verbraucher K bestellt im Onlineshop des Unternehmers V eine Digitalkamera zum Preis von 185,- € und leistet Vorkasse über PayPal. Zwei Tage später wird K das Gerät zugeschickt. Am darauffolgenden Tag überlegt K es sich anders; er möchte am Vertrag nicht mehr festhalten.

⇨ Gemäß § 312g Abs. 1 i.V.m. § 355 BGB kann K seine Vertragserklärung gegenüber V widerrufen. Der Widerruf muss ausdrücklich erklärt werden (§ 355 Abs. 1 S. 2 und 3 BGB), bspw. durch Formulierungen wie: „Hiermit erkläre ich den Widerruf" oder: „Hiermit widerrufe ich den Vertrag". Selbstverständlich genügt auch das Ankreuzen des Wortes „Widerruf" auf einem Retourenformular. Das unkommentierte Zurückschicken genügt nicht.

Die Widerrufsfrist beträgt gem. § 355 Abs. 2 S. 1 BGB 14 Tage. Fristbeginn bei der Lieferung von Waren ist regelmäßig an dem Tag, an dem der

Rechte und Pflichten aus dem Kaufvertrag

Verbraucher die Ware erhält (§ 356 Abs. 2 Nr. 1a BGB). Wird der Verbraucher aber nicht über sein Widerrufsrecht belehrt, erlischt das Widerrufsrecht nach max. 12 Monaten und 14 Tagen (§ 356 Abs. 3 BGB).

Widerruft der Verbraucher aufgrund des ihm durch Gesetz nach Maßgabe des § 355 BGB eingeräumten Widerrufsrechts form- und fristgerecht seine Vertragserklärung, ist er an diese nicht mehr gebunden (§ 355 Abs. 1 S. 1 BGB). Folge ist die Rückabwicklung nach Maßgabe des § 357 BGB. Daher kann und muss K die Digitalkamera an V zurückschicken (§ 357 Abs. 1 BGB). V ist verpflichtet, den Kaufpreis zu erstatten (§ 357 Abs. 1 BGB).

Die sich hieran anschließende Frage ist, wer die Kosten der Rücksendung zu tragen hat. Es greift die Regelung des § 357 Abs. 6 S. 1 BGB, wonach der Verbraucher die Kosten zu tragen hat, sofern der Unternehmer auf diese Folge hingewiesen hat. Unterstellt, V hat den K über diese Folge vor Vertragsschluss (vgl. Art. 246a § 4 Abs. 1 EGBGB) unterrichtet, muss K das Gerät auf seine Kosten an V zurückschicken.

4. Teil – Rechte bei Sachmängeln

In zutreffender Weise geht der Gesetzgeber davon aus, dass mit dem Abschluss eines Kaufvertrags und der Lieferung der verkauften Sache die Pflichten des Verkäufers noch nicht (gänzlich) erfüllt sind. Denn ist eine Sache mangelbehaftet, zeigen sich die Mängel oftmals erst nach Ingebrauchnahme der Sache bzw. erst nach einer gewissen Zeit. Gerade in solchen Fällen wäre es für den Käufer unzumutbar, wenn sich der Verkäufer frei von jeder Verantwortlichkeit zeigen dürfte. Daher stellt § 433 Abs. 1 S. 2 BGB i.V.m. §§ 434 und 437 BGB klar, dass im Fall der **Mangelbehaftetheit** der Sache **keine Erfüllungswirkung** eintritt. Der Käufer hat einen Anspruch auf **Nacherfüllung**. Sollte diese nicht möglich oder (für Verkäufer oder Käufer) unzumutbar sein, treten an die Stelle der Nacherfüllung **Minderung** des Kaufpreises oder **Rücktritt** vom Vertrag. **Schadensersatz** (statt der Leistung) ist daneben ebenfalls möglich, sofern der Schaden nicht schon durch die Minderung oder den Rücktritt abgegolten ist. Diese Rechte setzen allesamt einen **Sachmangel** voraus.

I. Begriff des Sachmangels

1. Subjektiver und objektiver Fehlerbegriff

Ganz entscheidend für die Frage nach den Käuferrechten ist das Vorliegen eines **Sach- oder Rechtsmangels** zum Zeitpunkt des Gefahrübergangs. Im vorliegenden Zusammenhang werden ausschließlich **Sachmängel** behandelt. Ganz allgemein gesprochen ist jede für den Käufer negative Abweichung des Ist-Zustands vom Soll-Zustand ein Sachmangel. Im Einzelnen ist aber zu unterscheiden:

a. Beschaffenheitsvereinbarung

Nach der gesetzlichen Systematik des § 434 BGB ist nach einer ganz bestimmten Stufenfolge vorzugehen. So ist nach § 434 Abs. 1 S. 1 BGB die Sache nur dann frei von Sachmängeln („Fehlern"), wenn sie bei

Gefahrübergang die **vereinbarte Beschaffenheit** hat. Während unter „Gefahrübergang" grds. der Zeitpunkt der Übergabe gem. § 446 BGB zu verstehen ist (zu den Ausnahmen siehe S. 54 f.), bedeutet Beschaffenheitsvereinbarung die auf Vorstellungen der Parteien beruhende Vereinbarung über die Beschaffenheit oder den Verwendungszweck der gekauften Sache. Nach ständiger Rechtsprechung des BGH liegt eine **Beschaffenheitsvereinbarung** vor, wenn „der Verkäufer in vertragsgemäß bindender Weise die Gewähr für das Vorhandensein einer Eigenschaft der Kaufsache übernimmt und damit seine Bereitschaft zu erkennen gibt, für alle Folgen des Fehlens dieser Eigenschaft einzustehen" (BGH NJW 2019, 1937, 1938 mit Verweis u.a. auf BGHZ 135, 393, 396; BGH NJW 2017, 2817, 2818). Weicht die objektive Beschaffenheit von der vereinbarten ab, liegt ein Sachmangel vor (= subjektiver Fehlerbegriff).

Beispiel: Verkäufer V teilt auf Nachfrage des Käufers K mit, dass der Wagen scheckheftgepflegt sei. Daraufhin willigt K in das Vertragsangebot des V ein. V übergibt und übereignet den Wagen gegen Bezahlung. Später stellt sich im Rahmen eines Werkstattaufenthalts heraus, dass der Wagen schon seit Jahren nicht mehr gewartet wurde und das Scheckheft nachträglich erstellt wurde.

⇨ *Hier haben die Parteien eine Beschaffenheitsvereinbarung getroffen. Diese lautet: „scheckheftgepflegt". Da der Wagen tatsächlich nicht über diese Beschaffenheit verfügt, liegt eine auf § 434 Abs. 1 S. 1 BGB zu stützende Abweichung der Ist-Beschaffenheit von der vereinbarten Soll-Beschaffenheit vor.*

An das Vorliegen einer Beschaffenheitsvereinbarung sind strenge Voraussetzungen zu stellen; sie ist nach der Rechtsprechung des BGH nur in eindeutigen Fällen anzunehmen (BGH NJW 2019, 1937, 1938). Andererseits meint der BGH aber auch, dass die Beschaffenheitsvereinbarung nicht ausdrücklich erfolgen müsse, sondern auch durch konkludentes Verhalten getroffen werden könne, was durch Vertragsauslegung zu ermitteln sei (BGH NJW 2017, 2817, 2818 mit Verweis u.a. auf BGHZ 135, 393, 396).

Rechte bei Sachmängeln – Bestehen eines Sachmangels

Beispiele: Ist die Lieferung eines <u>Neufahrzeugs</u> vereinbart, liegt darin die konkludente Beschaffenheitsvereinbarung, dass es sich um ein <u>fabrikneues</u>, <u>ungenutztes</u> und <u>mangelfreies</u> Fahrzeug handelt (BGH NJW 2005, 1422, 1423; sollte man das anders sehen, greift jedoch § 434 Abs. 1 S. 2 Nr. 1 oder 2 BGB). Auch die Fahrzeugbeschreibung in einem Internet-Verkaufsportal wird Grundlage einer konkludenten Beschaffenheitsvereinbarung, wenn sie anschließend nicht widerrufen wird (OLG Hamm NJW-RR 2017, 49, 50 mit Verweis u.a. auf BGHZ 170, 86; BGH NJW 2013, 1074).

Gegenbeispiel: Ist Gegenstand eines Kaufvertrags eine Abfüll- und Verpackungsmaschine (z.B., um Vogelfutter in Beutel abzufüllen und zu verpacken) und wurde in der Auftragsbestätigung eine Taktzahl von „up to 40 pcs/min" genannt („pcs" = „pieces", also Stücke pro Minute), liegt nach Auffassung des BGH darin keine Beschaffenheitsvereinbarung im Sinne einer bestimmten Mindestgeschwindigkeit. Erreicht die Maschine also lediglich eine maximale Taktgeschwindigkeit von 9 Beuteln (statt der angeblich maximal möglichen 40 Beutel) pro Minute, liegt nach dem BGH darin kein Mangel i.S.d. § 434 Abs. 1 S. 1 BGB (BGH NJW 2019, 1937, 1938).

In der Praxis kann man auf das Vorliegen einer Beschaffenheitsvereinbarung schließen, wenn der Verkäufer bestimmte **Werbeaussagen** tätigt oder eine **Leistungs- oder Produktbeschreibung** vorlegt, die bestimmte Merkmale der Sache beschreibt (vgl. § 434 Abs. 1 S. 3 BGB). Vor allem aber sind der **Inhalt des Verkaufsgesprächs** und des (schriftlichen) **Kaufvertrags** einschließlich der **Allgemeinen Geschäftsbedingungen** (soweit wirksam) darauf hin zu prüfen, ob die Parteien bestimmte Beschaffenheitsmerkmale **vereinbart** haben.

Beispiel: Heißt es in der Produktbeschreibung eines Kfz, dass dieses über einen 7-Zoll-Bildschirm und ein Navigationssystem verfügt, stellt sich nach der Übergabe jedoch heraus, dass das bordeigene System lediglich über eine sog. Mirror-Screen-Funktion verfügt, mittels derer sich die Daten aus der Smartphone-Navigationsapp auf den Bildschirm übertragen lassen (auf dem Markt bekannt sind „Apple CarPlay" bzw. „Android Auto"), stellt dies unter Heranziehung des objektiven Erwartungshorizonts einen Sachmangel dar, da der Käufer bei der uneingeschränkten Aussage „Navigationssys-

tem" ein vollwertiges bordeigenes Navigationssystem erwarten darf.

Wird mit der Kaufsache auch **Zubehör** mitverkauft und ist dieses mangelhaft, stellt sich die Frage, ob dies zur Mangelhaftigkeit der Hauptsache führt. Handelt es sich bei der mitverkauften Sache um einen wesentlichen Bestandteil i.S.d. § 93 BGB, kann dies ohne weiteres angenommen werden. Ist das Zubehör indes Zubehör im Rechtssinne (also i.S.d. § 97 BGB), sind Zweifel angebracht, ob sich ein Mangel am Zubehör als Mangel an der Hauptsache darstellen kann.

Beispiel: K schloss als Verbraucher mit dem Autohändler V einen Kaufvertrag über einen fünf Jahre alten Pkw der Marke BMW zum Preis von 31.750 €. Im schriftlichen Kaufvertrag findet sich u.a. der folgende Zusatz: „Inkl. 1 x Satz gebrauchte Winterräder auf Alufelgen (ABE [= Allgemeine Betriebserlaubnis] für Winterräder wird nachgereicht)." Das Fahrzeug wurde K nach Zahlung des Kaufpreises noch am selben Tag mit achtfacher Bereifung übergeben, wobei (wegen der winterlichen Jahreszeit) die Winterräder montiert waren. Die Felgen der Winterräder stammten nicht vom Hersteller des Fahrzeugs; vielmehr waren sie lediglich mit einem BMW-Emblem versehen und für das verkaufte Pkw-Modell nicht zugelassen. Nachdem eine Einigung zwischen den Parteien nicht zustande gekommen war, erklärte K den Rücktritt vom Kaufvertrag und forderte V auf, ihm Zug um Zug gegen Rückgabe des Fahrzeugs den Kaufpreis i.H.v. 31.750 € abzüglich einer Nutzungsentschädigung von 793,75 €, mithin 30.956,25 €, zurückzuzahlen (Fall nach BGH NJW 2020, 1287).

⇨ Fraglich ist, ob die Parteien eine Beschaffenheitsvereinbarung getroffen haben. Dagegen spricht, dass die Zubehörfelgen nicht Gegenstand eines separaten Kaufgegenstands waren. Kaufgegenstand war vielmehr der BMW, der neben den Werksfelgen lediglich über einen zweiten Satz Felgen (die Zubehörfelgen) verfügte. Der BMW selbst (i.V.m. den Werksfelgen) ist ja nicht von der fehlenden ABE der Zubehörfelgen betroffen. Dennoch hat der BGH eine Beschaffenheitsvereinbarung angenommen. Die Parteien hätten im Kaufvertrag vereinbart, dass auch ein Satz gebrauchter Winterräder auf Alufelgen Kaufgegenstand sei und dass V die ABE für die Winterräder nachreiche. Diese Abrede habe bei der gebotenen interessengerechten

Auslegung zum Inhalt, dass V für das Vorhandensein einer ABE der Felgen für das verkaufte Fahrzeug in vertragsgemäß bindender Weise die Gewähr übernehme und damit seine Bereitschaft zu erkennen gebe, für alle gewährleistungsrechtlichen Folgen des Fehlens dieser Eigenschaft einzustehen (Rn. 35 des Urteils mit Verweis auf BGH NJW 2017, 2817 Rn. 13; BGH NJW 2019, 1937 Rn. 22). Zudem werde ein Käufer, der – wie hier – Wert auf die Nutzung zugelassener Räder legt, bei objektiver Betrachtung im Fall der Kenntniserlangung von dem Nichtvorliegen einer Betriebserlaubnis für die Felgen das Fahrzeug nicht in einer den getroffenen Vereinbarungen entsprechenden Form (also unter Verwendung der mitgelieferten Zubehörfelgen) nutzen wollen und dürfen (Rn. 36 des Urteils). Außerdem liege der Regelung des § 434 Abs. 1 BGB nach der Rechtsprechung des BGH ein weiter Beschaffenheitsbegriff zugrunde. Danach seien als Beschaffenheit einer Sache i.S.v. § 434 Abs. 1 BGB sowohl alle Faktoren anzusehen, die der Sache selbst anhafteten, als auch alle Beziehungen der Sache zur Umwelt, die nach der Verkehrsauffassung Einfluss auf die Wertschätzung der Sache hätten (Rn. 37 des Urteils mit Verweis auf BGH NJW 2016, 2874 Rn. 10; BGH NJW 2013, 1948 Rn. 15; BGH NJW 2013, 1671 Rn. 10). Danach umfasse die Beschaffenheitsvereinbarung auch die – bei Gefahrübergang montierten – Zubehörfelgen. Seien diese (wegen Fehlens einer ABE) mangelbehaftet, sei auch der Wagen mangelbehaftet. Diesem fehle damit die vereinbarte Beschaffenheit nach § 434 Abs. 1 S. 1 BGB.

Von solchen (eindeutigen und uneindeutigen) Fällen abgesehen, ist bei einem **Autokauf** i.d.R. zwischen Neuwagen und Gebrauchtwagen zu unterscheiden:

Bei einem **Neuwagenkauf** versteht es sich von selbst, dass der Käufer ein fabrikneues, ungenutztes und mangelfreies Fahrzeug erwarten kann. Das sieht auch die Rechtsprechung so, indem sie urteilt, dass beim Verkauf eines Neuwagens durch einen Kfz-Händler grundsätzlich die Zusicherung bestehe, das verkaufte Fahrzeug habe die Eigenschaft, „fabrikneu" und ungenutzt zu sein. Ein ungenutztes Kfz sei fabrikneu, wenn und solange das Modell dieses Fahrzeugs unverändert weitergebaut werde, wenn es keine durch eine längere Standzeit be-

Rechte bei Sachmängeln – Bestehen eines Sachmangels

dingten Mängel aufweise und wenn zwischen Herstellung des Fahrzeugs und Abschluss des Kaufvertrags nicht mehr als zwölf Monate lägen (BGH NJW 2004, 160, 161; BGH NJW 2005, 1422, 1423; BGH NJW 2012, 2276; OLG Koblenz NJW 2009, 3519). Mit diesen Urteilen ist somit vorgegeben:

- **Neu** ist ein Fahrzeug, das unbenutzt ist und noch nicht zugelassen wurde. Als unbenutzt gilt das Fahrzeug auch dann, wenn Werks- oder Überführungsfahrten stattgefunden haben. Denn nach dem BGH wurde in solchen Fällen der Wagen noch nicht (bestimmungsgemäß) im Straßenverkehr bewegt (siehe BGH NJW 2012, 2276). Ein Vorführwagen kann aber niemals ein Neuwagen sein (sondern ist ein Gebrauchtwagen). Eine Tageszulassung soll hingegen die Neuwageneigenschaft nicht entfallen lassen (dazu S. 30/144).

- Demgegenüber ist ein Fahrzeug **fabrikneu**, wenn das Fahrzeugmodell nach wie vor unverändert gebaut wird, es keine Standzeit bedingten Mängel aufweist und zwischen Herstellung und Verkaufsdatum nicht mehr als zwölf Monate liegen.

Da in Kfz-Kaufverträgen üblicherweise entweder von Gebrauchtwagen oder von Neuwagen (nicht aber von „fabrikneuen" Wagen) gesprochen wird, gilt vor dem Hintergrund der soeben wiedergegebenen Einteilung:

Auch ein Fahrzeug, das nicht „fabrikneu" ist, kann als „**Neufahrzeug**" bezeichnet werden. Da aber der Käufer bei einem Neuwagen dennoch ein fabrikneues, ungenutztes und mangelfreies Fahrzeug erwarten kann, muss der Verkäufer den Käufer darauf hinweisen, dass das Fahrzeug nicht mehr die Eigenschaften eines „fabrikneuen" Wagens hat, dass also das Modell nicht mehr unverändert weitergebaut wird, es möglicherweise Standzeit bedingte Mängel aufweist oder dass zwischen Herstellung des Fahrzeugs und Abschluss des Kaufvertrags mehr als zwölf Monate liegen (alternative Aufzählung, da das Vorliegen *eines* der genannten Kriterien genügt, um die Eigenschaft „fabrikneu" zu verneinen). Anderenfalls ist der Käufer berechtigt, seine auf den Vertragsabschluss gerichtete Willenserklärung anzufechten (§ 123 Abs. 1

Rechte bei Sachmängeln – Bestehen eines Sachmangels

Var. 1 BGB – arglistige Täuschung – dazu S. 62 ff.) oder Sachmängelrechte aus § 437 BGB (dazu S. 70 ff.) geltend zu machen. Insbesondere steht damit die Rückabwicklung im Raum, da die fehlende Eigenschaft als „Neufahrzeug" nicht durch Nachbesserung behoben werden kann.

Fazit: Handelt es sich bei dem gelieferten Fahrzeug also um ein solches, das zum Zeitpunkt des Vertragsschlusses die genannten Eigenschaften nicht aufweist, darf dieses somit zwar die Bezeichnung „Neuwagen" tragen, allerdings muss der Verkäufer auf die fehlenden Eigenschaften eines „fabrikneuen" Wagens hinweisen; anderenfalls liegt ein Sachmangel vor. Allein in der Modellpflege („Modellüberarbeitung") ist also (trotz kürzerer Standzeit) ein Sachmangel begründet, wenn das Auslauf- oder Vorgängermodell ohne entsprechenden Hinweis als „Neuwagen" verkauft und übergeben wird. Das gilt auch, wenn allein die Abgasreinigungsanlage geändert wurde, um strengere Umweltschutzbestimmungen einzuhalten.

Beispiel: Verkauft ein Kfz-Händler ein Auto, das lediglich die Abgasnorm Euro 6b erfüllt, als Neufahrzeug, obwohl inzwischen für Neufahrzeuge die strengere Abgasnorm Euro 6d-TEMP vorgeschrieben ist, ist allein darin ein Sachmangel begründet, auch wenn aufgrund einer gesetzlichen Übergangsvorschrift eine straßenverkehrsrechtliche Zulassung noch möglich wäre. Denn die Abgasnorm ist unter verschiedenen Aspekten ein wertbildender Faktor.

Allein eine gewisse Laufleistung lässt nach der Rechtsprechung die Neuwageneigenschaft hingegen nicht entfallen. So sei eine Fahrstrecke, die nach der Produktion eines Fahrzeugs üblicherweise auf dem Werksgelände zurückgelegt wird, um an dem Fahrzeug noch letzte Tests und Abstimmungen vorzunehmen (sog. Werkskilometer), unschädlich. Eine solche Fahrstrecke könne auch einige 100 km betragen, ohne dass die Neuwageneigenschaft infrage gestellt werde (OLG Hamm IHR 2017, 243). Mit dem Argument, ein Fahrzeug sei auch dann neu, wenn es noch nicht bestimmungsgemäß eingesetzt worden ist, wird von der Rechtsprechung auch das Vorhandensein von mehreren hundert Überführungskilometern als unschädlich eingestuft (OLG Stuttgart DAR 2000, 573: bis 1000 km). Das ist nicht ganz unbedenklich, weil gerade die ersten hundert Kilometer für das Einfahren eines Neuwagens nicht unerheblich sind. Außerdem ist der Wagen dann auch nicht mehr ungenutzt. Vor allem aber dürfte die Erwartung des Neuwagenkäufers dahin gegen, dass maximal ein paar Rangier- und Umsetzungskilometer vorhanden sind.

Ist aber ein Fahrzeug bereits seit einem Jahr zur Nutzung im Straßenverkehr zugelassen und hat auch eine über die üblichen Werks- oder Überführungskilometer hinausgehende Fahrstrecke im öffentlichen Straßenverkehr zurückgelegt, kann man eine Neuwageneigenschaft keinesfalls mehr bejahen. Wurde in diesem Fall im Vertrag also die Lieferung eines Neuwagens vereinbart, liegt ein Sachmangel vor (OLG Hamm IHR 2017, 243).

Liegen aber die ein Neufahrzeug kennzeichnenden Merkmale vor, auch soll eine sog. Tageszulassung nicht schaden (vgl. etwa BGH NJW 2012, 2276; OLG Hamm IHR 2017, 243). Von einer sog. Tageszulassung spricht man, wenn das Neufahrzeug über eine max. 30-tägige Zulassung (und damit über eine Haltereintragung in der Zulassungsbescheinigung Teil II) durch den Händler verfügt, ohne dass das Fahrzeug im Straßenverkehr bewegt oder sonst genutzt worden wäre (vgl. dazu etwa OLG Hamm IHR 2017, 243).
Nach ständiger Rechtsprechung handelt es sich bei Tageszulassungen um eine besondere Form des Neuwagengeschäfts. Der Kunde erwerbe in diesen Fällen ein neues Fahrzeug. Die Zulassung diene, anders als bei sog. Vorführwagen, nicht der Nutzung des Fahrzeugs. Tageszulassungen erfolgten insbesondere im Absatzinteresse des Händlers, der durch die Steigerung der Abnahmemenge in den Genuss höherer Prämien kommt, die er an den Endkunden weitergeben kann (vgl. LG Duisburg 17.4.2014 – 12 S 153/13 mit Verweis auf BGH NJW 2000, 2821).

Wird also der Kauf eines Neuwagens vereinbart und verfügt das gelieferte, noch ungebrauchte Fahrzeug über eine Tageszulassung, ist allein in der kurzzeitigen Haltereintragung noch kein Sachmangel begründet (siehe auch BGH NJW 2012, 2276). Etwas anderes gilt freilich dann, wenn es im Vertrag heißt: „Keine Zulassung". Denn dann haben die Parteien eine Beschaffenheitsvereinbarung getroffen, die das Vorhandensein einer Tageszulassung ausschließt. Ein gleichwohl mit einer Tageszulassung versehenes Fahrzeug ist in diesem Fall mangelhaft, wenngleich eine Tageszulassung nach der Rechtsprechung an sich nichts an der Neuwageneigenschaft ändern würde.

Ein sog. Vorführwagen, also ein Fahrzeug, das vom Händler zum Betrieb im Straßenverkehr zugelassen wurde und Kunden bzw. Kaufinteressenten zu Probefahrten überlassen wird, ist von vornherein kein Neuwagen. Denn wird ein Fahrzeug zu Probefahrten überlassen, wird man kaum die einen Neuwagen kennzeichnenden Attribute wie „noch ungebraucht" bzw. „nicht abgenutzt" bejahen können; zudem wird der Wagen (bestimmungsgemäß) im Straßenverkehr bewegt (siehe BGH NJW 2012, 2276).

(Weitere) Beispiele aus der Rechtsprechung von Beschaffenheitsvereinbarungen bei Neuwagen: Zulassungsfähigkeit; bestimmter Motor; bestimmte Farbe; Kraftstoffverbrauch liegt nicht wesentlich über Werksangabe (3-5% Abweichung ist noch tolerabel); Erreichen der angegebenen Höchstgeschwindigkeit; Nichtvorhandensein von Bremsgeräuschen; keine ungeklärte Laufleistung von mehr als 200 km vor Übergabe; keine serienuntypischen Vibrationen; Cabriolet ist waschanlagenfest; keine längere Standzeit als 12 Monate; Fehlen standzeitbedingter Mängel; unveränderter Fortbau des Modells; kein Erloschensein der Betriebserlaubnis durch Anbau von Zubehör; Funktionieren des Fernschlüssels etc.

Auch hinsichtlich **Gebrauchtwagen** gibt es eine umfangreiche Rechtsprechung zur Beschaffenheitsvereinbarung. Erst kürzlich hat der BGH (NJW 2016, 2874) einen Fall zu entscheiden gehabt, bei dem es um die

Rechte bei Sachmängeln – Bestehen eines Sachmangels

Frage ging, ob bei einem Kfz-Kaufvertrag die Angabe: „noch ein Jahr Herstellergarantie" eine Beschaffenheitsvereinbarung darstellt.

Fall: K kaufte von V, einem Fahrzeughändler, einen Gebrauchtwagen, den dieser zuvor auf einer Internetplattform zum Verkauf angeboten und dort mit einer noch mehr als ein Jahr laufenden Herstellergarantie beworben hatte. Kurz nach dem Kauf mussten infolge von Motorproblemen Reparaturen durchgeführt werden. Eine Vertragswerkstatt des Herstellers nahm zunächst – für K kostenlos – die erforderlichen Reparaturmaßnahmen vor. Jedoch verweigerte der Hersteller die Übernahme der Reparaturkosten mit der Begründung, im Rahmen der Motoranalyse seien Anzeichen für eine Manipulation des Kilometerstandes – vor Übergabe des Fahrzeugs an K – festgestellt worden. Daraufhin trat K unter Verweis auf die fehlende Herstellergarantie vom Kaufvertrag zurück und verlangte von V die Rückzahlung des Kaufpreises sowie den Ersatz ihm entstandener Aufwendungen.

Grundsätzlich gilt: Gibt ein Gebrauchtwagenhändler eine Erklärung zu Eigenschaften eines Pkw ab, darf der Käufer darauf vertrauen, dass der Händler für die Beschaffenheit einsteht. Will der Verkäufer für eine Eigenschaft nicht einstehen, muss er dies ausdrücklich zum Ausdruck bringen.

Der BGH entschied, dass als Beschaffenheitsmerkmale einer Kaufsache nicht nur die Faktoren anzusehen seien, die ihr selbst unmittelbar anhaften, sondern vielmehr auch all jene Umstände, die nach der Verkehrsauffassung Einfluss auf die Wertschätzung der Sache hätten (BGH a.a.O.).

Das Anpreisen des Bestehens einer Herstellergarantie für ein Kfz erfülle die Voraussetzungen für das Vorliegen einer Beschaffenheitsvereinbarung, da der Herstellergarantie beim Autokauf regelmäßig ein erhebliches wirtschaftliches Gewicht zukomme (BGH a.a.O.).

Daraus folgt: Zwischen V und K liegt eine diesbezügliche Beschaffenheitsvereinbarung vor. Da der Wagen damit vom vereinbarten Sollzustand („noch ein Jahr Herstellergarantie") zum Nachteil des K abweicht, liegt ein Sachmangel vor, der zu bestimmten Folgerechten (hier: zur Möglichkeit des Rücktritts vom Kaufvertrag) führt (siehe dazu S. 70 ff.).

Auch bei **Autoteilen** bzw. bei **Zubehör** kann eine Beschaffenheitsvereinbarung angenommen werden, wenn der Verkäufer Eigenschaften der Sache beschreibt. Liegen diese dann nicht vor, ist ein Sachmangel gegeben.

Beispiel: So stellt die Zusage eines Verkäufers von Autofelgen, die Felgen passten für das Fahrzeug des Käufers, eine Beschaffenheitsvereinbarung dergestalt dar, dass die Felgen nicht nur in technischer Hinsicht passen, sondern dass sie auch ohne weitere zulassungsrechtliche Prüfung verwendet werden dürfen. Gleichzeitig beinhaltet diese Aussage auch eine entsprechende Zusicherung (AG München 18.10.2017 – 242 C 5795/17), was einen etwaigen pauschalen Ausschluss der Gewährleistung unwirksam macht und damit der Beschaffenheitsgarantie i.S.d. § 444 BGB gleichsteht. Das entspricht der Rechtsprechung des BGH, der bereits 2006 entschied, dass ein pauschaler Sachmangelgewährleistungsausschluss unwirksam sei, wenn in dem Kaufvertrag zugleich eine bestimmte Beschaffenheit der Kaufsache vereinbart sei. Dieses widersprüchliche Vorgehen sei regelmäßig dahingehend auszulegen, dass der Haftungsausschluss nicht für das Fehlen der vereinbarten Beschaffenheit gelten soll (BGH NJW 2007, 1346 ff.). Folge ist: Zwar ist der Ausschluss der Gewährleistung nicht wegen § 444 Var. 2 BGB generell unwirksam, er erstreckt sich aber nicht auf die konkrete Zusicherung, sodass vorliegend der Verkäufer für den Sachmangel einzustehen hat, der darin zu sehen ist, dass die Felgen an dem konkreten Fahrzeug nicht über die erforderliche Straßenzulassung verfügen. Siehe auch S. 165. Sollte es sich um einen Verbrauchsgüterkauf handeln, wäre ein Gewährleistungsausschluss ohnehin unwirksam (S. 169 ff.).

b. Weitere Kriterien zur Bestimmung des Sachmangels

Nicht stets vereinbaren die Parteien Beschaffenheitsmerkmale bzw. nicht stets sind (detaillierte) Produktbeschreibungen vorhanden. In diesem Fall kommen die in § 434 Abs. 1 S. 2 BGB genannten (objektiven) (Hilfs-)Kriterien zur Anwendung. Danach ist die Sache (nur dann) frei von Sachmängeln, wenn

⇨ sie sich für die **vertraglich vorausgesetzte Verwendung eignet** (Nr. 1)
⇨ wenn sie sich für die **gewöhnliche Verwendung eignet** und eine Beschaffenheit aufweist, die bei Sachen der gleichen Art **üblich** ist und die der Käufer nach der Art der Sache **erwarten** kann (Nr. 2).

aa. Keine Eignung für vertraglich vorausgesetzte Verwendung

Die Auslegung des Begriffs „**vertraglich vorausgesetzte Verwendung**" (§ 434 Abs. 1 S. 2 **Nr. 1** BGB) ergibt zunächst, dass nicht die spätere Verwendung vertraglich vereinbart worden sein muss, sondern dass die Parteien bei Vertragsschluss lediglich von einer bestimmten Verwendung durch den Käufer ausgegangen sind, diese vorausgesetzt (i.S.v. unterstellt), sozusagen zur „Geschäftsgrundlage" gemacht haben (BGH NJW 2019, 1937, 1938; BGH NJW 2017, 2817, 2818). Bei der Ermittlung dieser Verwendung (des Einsatzzwecks) seien neben dem Vertragsinhalt die Gesamtumstände des Vertragsabschlusses heranzuziehen (BGH NJW 2019, 1937, 1938; BGH NJW-RR 2018, 822, 823 f.).

Beispiel: Ist Gegenstand eines Kaufvertrags eine Abfüll- und Verpackungsmaschine (z.B., um Vogelfutter in Beutel abzufüllen und zu verpacken) und erreicht die Maschine lediglich eine maximale Taktgeschwindigkeit von 9 Beuteln (statt der angeblich maximal möglichen 40 Beutel) pro Minute, obwohl in der Auftragsbestätigung eine Taktzahl von „up to 40 pcs/min" genannt wurde („pcs" = „pieces", also Stücke pro Minute), liegt nach Auffassung des BGH darin keine für den Verkäufer erkennbare vertraglich vorausgesetzte Verwendung i.S.d. § 434 Abs. 1 S. 2 Nr. 1 BGB (BGH NJW 2019, 1937, 1938). Denn maßgeblich für die Bestimmung der nach dem Vertrag vorausgesetzten Verwendung sei nicht eine „Verpackung in einer bestimmten Geschwindigkeit", sondern allein die vorgesehene „Nutzungsart", nämlich hier die Verpackung von Vogelfutter in verschweißte Beuteln.

Stellungnahme: Die Anforderungen, die der BGH an die erkennbare vertraglich vorausgesetzte Verwendung stellt, sind zu eng. Gerade in Produktionsstätten dürfte die Arbeitsgeschwindigkeit von Maschinen ganz wesentlich sein. Die Aussage: „up to 40 pcs/min" beschreibt zwar lediglich eine erreichbare Höchstgeschwindigkeit, suggeriert aber dennoch eine bestimmte

Rechte bei Sachmängeln – Bestehen eines Sachmangels

Mindest- bzw. Durchschnittsgeschwindigkeit, die nicht unbedingt bei weniger als 1/4 der angegebenen Höchstgeschwindigkeit liegen sollte. Daher liegt nach der hier vertretenen Auffassung durchaus ein Fall des § 434 Abs. 1 S. 2 Nr. 1 BGB vor – insbesondere dann, wenn die angegebene Höchstgeschwindigkeit schon allein aus technischen Gründen nicht erreicht werden kann.

Ob sich die Sache für die vom Käufer vertraglich vorausgesetzte Verwendung **eignet**, richtet sich danach, ob der Käufer von einer bestimmten Verwendung der Sache ausgeht und dies für den Verkäufer zum Zeitpunkt des Vertragsschlusses zumindest erkennbar ist. Denn muss zur Bejahung der Nr. 1 die (spätere) Verwendung vertraglich vorausgesetzt sein, impliziert dies zumindest eine Erkennbarkeit für den Verkäufer hinsichtlich der (möglichen späteren) Verwendung. Daher sollte der Verkäufer Äußerungen, die der Käufer im Hinblick auf die Sache während des Verkaufsgesprächs macht, sehr genau verfolgen und ggf. klarstellen, dass der Gegenstand sich nicht für die Verwendung eignet, die der Käufer möglicherweise vor Augen hat, zumal bei bestimmten Verträgen (insb. bei den Verbrauchsgüterkäufen, vgl. S. 15 ff.) der Verkäufer beweisen muss, dass die Sache zum Zeitpunkt des Gefahrübergangs (dazu S. 24 f., zu den Ausnahmen S. 52 ff.) nicht mangelhaft ist.

Beispiel: Verkäufer V und Käufer K schließen einen Kaufvertrag über ein Hausgrundstück. Nachdem K in das Haus eingezogen war, bemerkte er insbesondere im Wohnzimmer feuchte Stellen. Diese waren bei der Besichtigung des Gebäudes nicht zu erkennen gewesen. Es stellt sich heraus, dass das Gebäude im Boden- und Sockelaufbau so feucht ist, dass man es nicht bzw. nur eingeschränkt bewohnen kann.

⇨ Hier haben die Parteien keine Beschaffenheitsvereinbarung getroffen. Da es sich bei dem Vertragsgegenstand aber um ein mit einem Wohnhaus bebautes Grundstück handelt, eignet sich der Vertragsgegenstand nicht für die vertraglich vorausgesetzte Verwendung. Denn ein Wohnhaus dient dem Wohnen, was im vorliegenden Fall nicht oder nur eingeschränkt möglich ist. Daher liegt eine auf § 434 Abs. 1 S. 2 Nr. 1 BGB zu stützende Abweichung der Ist-Beschaffenheit von der Soll-Beschaffenheit vor.

bb. Keine Eignung für gewöhnliche Verwendung; keine übliche Beschaffenheit, die der Käufer erwarten kann

Kann die vertraglich vorausgesetzte Verwendung nicht festgestellt werden, ist gem. § 434 Abs. 1 S. 2 **Nr.** 2 BGB die Sache schließlich dann mangelhaft, wenn sie sich nicht für die **gewöhnliche Verwendung eignet** und auch nicht so beschaffen ist, wie dies bei gleichartigen Sachen **üblich** ist und wie der Käufer dies nach der Art der Sache **erwarten** kann (s.o.). Wie aus dieser Formulierung deutlich wird, handelt es sich bei Nr. 2 um einen „Auffangtatbestand", nach dem ein Sachmangel immer dann in Betracht kommt, wenn § 434 Abs. 1 S. 1 BGB und § 434 Abs. 1 S. 2 Nr. 1 BGB keinen Sachmangel zu begründen vermögen. Die Kriterien „Eignung zur gewöhnlichen Verwendung", „übliche Beschaffenheit" und „Käufererwartung" geben als unbestimmte Rechtsbegriffe Raum zur (tatrichterlichen) Interpretation, was im Einzelfall zu einer Rechtsunsicherheit führen kann. Daher ist eine objektivierte Betrachtungsweise angezeigt, damit eine „überzogene Käufererwartung" im Einzelfall keinen Sachmangel begründen kann. Gesetzessystematisch ist Nr. 2 so aufgebaut, dass Mangelfreiheit nur besteht, wenn die Sache

⇨ sich für die gewöhnliche Verwendung eignet
⇨ und eine Beschaffenheit aufweist, die bei Sachen der gleichen Art üblich ist und die der Käufer nach der Art der Sache erwarten kann.

Die „Beschaffenheit, die bei Sachen der gleichen Art üblich ist und die der Käufer nach der Art der Sache erwarten kann" muss also kumulativ zur „Eignung für die gewöhnliche Verwendung" vorliegen. Nur dann ist die Sache mangelfrei. Im Einzelnen gilt:

⇨ Die **„Eignung zur gewöhnlichen Verwendung"** ist nach den Erwartungen des objektiven Verkehrskreises zu bestimmen, dem der Käufer angehört. Die Sache muss bei einem Vergleich mit anderen Stücken der Gattung eine vergleichbare Verwendung ermöglichen. Daher begründet z.B. ein Fehler bei der Produktion die Mangelhaftigkeit, da eine Abweichung von den gattungsspezifischen Merkmalen vorliegt. So liegt im

"Dieselabgasskandal" bei den betroffenen Fahrzeugen, bei denen eine Software (Abschalteinrichtung) installiert wurde, die die zulässigen Grenzwerte lediglich auf dem Prüfstand gewährleistet, nach dem BGH keine „Eignung zur gewöhnlichen Verwendung" vor, da u.a. die Gefahr einer Betriebsuntersagung bestehe.

Beispiel: K kaufte im Autohaus des V einen Neuwagen, der mit einem Dieselmotor ausgestattet ist. Das Fahrzeug ist mit einer unzulässigen Abschalteinrichtung versehen, die den Stickoxidausstoß auf dem Prüfstand gegenüber dem normalen Fahrbetrieb reduziert (nach BGH NJW 2019, 1133).

Der BGH meint, dass vom Vorliegen eines Sachmangels nach § 434 Abs. 1 S. 2 Nr. 2 BGB auszugehen sein dürfte, weil die Gefahr einer Betriebsuntersagung durch die für die Zulassung zum Straßenverkehr zuständige Behörde bestehe und es damit an der Eignung der Sache für die gewöhnliche Verwendung (Nutzung im Straßenverkehr) fehlen dürfte. Das ist zweifelhaft. Zum einen ist unklar, wie der Begriff der Gattung zu verstehen ist (alle Dieselfahrzeuge einer bestimmten Abgasnorm oder alle Dieselfahrzeuge eines bestimmten Herstellers und Typs), und zum anderen ist ebenfalls unklar, worin die Abweichung zu anderen Exemplaren der Gattung besteht. Denn durch das Aufspielen eines vom Kraftfahrt-Bundesamt genehmigten Software-Updates ist gerade gewährleistet, dass keine Betriebsuntersagung erfolgt. Freilich heißt das nicht, dass kein Sachmangel vorliegt. Dieser ist darin zu sehen, dass Leistungsverlust und Mehrverbrauch nicht ausgeschlossen werden können (richtig LG Erfurt 18.1.2019 – 9 O 490/18).

⇨ Über die **„übliche Beschaffenheit"** und die **„Käufererwartung"** entscheidet ebenso die Verkehrsauffassung, genauer gesagt die objektivierte Käufererwartung hinsichtlich Zustand, Qualität und Verwendbarkeit gleichartiger Sachen (s.o.). Das heißt, dass die Sache so zu sein hat, wie es ein Käufer nach der Art der Sache **erwarten** kann.

Beispiele: So liegt ein Mangel i.S.d. § 434 Abs. 1 S. 2 Nr. 2 BGB vor, wenn ein Produkt i.S.d. § 2 Nr. 22 ProdSG (also Waren, Stoffe oder Zubereitungen, die durch einen Fertigungsprozess hergestellt worden sind) nicht den Anforderungen des § 3 ProdSG entspricht. Im Übrigen müssen Produkte zum Zeitpunkt ihrer Produktion dem Stand der Technik entsprechen, wie es der betreffende Käuferkreis erwarten kann. Daher liegt kein Mangel vor, wenn eine Sache (etwa eine Digitalkamera), die für eine Verwendung unter üblichen Bedingungen konstruiert wurde, unter Extrembedingungen (Einsatz etwa für lange Zeit bei sehr kalten oder sehr heißen Temperaturen) gelegentlich Störungen aufweist (siehe AG München 8.6.2020 – 191 C 4038/17). Auch müssen Neuwaren mit der Originalverpackung und der Etikettierung versehen sein, weil ein Käufer beim Kauf einer neuen Sache dies erwartet. Bei Gebrauchtsachen gelten eigene Maßstäbe, siehe dazu unten S. 39 ff.

Die „Käufererwartung" muss auch den Kaufpreis berücksichtigen. So kann ein Käufer von einem Billigprodukt nicht die gleiche Qualität erwarten wie von einem Qualitätsprodukt. Jedoch steht der Annahme eines Mangels nicht generell entgegen, dass es sich um ein „Sonderangebot", um einen im Preis reduzierten Artikel oder gar um Ramschware handelt.

Beispiel: Kauft K bei einem Discounter eine elektrische Gartenschere, muss diese in Bezug auf Sicherheit, Haltbarkeit und Funktionalität dem Standard entsprechen, der üblicherweise von Gartenscheren erwartet werden kann. Bricht bei dem gekauften Exemplar also bereits nach kurzer Einsatzzeit trotz ordnungsgemäßer Benutzung die Klinge, liegt ein Sachmangel vor, weil ein Käufer trotz Sonderangebots von einem üblichen Qualitätsstandard ausgehen darf. Etwas anderes wird man freilich bei Ramschware annehmen müssen, da man unter Zugrundelegung des objektiven Erwartungshorizonts kein Qualitätsprodukt erwarten kann. Doch auch hier wird man einen Sachmangel annehmen müssen, wenn z.B. die als Ramschware gekaufte elektrische Gartenschere von Anfang an überhaupt nicht funktionsgemäß verwendet werden kann.

Ein Sachmangel liegt auch dann vor, wenn

⇨ die Sache durch den Verkäufer oder dessen Erfüllungsgehilfen (§ 278 BGB) unsachgemäß montiert wurde („Montagemängel", § 434 Abs. 2 S. 1 BGB),

⇨ sie aufgrund einer fehlerhaften oder sogar fehlenden Montageanleitung fehlerhaft montiert wurde („Anleitungsfehler", § 434 Abs. 2 S. 2 BGB),

Rechte bei Sachmängeln – Bestehen eines Sachmangels

⇨ der Verkäufer eine falsche Sache oder eine zu geringe Menge geliefert hat („Falschlieferung" oder „Zuweniglieferung", § 434 Abs. 3 BGB).

Beispiele:
⇨ *Montagemangel: Der bei V gekaufte Autoreifen wird von den Leuten des V unsachgemäß auf die Felge montiert. Dadurch platzt der Reifen.*
⇨ *Anleitungsfehler: Der bei V gekaufte Bausatz eines Wohnzimmerschranks enthält eine Aufbauanleitung, die fehlerhaft aus dem Koreanischen ins Deutsche übersetzt wurde. Dadurch entstehen beim Zusammenbau Schäden am Material.*
⇨ *Falschlieferung bzw. Zuweniglieferung: Geliefert wurde Mac-Software statt der angebotenen und bestellten PC-Software; geliefert wurden drei Reifen statt der bestellten vier Reifen.*

Selbstverständlich liegt **kein Sachmangel** vor, wenn der Schaden infolge unsachgemäßen Gebrauchs entstanden ist. Wer z.B. ein Straßenfahrzeug kauft und damit am Rennsport teilnimmt, kann nicht ernsthaft erwarten, einen Motor- oder Getriebeschaden im Rahmen der Gewährleistungsrechte abwickeln zu können. Auch normale Abnutzung oder normaler Verschleiß begründen keinen Sachmangel, weil ein Sachmangel nur dann vorliegt, wenn der Fehler zum Zeitpunkt des Gefahrübergangs (d.h. der Übergabe an den Käufer, § 446 BGB, oder im Fall des Versendungskaufs gem. § 447 BGB an den Versender) vorhanden oder zumindest angelegt war.

2. Besonderheiten bei gebrauchten Sachen

Besonders schwierig ist die Feststellung eines Sachmangels, wenn es um eine gebrauchte Sache geht, die ja naturgemäß eine gewisse Abnutzung bzw. einen gewissen Verschleiß aufweist.

a. Restriktiver Mangelbegriff

Als grober Anhaltspunkt gilt, dass bei einer gebrauchten Sache nur dann ein Mangel angenommen werden kann, wenn eine vergleichbare Sache üblicherweise einen solchen Mangel (noch) nicht aufweisen würde. Als Faustformel gilt: **Je älter bzw. verschlissener die Sache ist, desto eher wird man bei einem nach der Übergabe auftretenden Defekt einen Sachmangel verneinen können.**

Beispiel: Verkäufer V teilt auf Nachfrage des Käufers K mit, dass der von V angebotene Laptop bereits ca. 10.000 Betriebsstunden aufweist. Da aber der Preis „stimmt", willigt K in das Vertragsangebot des V ein. V übergibt und übereignet den Laptop gegen Bezahlung. Nach zwei Wochen ist die Festplatte defekt.

⇨ *Hier kann K keine Gewährleistungsrechte geltend machen, sofern man davon ausgeht, dass der Laptop aufgrund der Betriebsstundenzahl zum Zeitpunkt der Übergabe einen üblichen Verschleißgrad aufwies und daher kein Sachmangel vorliegt. Entscheidend ist in einem solchen Fall, wer die Beweislast für das Vorliegen eines Sachmangels zum Zeitpunkt des Gefahrübergangs (d.h. der Übergabe) trägt (dazu S. 194 f.).*

b. Speziell: Verbrauchsgüterkauf

Sofern es sich um einen **Verbrauchsgüterkauf** handelt (siehe § 474 BGB – dazu im Einzelnen S. 15, 117, 132, 169, 175, 187, 195), wird der Verkäufer, der ja gem. § 477 BGB innerhalb von sechs Monaten seit Gefahrübergang die Beweislast dafür trägt, dass kein Sachmangel zum Zeitpunkt des Gefahrübergangs bestand, daran interessiert sein, den Kaufgegenstand vor dem Verkauf vom Kunden testen zu lassen, damit etwaige Mängel im Vertrag festgehalten werden können. Denn sind Mängel im Vertrag festgehalten, stellen sie rechtlich gesehen keine Mängel i.S.d. § 434 BGB dar, da über den Gegenstand ja gerade eine Beschaffenheitsvereinbarung getroffen wurde. Freilich kann nicht ausgeschlossen werden, dass ein Verkäufer einen ihm bekannten Mangel zu verbergen versucht und daher eine Prüfung durch den Kunden vermeidet. In diesem Fall ist der Verkäufer bei Auftreten eines Mangels zwar Mängelrechten ausgesetzt, das setzt aber voraus, dass der Verbraucher seine Rechte kennt und auch durchsetzt. Insgesamt besteht also bei Gebrauchtsachen eine Unsicherheit, wann ein Sachmangel vorliegt, zumal die Rechtsprechung nicht einheitlich entscheidet.

Generell gilt aber die Faustformel: Typische Verschleißerscheinungen begründen i.d.R. keinen Sachmangel. Das gilt umso mehr, je älter und verschlissener die Gebrauchtsache ist.

c. Speziell: Gebrauchtwagenkauf

Bei **Gebrauchtwagen** kann zur Orientierung, was bei Sachen der gleichen Art üblich ist und was der Käufer nach der Art der Sache erwarten kann, folgende beispielhafte Aufzählung von gerichtlich entschiedenen Fällen ein Gefühl verleihen:

Beispiele aus der Rechtsprechung für das Nichtvorhandensein von Mängeln bei Gebrauchtwagen: Spiel der Spurstangen; ausgeschlagene Spurstangenköpfe und/oder Traggelenke; rissige Gelenkmanschetten; korrodierter Auspuff; verschlissene Bremsen; undichter bzw. defekter Stoßdämpfer (jeweils bei höherer Laufleistung); Nichterreichen der angegebenen Höchstgeschwindigkeit bei höherer Laufleistung des Motors; Vorhandensein von Bremsgeräuschen; Nichtbestehen von Verkehrssicherheit trotz Angabe: „TÜV neu"; plötzlicher Defekt einer Dichtung bei einem Fahrzeug mit einer Laufleistung von 190.000 km; längere Standzeit als 12 Monate bei älteren Fahrzeugen; standzeitbedingte Mängel; Durchrostungen im Unterbodenbereich bei 13 Jahre altem Fahrzeug; Ölverlust bei höherer Laufleistung; bei Unfallwagen die Umstände des Unfallgeschehens. Auch Nachlackierungen begründen grundsätzlich keinen Sachmangel, denn nach der Rechtsprechung des BGH gehört nicht zur üblichen Beschaffenheit, dass sich alle Fahrzeugteile noch im Originalzustand befinden und damit nachlackierungsfrei sind (BGHZ 181, 170 ff.). Allerdings ist auch hierbei die Verkehrssitte zu beachten. So darf der Käufer eines sehr jungen Gebrauchtfahrzeugs zumindest eine Nachlackierung erwarten, die in Qualität und Ausführung der einer Werkslackierung entspricht.

Demgegenüber hat die Rechtsprechung bei Gebrauchtwagen in folgenden Fällen durchaus eine Beschaffenheitsvereinbarung angenommen, bei deren Nichteinhaltung bzw. Nichtvorliegen ein Sachmangel zu bejahen ist: „Jahreswagen" (Fahrzeug, das aus 1. Hand stammt und nicht länger als 1 Jahr ab Erstzulassung gefahren wurde); Richtigkeit des Datums der Erst-

zulassung; Angabe „unfallfrei" darf keine Schäden verschweigen, die über Bagatellschäden hinausgehen; keine ausschließliche bisherige Nutzung als Mietwagen; angezeigter bzw. angegebener Kilometerstand entspricht der tatsächlichen Laufleistung; Originalmotor verbaut; bestehende Verkehrssicherheit bzw. gültige Betriebserlaubnis (woran es etwa beim Anbau von nicht zugelassenem Zubehör fehlt); Angabe „fahrbereit" setzt Verkehrs- und Betriebssicherheit bzw. gefahrlose Benutzung voraus; Richtigkeit des angegebenen Baujahrs; keine Standschäden, die über übliche Standschäden hinausgehen

Im Übrigen kann ein Sachmangel auch ohne Beschaffenheitsvereinbarung angenommen werden, z.B. bei Stocken bzw. Ruckeln des Motors; Feuchtigkeit im Scheinwerfer; defekter Standheizung; überhöhtem Ölverbrauch des Motors; Motorschaden weit unterhalb der zu erwartenden Lebensdauer; Ausfall einer Einspritzdüse weit unterhalb der Regellaufleistung.

Wichtig für die (Nicht-)Annahme eines Sachmangels ist aber stets, ob der behauptete Defekt über das normale Abnutzungsbild hinausgeht. Insbesondere Kfz unterliegen aufgrund ihrer Eigenart und der Vielzahl der verbauten Teile einer (erhöhten) Abnutzung und einem (erhöhten) Verschleiß. Je älter das Fahrzeug und je höher die Laufleistung ist, desto eher ist bei einem nach der Übergabe auftretenden Defekt von einem verschleiß- und nicht mangelbedingten Defekt auszugehen. Etwas anderes darf ein Käufer eines älteren und verschlissenen Gebrauchtwagens auch nicht erwarten. Zeigt sich der Defekt eines Bauteils aber (weit) unterhalb der zu erwartenden Lebensdauer (etwa der Ausfall des Motorsteuergeräts bei einem 10 Jahre alten Kfz, weil Motorsteuergeräte so konzipiert sind, dass ihre Lebensdauer die des Kfz überschreitet), ist die Annahme eines Mangels eher begründet. Ist umgekehrt aber nach allgemeiner Lebenserfahrung ein Zeitpunkt bzw. Verschleißgrad erreicht, bei dem mit einem entsprechenden Defekt gerechnet werden muss, liegt kein Mangel vor, sondern lediglich ein verschleißbedingter Defekt, der nicht zu Mängelrechten führt. Alters- und einsatzbedingte Verschleiß- und Abnutzungserscheinungen sind bei einem Gebrauchtwagen selbst dann kein Mangel, wenn sie die Funktions- und Gebrauchstauglichkeit des Fahrzeugs beeinträchtigen (allgemeine Auffassung). Da freilich kein Fall dem anderen gleicht (so kann im Fall A die

Laufleistung 80.000 km betragen haben, im Fall B 110.000 km, als der Zahnriemen riss), ist bei der Verallgemeinerung bzw. Übertragung von Gerichtsentscheidungen Vorsicht geboten.

Insbesondere **Unfallwageneigenschaft**: Ein Sachmangel (wegen Beschaffenheitsdefizits) kann insbesondere vorliegen, wenn ein Unfallwagen als „unfallfrei" angegeben war. Denn die „Unfallfreiheit" ist ein wichtiges Beschaffenheitsmerkmal, da sie einen wertbildenden Faktor darstellt. Wird über einen Unfallschaden nicht gesprochen bzw. im Kaufvertrag nichts gesagt, darf ein Käufer die Unfallfreiheit als Aspekt der üblichen Beschaffenheit annehmen. Zu beachten ist jedoch stets, dass nicht jeder Schaden dem Wagen die „Unfallfreiheit" nimmt. Gerade bei Bagatellschäden kann die Unfallwageneigenschaft zu verneinen sein. Das OLG Köln hat sich schon frühzeitig mit dem Begriff „Unfallwagen" auseinandergesetzt. Es hat ausgeführt, der Begriff „unfallfrei" im Kraftfahrzeughandel bringe zum Ausdruck, dass ein Fahrzeug keinen Schaden erlitten habe, der als erheblich anzusehen sei. Die Erheblichkeit eines Schadens bestimme sich nach der Verkehrsauffassung, die nur geringfügige, ausgebesserte Blechschäden und „Schönheitsfehler" aus dem Begriff der Unfallfreiheit ausklammere (OLG Köln DAR 1975, 327 f.). Und das OLG Düsseldorf führt aus: „Ist lediglich der Lack beschädigt gewesen, beispielsweise durch Abschürfungen oder Kratzer, wird es sich in den meisten Fällen um einen Bagatellschaden handeln. Auf der anderen Seite ist die Grenze zwischen Bagatellschaden und Unfalleigenschaft nicht durch jede Verformung des Blechs überschritten. Das ist auch eine Frage der Verformungstiefe und der Größe der Fläche, die in Mitleidenschaft gezogen worden ist. Nicht jede Beule oder Delle in der Tür eines Pkw, auch eines jüngeren, bedeutet einen Schaden, der über die Bagatellgrenze hinausgeht." (OLG Düsseldorf 25.2.2008 – I-1 U 169/07). Das überzeugt. Es wäre nicht sachangemessen, bei jedem geringfügigen (freilich fachgerecht reparierten) Blechschaden von einem „Unfallschaden" zu sprechen. Das OLG Düsseldorf macht aber auch deutlich, dass es bei der Frage, was der Käufer an Informationen über Vorschäden erwarten kann, stets auf die Einzelfallumstände und die Verkehrsanschauung ankomme. So sei das Alter des Fahrzeugs ebenso von Bedeutung wie die Anzahl der Vorbesitzer. Außerdem seien die Laufleistung des Fahrzeugs und die Art seiner Vorbenutzung wichtige Auslegungskriterien. Für das, was der Käufer bei der Angabe „(lt. Vorbesitzer) unfallfrei" erwarten dürfe, könnten ferner der Kaufpreis und der dem Käufer erkennbare Pflegezustand des Fahrzeugs von Bedeutung sein. Schließlich komme es bei der Frage, ob es sich um einen möglicherweise hinzunehmenden „Bagatellschaden" oder um einen Schaden handele, der dem Fahrzeug die Unfallfreiheit nehme, auf die Art des Schadens und die Höhe der Reparaturkosten an (OLG Düsseldorf 25.2.2008 – I-1 U 169/07 mit Verweis auf BGH NJW 2008, 53).

Nicht entscheidend ist die den Rücktritt ausschließende Bagatellschwelle nach § 323 Abs. 5 S. 2 BGB. So kann bereits eine Unfallwageneigenschaft vorliegen, obwohl der Schaden nicht hoch genug ist, um das Rücktrittsrecht ausüben zu können. Denn für diesen Fall sind lediglich die Käuferrechte beschränkt (insb. auf Kaufpreisminderung), nicht aber ist der Mangel zu verneinen.

Fazit: Bei der Frage, ob es sich bei einem Schaden um einen Bagatellschaden handelt oder um einen solchen, der dem Fahrzeug die Unfallfreiheit nimmt, ist eine Vielzahl von Kriterien ausschlaggebend. Entscheidend ist die Verkehrsauffassung, die sich im objektivierten Empfängerhorizont widerspiegelt. Eine einheitliche Linie lässt sich in der Rechtsprechung jedoch nicht ausmachen. Kriterien sind aber:

- Höhe des Kaufpreises
- Alter des Fahrzeugs
- Laufleistung des Fahrzeugs
- Pflege- und Erhaltungszustand des Fahrzeugs
- Art und Ausmaß des Schadens
- Höhe der Reparaturkosten

Rechte bei Sachmängeln – Bestehen eines Sachmangels

Beispiel: Gebrauchtwagenhändler V verkauft dem K einen 10 Jahre alten Pkw, den er kurz zuvor von X angekauft hat. X war der dritte Halter. Die Gesamtlaufleistung beträgt 57.000 km. Der Fahrzeugwert beträgt nach der sog. Schwacke-Liste 10.000,- €. Aufgrund des hervorragenden Pflege- und Erhaltungszustands konnte V aber einen Verkaufspreis von 16.000,- € realisieren, auch und gerade, weil X diese Eigenschaften angepriesen und zudem hevorgehoben hatte, dass das Kfz noch nie einen Schaden erlitten habe. Später stellt sich heraus, dass der linke vordere Kotflügel gespachtelt und nachlackiert wurde, was X dem V verschwiegen hatte. Ein Gutachter schätzt die Höhe ordnungsgemäßer Reparaturkosten auf 800 €.

⇨ Bei der Frage, ob dieser Schaden dem Wagen die „Unfallfreiheit" genommen hat, sind die o.g. Kriterien heranzuziehen. Alter des Wagens und Anzahl der Vorhalter sprechen dagegen, weil man bei älteren Fahrzeugen, die durch „mehrere Hände gegangen" sind, durchaus mit Vorschäden rechnen muss. Andererseits war die Laufleistung gering und der Preis war sehr hoch, was beim Käufer die Erwartung hegt, dass kein Vorschaden vorliegt, zumal der Wagen sich angeblich in einem hervorragenden Pflege- und Erhaltungszustand befand. Letztlich dürften aber die Art des Schadens („nur" vorderer linker Kotflügel und keine Verformung tragender Teile) und die (vermutliche) Höhe der Reparaturkosten den Ausschlag geben. Eine Unfalleigenschaft wird demnach wohl zu verneinen sein.

Aber auch wenn man (wegen Bagatellcharakters) eine Unfallwageneigenschaft verneint, so kann es sich bei dem Bagatellschaden dennoch um eine angabepflichtige Tatsache handeln, die bei Verschweigen einen Sachmangel begründet und ggf. zur Anfechtung berechtigt. Bei den im Rahmen des Sachmängelrechts in § 437 BGB aufgezählten Käuferrechten kommt neben Nachbesserung („Mangelbeseitigung") eine Kaufpreisminderung in Betracht. Der Rücktritt könnte indes an der Geringfügigkeit scheitern (vgl. § 323 Abs. 5 S. 2 BGB). Und Schadensersatz setzt Verschulden voraus, d.h. gem. § 276 BGB vorsätzliches oder zumindest fahrlässiges Handeln, was bei einer nicht ordnungsgemäß durchgeführten Ankaufuntersuchung des Verkäufers (und so bei der fahrlässigen Annahme der Ordnungsgemäßheit des Fahrzeugs) angenommen werden kann.

Rechte bei Sachmängeln – Bestehen eines Sachmangels

Beispiel: Gebrauchtwagenhändler V verkauft dem K einen Pkw, den er kurz zuvor von X angekauft hat. Die Ankaufuntersuchung beschränkte V auf eine 3-minütige, oberflächliche Sichtkontrolle, weshalb ihm entging, dass der linke vordere Kotflügel gespachtelt und nachlackiert worden war. Als K fragt, ob bei dem Auto einmal etwas vorgefallen sei, erklärt V in der Annahme, mit dem Wagen sei tatsächlich alles in Ordnung, dass das Kfz noch nie einen Schaden erlitten habe.

⇨ *Hier liegt ein Sachmangel vor. In Betracht kommen Nachbesserung und Minderung. Rücktritt wird an der Geringfügigkeit scheitern. Schadensersatz kommt in Betracht, weil bei V Fahrlässigkeit angenommen werden kann.*

Alternativ zu den Sachmängelrechten kommt eine Anfechtung wegen Täuschung (§ 123 Abs. 1 Var. 1 BGB) in Betracht. Das setzt mindestens voraus, dass der Verkäufer (bzw. sein Stellvertreter), obwohl er mit der möglichen Unrichtigkeit seiner Angaben rechnet, „ins Blaue hinein" (siehe BGHZ 63, 382, 388; 74, 383, 391 f.; 168, 64, 66; OLG Naumburg NJW 2014, 1113, 1114; siehe auch OLG Frankfurt a.M. Kunst und Recht 2018, 91, 92 ff.) unrichtige Behauptungen aufstellt bzw. angabepflichtige Tatsachen verschweigt und dabei billigend in Kauf nimmt, dass der Käufer bei wahrheitsgemäßen Erklärungen den Kaufvertrag nicht oder nur zu anderen Bedingungen abgeschlossen hätte (vgl. BGH NJW 2015, 1669, 1670 mit Verweis u.a. auf BGH NJW 2004, 1032).

Beispiel: Gebrauchtwagenhändler V verkauft dem K einen Pkw, den er kurz zuvor erst angekauft hat. Als K fragt, ob bei dem Auto einmal etwas vorgefallen sei, erklärt V, obwohl er dies nicht weiß, dass das Kfz ganz sicher noch nie einen Schaden erlitten habe.

⇨ *Stellt sich später heraus, dass bei dem Pkw doch ein Reparaturschaden vorhanden war, kann K aufgrund arglistiger Täuschung anfechten.*

Praxishinweis: Da die subjektive Seite des Verkäufers nicht stets nachweisbar ist, kann dem Käufer zu empfehlen sein, statt der Täuschungsanfechtung die Kaufpreisminderung zu erklären, da hier kein Verschulden vorausgesetzt ist.

3. Besonderheiten beim Tierkauf

Tiere sind zwar keine Sachen, jedoch gelten für sie die Vorschriften über Sachen entsprechend (§ 90a BGB). Daher können Tiere genauso wie Sachen Gegenstand eines Kaufvertrags sein und dem Sachmängelgewährleistungsrecht unterfallen (siehe etwa BGH NJW 2020, 759 ff.). So stellt bspw. ein Gendefekt bei einem Pferd oder einem Hund einen Sachmangel dar, der zu entsprechenden Mängelrechten (Minderung, Rücktritt) führt. Eine an sich vorrangige Nacherfüllung dürfte in diesem Fall ausscheiden. Während bei einem Gendefekt eine Nachbesserung von vornherein nicht in Betracht kommt, scheidet eine Nachlieferung jedenfalls dann aus, wenn man wegen individueller Merkmale von einem Stückkauf ausgeht. Siehe dazu S. 76 ff.

Eindeutig ist bei einem Tierkauf von einem Sachmangel auszugehen, wenn vereinbarte Eigenschaften nicht vorliegen bzw. sich das Tier nicht für die vertraglich vorausgesetzte Verwendung eignet.

Beispiel: V verkaufte an K ein Pferd, das bis vor wenigen Jahren als Dressurpferd genutzt worden war. Aufgrund einer Verletzung am Rücken wurde der Einsatz als Dressurpferd eingestellt; nach der Heilbehandlung wurde das Pferd als Freizeitpferd genutzt. Einige Wochen nach der Übergabe macht K geltend, das Pferd sei kaum reitbar und lasse sich schon gar nicht trainieren.

⇨ Haben die Parteien keine Beschaffenheitsvereinbarung getroffen, kann ein Sachmangel nur damit begründet werden, dass sich das Pferd nicht zur vertraglich vorausgesetzten Verwendung eigne bzw. nicht für die gewöhnliche Verwendung eigne und keine Beschaffenheit aufweise, die bei Pferden der gleichen Art üblich sei und die der Käufer nach der Art des Pferdes erwarten könne. Wenn man davon ausgeht, dass es sich bei dem Vertragsgegenstand um ein Pferd handelt, das beritten werden soll, muss man annehmen, der Vertragsgegenstand eigne sich nicht vollumfänglich für die vertraglich vorausgesetzte Verwendung. Mithin läge dann ein Sachmangel vor.

Schwierigkeiten können sich aber bei der Bestimmung eines Sachmangels ergeben, weil ein Tier als *Individuum und Mitgeschöpf* über individuelle Eigenschaften verfügt, auf die die Grundsätze der Sachmängelhaftung nicht ohne weiteres übertragbar sind.

Beispiel: Verkäufer V und Käufer K schließen einen Kaufvertrag über ein noch nicht berittenes Pferd. Später während der Einreitphase bemerkt K beim Pferd eine Scheu vor Hunden. Bereits zweimal ist das Pferd durchgegangen. Ein Tierpsychologe stellt eine (angeborene) Verhaltensstörung fest, die nicht mit Sicherheit therapierbar ist. K kann das Pferd daher nicht bzw. nur eingeschränkt bereiten.

⇨ Hier haben die Parteien keine Beschaffenheitsvereinbarung getroffen. Da es sich bei dem Vertragsgegenstand aber um ein Pferd handelt, das später beritten werden soll, könnte man sich auf den Standpunkt stellen, der Vertragsgegenstand eigne sich nicht vollumfänglich für die vertraglich vorausgesetzte Verwendung. Da es sich bei dem Vertragsgegenstand aber um ein Tier handelt, dessen Verhaltensweisen nicht vorhersehbar sind, kann man ebenso gut vertreten, dass ein Sachmangel nicht vorliege. Denn auch unerwünschte Verhaltensweisen entsprechen durchaus dem Normalverhalten eines Pferdes (vgl. dazu auch LG Coburg, Urt. v. 26.1.2016 – 23 O 500/14). Erscheint danach die Annahme eines Sachmangels eher ausgeschlossen, zumindest aber nicht erwiesen, kommt es in der Praxis entscheidend auf die Beweislast an, also auf die Frage, wer das Vorhandensein eines Sachmangels zum Zeitpunkt der Übergabe beweisen muss. Vgl. dazu S. 52 f. und S. 194 f.

4. Besonderheiten bei Verschleißteilen

Auch für sog. Verschleißteile, also Teile, die durch Nutzung einem Verschleiß (einer Abnutzung) unterliegen, gilt die Gewährleistung. Jedoch ist zu beachten, dass normale Abnutzung oder normaler Verschleiß gerade keinen Sachmangel begründen, weil ein Sachmangel nur dann vorliegt, wenn der Fehler zum Zeitpunkt des Gefahrübergangs (d.h. der Übergabe an den Käufer, § 446 BGB, oder im Fall des Versendungskaufs gem. § 447 BGB an den Versender) vorhanden oder zumindest angelegt war, etwa im Fall eines Material- oder Fabrikationsfehlers. Ein allein durch Benutzung der Sache eingetretener Defekt ist also nicht geeignet, Mängelrechte zu begründen. Da (bei Fehlen einer Beschaffenheitsvereinbarung) die Sache aber auch nur dann frei von Sachmängeln ist, wenn sie sich jedenfalls für die gewöhnliche Verwendung eignet und eine Beschaffenheit aufweist, die bei Sachen der gleichen Art üblich ist und die der Käufer nach der Art der Sache erwarten kann (§ 434 Abs. 1 S. 2 Nr. 2 BGB), kommt es bei der Frage, ob ein Sachmangel oder nur „Verschleiß" vorliegt, somit auch darauf an, was ein Durchschnittskäufer in der konkreten Situation von der konkreten Sache erwarten durfte. Das wiederum kann insbesondere vom Kaufpreis abhängen.

Beispiel: Juraprofessor K kaufte eine Laptop-Tragetasche für 20 €. Bereits nach 2 Monaten riss der Trageriemen, nicht zuletzt, weil K auch stets Handouts für die Studiengruppen darin transportierte. Dennoch verlangt K Nachlieferung oder zumindest Reparatur.

⇨ Ob die von K geltend gemachten Ansprüche bestehen, hängt vom Vorliegen eines Sachmangels ab. Berücksichtigt man den überaus günstigen Preis, wird man annehmen müssen, dass K „nicht mehr erwarten durfte". Das gilt umso mehr, als K die Tragetasche stark belastete. Hier hat sich das umgangssprachliche Sprichwort: „Wer billig kauft, kauft zweimal." realisiert.

5. Besonderheiten bei kurzlebigen Produkten

Selbstverständlich müssen auch Produkte, die nach ihrer Art oder ihrer bestimmungsgemäßen Verwendung nur von kurzer Haltbarkeit sind, mangelfrei sein. Man denke an Lebensmittel wie Frischobst, frisches Gemüse, Frischfleisch etc. Auch Batterien sind u.U. bereits nach sehr kurzer Einsatzdauer verbraucht. In allen diesen Fällen wird man bei der Frage der Mangelhaftigkeit unter Heranziehung des jeweiligen objektiven Erwartungshorizonts auf die üblichen Standards hinsichtlich Zustand, Qualität und Verwendbarkeit gleichartiger Sachen abstellen müssen. Entspricht die betreffende Sache zum Zeitpunkt des Gefahrübergangs diesen Erwartungen bzw. Standards, ist sie mangelfrei.

6. Mangelverdacht

Es gibt Sachverhalte, bei denen mit der Sache etwas nicht in Ordnung zu sein scheint, aber (noch) nicht klar ist, ob ein Mangel vorliegt. Es sind lediglich Indizien vorhanden, die auf einen Mangel hindeuten (etwa ungewöhnliche mechanische Geräusche; „Klackergeräusche"). Da der Käufer hinsichtlich des Vorliegens eines Mangels beweisbelastet ist, könnte er also keine Mängelrechte geltend machen, forderte man den Nachweis des Mangels, der (noch) nicht (oder nicht in zumutbarer Weise) erbracht werden kann. Daher ist in der Rechtsprechung anerkannt, dass bereits der Verdacht eines Sachmangels einem bewiesenen Sachmangel gleichsteht und Mängelrechte, mitunter sogar das Rücktrittsrecht, auslösen kann. Gerade aber der Rücktritt ist für den Verkäufer besonders belastend, weshalb ein Mangelverdacht nicht ohne weiteres angekommen werden darf.

Beispiel: K kaufte beim Gebrauchtwagenhändler V zum Preis von 17.000 € einen 5 Jahre alten Pkw mit einer Laufleistung von 85.000 km. An dem Kfz war durch einen Vorhalter bei einem km-Stand von rund 25.000 km eine leistungssteigernde Maßnahme in Form eines sog. Chip-Tuning durchgeführt worden, was von V weder erwähnt noch im schriftlichen Kaufvertrag genannt worden war. 9 Monate nach Übergabe erleidet das Kfz einen kapitalen Motorschaden. Ob das Chip-Tuning den Motorschaden verursachte, wurde nicht festgestellt. K verlangt Rückabwicklung, d.h. Rückzahlung des Kaufpreises abzüglich einer Nutzungsentschädigung Zug um Zug gegen Rückgabe des Wagens (Fall nach OLG Hamm DAR 2012, 261).

⇨ Rechtsgrund könnte § 437 Nr. 2 Var. 1 BGB (Rücktritt vom Kaufvertrag) sein. Der Rücktrittsgrund könnte ein Sachmangel i.S.d. § 434 Abs. 1 S. 2 Nr. 2 BGB sein. Jedoch wurde ein Sachmangel insoweit nicht festgestellt. Allerdings ist allgemein anerkannt, dass auch der Verdacht eines Mangels genügen kann. Das kann anzunehmen sein etwa bei übermäßigem Verschleiß sowie beim Risiko erhöhten Verschleißes durch eine besondere Art

der Vornutzung, wie z.B. die längere Verwendung als Taxi oder Fahrschulwagen (OLG Hamm DAR 2012, 261 mit Verweis u.a. auf BGH MDR 1976, 1012 f.; OLG Köln NZV 1999, 338). So kann bei einem Gebäude, das früher von Hausschwamm befallen war, auch dann dem Verdacht gegenwärtigen Befalls ausgesetzt sein, wenn der frühere Hausschwamm ordnungsgemäß beseitigt wurde. Denn solange die Ursache nicht geklärt ist, kann ein erneuter Befall nicht ausgeschlossen werden, weshalb das Gebäude nicht die übliche Beschaffenheit aufweist und einen Mangel i.S.d. § 434 Abs. 1 S. 2 Nr. 2 BGB begründet. Auch die längere Verwendung eines Kfz mit einem zum Zweck der Leistungssteigerung durchgeführten Tuning – hier über eine Laufstrecke von ca. 60.000 km – begründet nach Auffassung des OLG Hamm den nicht ausgeräumten Verdacht eines erhöhten Verschleißes des Motors und weiterer für den Fahrzeugbetrieb bedeutender Bauteile, wie z.B. des Getriebes und des Antriebsstrangs, da die beanspruchten Teile für die Mehrbelastung nicht unbedingt ausgelegt sind. Folgerichtig nimmt das OLG das Risiko einer verkürzten Lebensdauer der beanspruchten Bauteile an und konstatiert, einem solchen von der üblichen Beschaffenheit eines Gebrauchtwagens nachteilig abweichenden Zustand müsse der Käufer regelmäßig nicht rechnen. Daher bedürfe es auch keiner Feststellung, ob der eingetretene Schaden tatsächlich seine Ursache in der Leistungssteigerung habe.

Ist daher also ein einem tatsächlichen Mangel gleichzusetzender Mangelverdacht gegeben, löst dieser Umstand die Mängelrechte nach § 437 BGB aus. K verlangt Rückabwicklung, d.h. er erklärt den Rücktritt, ohne aber eine Frist zur Nacherfüllung gesetzt zu haben, die nach § 323 Abs. 1 BGB jedoch grundsätzlich erforderlich gewesen wäre. Es kommt daher darauf an, ob die Fristsetzung entbehrlich war, § 440 S. 1 BGB bzw. § 323 Abs. 2 BGB bzw. § 326 Abs. 5 BGB. Da Nachlieferung i.S.d. §§ 437, 439 Abs. 1 Var. 2 BGB wegen des Individualisierungsgrades des Fahrzeugs ausscheidet, kommt im Rahmen des Nacherfüllungsanspruchs lediglich die Nachbesserung i.S.d. §§ 437 Nr. 1, 439 Abs. 1 Var. 1 BGB in Betracht. Das OLG Hamm verneint die Möglichkeit der Nachbesserung. Dies ergebe sich bereits aus der unterlassenen Aufklärung über die V unstreitig bekannte Tuningmaßnahme. Verschweige der Verkäufer dem Käufer einen Mangel arglistig, sei regelmäßig anzunehmen, dass er damit die Vertrauensgrundlage für eine weitere Zusammenarbeit zerstört habe (OLG Hamm DAR 2012, 261 mit Verweis auf BGH NJW 2008, 1371). Damit bringt das OLG offenbar den Entbehrlichkeitsgrund aus § 440 S. 1 Var. 3 BGB bzw. § 323 Abs. 2 Nr. 3 BGB ins Spiel. Das OLG nimmt darüber hinaus die Entbehrlichkeit der Fristsetzung wegen Unmöglichkeit der Mängelbeseitigung (§ 326 Abs. 5 BGB) an. Der Mangel lasse sich nicht mit der Beseitigung des Chips oder Neuprogrammierung der Motorsteuerung beheben. Dadurch werde der Verdacht, dass die betriebswesentlichen Bauteile des Kfz durch die Vorbenutzung im getunten Zustand übermäßig verschlissen sind, nicht ausgeräumt.

Stellungnahme: Die Argumentation des OLG ist offenbar dem Umstand geschuldet, dass K keine Frist zur Nacherfüllung gesetzt, sondern sogleich den Rücktritt erklärt hat (zur Systematik der Mängelrechte siehe S. 70 ff.). Die Klage wäre also abzuweisen gewesen, wenn das OLG nicht die Entbehrlichkeit der Fristsetzung angenommen hätte. Die Entbehrlichkeit anzunehmen ist aber nicht zwingend. So wäre es zunächst V zu überlassen gewesen, sämtliche Bauteile zu erneuern und somit den Mangel zu beseitigen. Es wäre K durchaus zumutbar gewesen, V zunächst zur Mangelbeseitigung aufzufordern und diesem eine Frist zu setzen oder jedenfalls eine angemessene Zeit nach Aufforderung zur Mangelbeseitigung abzuwarten. Der Rücktritt war schlicht übereilt und das OLG hätte die Rücktrittsklage abweisen müssen. Mit seinen Feststellungen zur arglistigen Täuschung hätte das OLG aber eine Anfechtungsklage annehmen können. Hierzu hätte es keiner Anstrengungen bedurft, die Fristsetzung als entbehrlich anzusehen.

7. Maßgeblicher Zeitpunkt

Bei allen Mängelbegründungsmöglichkeiten gilt: Der Mangel muss **zum Zeitpunkt des Gefahrübergangs** vorhanden sein, was aber nicht heißt, dass er sich auch zu diesem Zeitpunkt gezeigt haben muss. Vielmehr genügt es, wenn er zum Zeitpunkt der Übergabe **angelegt** ist (siehe auch BGH NJW 2014, 1086 f.: „latent vorhanden"), auch wenn er sich **erst später zeigt**, und innerhalb der **Verjährungsfrist** geltend gemacht wird (S. 156 ff.).

Rechte bei Sachmängeln – Bestehen eines Sachmangels

Beispiel: 3 Monate nach der Übergabe des gekauften Gebrauchtwagens bleibt der Wagen wegen eines Getriebeschadens liegen, obwohl das Getriebe zum Zeitpunkt der Übergabe keine Auffälligkeiten aufwies.

⇨ Kann (durch ein Gutachten) festgestellt werden, dass der Getriebeschaden bereits bei der Übergabe „latent vorhanden" bzw. „angelegt" war, liegt ein Sachmangel vor, der zu den entsprechenden Mängelrechten führt. Beachte aber auch die Besonderheiten bei gebrauchten Sachen (S. 27 ff.).

Die Zeit, innerhalb derer der Mangel geltend gemacht werden muss (d.h. die Verjährungsfrist), darf also nicht mit einer „Haltbarkeitsgarantiezeit" verwechselt werden. Es wäre mithin falsch, davon auszugehen, man könne innerhalb der Verjährungsfrist auch nach Übergabe der Sache entstandene bzw. aufgetretene Mängel abwickeln, solange nur die Verjährungsfrist noch nicht abgelaufen ist. Es geht bei der Verjährungsfrist nur um die Frist, innerhalb derer man zum Zeitpunkt des Gefahrübergangs bereits vorhandene (wenngleich sich später erst zeigende) Mängel geltend machen kann.

Mit **„Gefahrübergang"** ist der Zeitpunkt gemeint, in dem die Gefahr des Untergangs, des Verlustes oder der Verschlechterung/Beschädigung auf den Käufer übergeht. Gemäß § 446 BGB ist das der Zeitpunkt der **Übergabe**, also der Besitzübertragung auf den Käufer. Auf die Eigentumsverhältnisse (d.h. auf die Übereignung) kommt es nicht an, sodass der Gefahrübergang etwa auch dann anzunehmen ist, wenn die Lieferung unter Eigentumsvorbehalt (§§ 929 S. 1, 158 Abs. 1 BGB) erfolgt ist. § 446 BGB stellt jedoch kein zwingendes Recht dar, sondern ist vertraglich **abdingbar**. So kann der Gefahrübergang **vertraglich verlegt**, d.h. vorgezogen, aber auch verschoben werden. Das gilt auch beim Verbrauchsgüterkauf (siehe BGH NJW 2014, 1086 f.)

Beispiel: K kauft von V ein 5 Jahre altes Reitpferd. Im Kaufvertrag heißt es: „Die Gefahr einer zufälligen Verschlechterung oder des Untergangs des Pferdes geht mit Wirksamwerden des Kaufvertrags auf den Käufer über."

⇨ Da der Zeitpunkt des Gefahrübergangs abweichend von § 446 BGB geregelt werden kann, ist die genannte Bestimmung nicht rechtswidrig. Damit trägt vorliegend also der Käufer bereits mit Wirksamwerden des Kaufvertrags (und nicht erst mit der Übergabe) das Risiko der zufälligen Verschlechterung oder des Untergangs des Pferdes.

Eine von § 446 BGB abweichende Regelung trifft auch **§ 447 BGB**, der die Gefahrtragung beim **Versendungskauf** regelt: Versendet der Verkäufer auf Verlangen des Käufers die verkaufte Sache nach einem anderen Ort als dem Erfüllungsort, geht gem. § 447 Abs. 1 BGB die Gefahr auf den Käufer über, sobald der Verkäufer die Sache dem Spediteur (bzw. der Transportperson) zur Ausführung der Versendung ausgeliefert hat. Der Käufer trägt also ab der Übergabe der Kaufsache an den Transportunternehmer die Gefahr des zufälligen Untergangs, der Verschlechterung/Beschädigung. Das gilt wegen § 475 Abs. 2 BGB aber **nicht** im Fall des **Verbrauchsgüterkaufvertrags**. In diesem Fall wird der Unternehmer nur dann von seiner Leistungspflicht befreit, wenn der *Verbraucher* den Spediteur mit der Versendung beauftragt hat. Im „Normalfall" also, wenn der Unternehmer den Spediteur mit der Versendung beauftragt hat, ist Gefahrübergang beim Verbrauchsgüterkaufvertrag der Zeitpunkt der Übergabe der Sache an den Spediteur. Zu diesem Zeitpunkt also muss die Sache sachmängelfrei sein.

II. Abgrenzung zur (Hersteller-)Garantie

Von der gesetzlichen Gewährleistung, die an das Nichtvorliegen eines Sach- oder Rechtsmangels zum Zeitpunkt des Gefahrübergangs anknüpft (s.o.), strikt zu trennen ist die Garantie. Diese ist allein auf eine freiwillige Übernahme des Garantiegebers zurückzuführen. Garantiegeber kann (gem. § 443 Abs. 1 BGB) jede natürliche und juristische Person sein, also der Verkäufer, der Hersteller oder ein Dritter (etwa ein Garantieversicherungsunternehmen). Da die Garantieerklärung eine freiwillige Entscheidung des Garantiegebers ist, kann sie (unter Beachtung höherrangigen Rechts, insbesondere des EU-Rechts und der Bestimmungen der §§ 443, 479 BGB) auch frei, d.h. zeitlich und inhalt-

Rechte bei Sachmängeln – Abgrenzung zur Garantie und zur Anfechtung

lich gestaltet werden bzw. von der Einhaltung bestimmter Voraussetzungen abhängig gemacht werden.

Beispiel: Der Automobilhersteller H gibt eine 2-jährige Garantie auf alle Neuwagen ohne Kilometerbegrenzung. In den Garantiebestimmungen heißt es, dass die Garantieansprüche u.a. nur gewährt werden, wenn die herstellerseitig vorgeschriebenen Wartungsarbeiten ordnungsgemäß, d.h. nach Herstellervorgaben vorgenommen werden.

⇨ *Eine solche Beschränkung ist zulässig, da sie höherrangiges Recht nicht verletzt. Etwas anderes würde aber gelten, wenn es hieße, dass alle vorgeschriebenen Wartungsarbeiten von einer Vertragswerkstatt des Herstellers vorgenommen werden müssten. Denn eine solche Bestimmung verstieße gegen Art. 4 der EU-Verordnung Nr. 461/2010 der Kommission (sog. Gruppenfreistellungsverordnung), wonach die Herstellergarantie nicht erlischt, wenn der Kunde die vorgeschriebenen Wartungsarbeiten (oder Unfallreparaturen) während der Garantiezeit von einer freien Werkstatt vornehmen lässt. Freilich trägt der Kunde die Beweislast dafür, dass die vorgeschriebenen Wartungsarbeiten ordnungsgemäß durchgeführt wurden, was ihm z.B. durch eine entsprechende Bescheinigung der freien Werkstatt gelingen dürfte.*

Weiterführender Hinweis: Auch, wenn nach dem Gesagten der Hersteller Garantieansprüche nicht mit der Begründung verweigern darf, dass die erforderlichen Wartungsarbeiten lediglich in einer freien Werkstatt durchgeführt wurden, muss der Kunde damit rechnen, dass sich in Zweifelsfällen der Hersteller wenig kulant zeigt. Erst recht kann er mit keiner Kulanz nach Ablauf der Garantiezeit rechnen. Der mit der Vornahme der Wartungsarbeiten durch eine freie Werkstatt verbundene Kostenvorteil kann u.U. also schnell „aufgebraucht" sein.

Ansprüche aus der Garantie sind i.d.R. direkt an den Garantiegeber zu stellen. Das heißt jedoch nicht, dass nicht der Verkäufer/Händler im Auftrag des Käufers/Kunden die Garantieansprüche durchsetzt.

Wichtig ist schließlich der Umstand, dass eine (Hersteller-)Garantie nichts an der gesetzlichen Verkäufergewährleistung ändert. Der Ver-

Rechte bei Sachmängeln – Abgrenzung zur Garantie und zur Anfechtung

käufer darf also nicht bestehende Gewährleistungsrechte verweigern mit dem Hinweis, man könne sich im Rahmen der Herstellergarantie an den Hersteller wenden. § 479 BGB (dazu später) stellt dies klar.

Hauptfall der Garantie ist die in § 443 BGB genannte Beschaffenheits- und Haltbarkeitsgarantie. Kennzeichen der **Beschaffenheitsgarantie** ist die Übernahme der Garantie durch den Verkäufer dafür, dass der Kaufgegenstand zum maßgeblichen Zeitpunkt, z.B. bei Gefahrübergang oder Rechtsverschaffung, bestimmte Merkmale aufweist bzw. erfüllt, d.h. die zwischen Verkäufer und Käufer vereinbarte Beschaffenheit oder andere als die Mängelfreiheit betreffende Anforderungen, die in der Erklärung oder einschlägigen Werbung beschrieben sind. Sollte ein Beschaffenheitsmerkmal nicht vorhanden sein, verpflichtet sich der Garantiegeber verschuldensunabhängig, die in der Garantieerklärung genannten Leistungen zu erbringen, insbesondere den Kaufpreis zu erstatten, die Sache auszutauschen, nachzubessern oder in ihrem Zusammenhang Dienstleistungen zu erbringen (§ 443 Abs. 1 BGB). Das ist teilweise zwar auch durch die gesetzliche Gewährleistung abgedeckt, die Garantieerklärung aber aber entscheidende Vorteile, da sie eigenständig erkärt wird und i.d.R. weiterreicht.

Davon zu unterscheiden ist die **Haltbarkeitsgarantie** gem. § 443 Abs. 2 BGB, mit welcher der Garantiegeber die Garantie übernimmt, dass die Kaufsache eine bestimmte Beschaffenheit für eine bestimmte Dauer behält. Sollte dies nicht der Fall sein, kann der Käufer die Erbringung der in der Garantievereinbarung festgelegten Leistungen (siehe oben zu § 443 Abs. 1 BGB) verlangen, sofern der Mangel nicht aufgrund einer äußeren Einwirkung entstanden ist. Diesem letzten Halbsatz ist eine Beweislastumkehr zu entnehmen: Zunächst muss der Käufer den Garantiefall beweisen. Gelingt ihm dies, ist es Aufgabe des Garantiegebers, die gesetzliche Vermutung, dass der Mangel auf dem Zustand der Sache zum Zeitpunkt des Gefahrübergangs beruht, zu widerlegen. Gelingt ihm dies nicht, haftet er aus der Garantie.

Rechte bei Sachmängeln – Abgrenzung zur Garantie und zur Anfechtung

Beispiel: Tritt ein Defekt innerhalb der Garantiezeit auf, vermutet § 443 Abs. 2 BGB, dass der Defekt auf dem Zustand der Sache zum Zeitpunkt des Gefahrübergangs beruht (und dass damit ein Garantiefall besteht). Um nunmehr eine Haftung aus der Garantie auszuschließen, muss der Garantiegeber beweisen, dass der Mangel nicht auf dem Zustand der Sache zum Zeitpunkt des Gefahrübergangs beruht. Das wäre bspw. der Fall, wenn ihm der Nachweis gelänge, dass der Käufer den Gegenstand sachunangemessen gebraucht oder behandelt bzw. Angaben in der Bedienungsanleitung missachtet hätte.

Wie ausgeführt, gibt es hinsichtlich Garantien bei Verbrauchsgüterkaufverträgen Sonderbestimmungen (§ 479 BGB). Zunächst muss die Garantieerklärung einfach und verständlich abgefasst sein (§ 479 Abs. 1 S. 1 BGB). Gemäß § 479 Abs. 1 S. 2 Nr. 1 BGB muss sie einen Hinweis auf die gesetzlichen Rechte des Verbrauchers enthalten sowie darauf, dass diese nicht durch die Garantie eingeschränkt werden. Enthalten sein müssen außerdem gem. § 479 Abs. 1 S. 2 Nr. 2 BGB der Inhalt der Garantie und alle wesentlichen Angaben, die für die Geltendmachung der Garantie erforderlich sind, insbesondere die Dauer und der räumliche Geltungsbereich des Garantieschutzes sowie Namen und Anschrift des Garantiegebers. Der Verbraucher hat zudem einen Anspruch auf eine Garantieerklärung in Textform (§ 479 Abs. 2 BGB). Im Übrigen bleibt die Garantieverpflichtung selbstverständlich auch dann wirksam, wenn eine der Anforderungen nicht erfüllt sein sollte (§ 479 Abs. 3 BGB).

III. Abgrenzung zur Anfechtung

Alle Sachmängelrechte setzen einen wirksamen Kaufvertrag voraus. Eine Anfechtung vernichtet wegen § 142 Abs. 1 BGB aber einen solchen, und zwar rückwirkend. Daher sollte sich der Käufer sehr genau überlegen, ob er anficht oder auf die Anfechtung verzichtet und stattdessen lieber Sachmängelrechte geltend macht. Die Entscheidung zwischen der Anfechtung und der Ausübung von Sachmängelrechten ist in der Praxis aber insoweit „entschärft", als die Rechtsprechung bei

Anwendbarkeit des Sachmängelrechts die Möglichkeit der Anfechtung teilweise ausschließt. Das betrifft die **Anfechtung wegen Eigenschaftsirrtums** (§ 119 Abs. 2 BGB):

1. Anfechtung wegen Eigenschaftsirrtums

Nach allgemeiner Rechtsauffassung sind Eigenschaften einer Sache alle tatsächlichen und rechtlichen Verhältnisse, die infolge ihrer Beschaffenheit auf Dauer für die Brauchbarkeit und den Wert der Sache von Einfluss sind (vgl. etwa BGH NJW 2001, 226, 227). Zu den Eigenschaften einer Sache gehören die sog. „wertbildenden Faktoren". Darunter fallen z.B. Urheberschaft eines Bildes, Alter eines Kunstwerks, Alter und Herkunft einer Antiquität, Goldgehalt eines Schmuckstücks, Alter, Laufleistung und Unfallfreiheit eines Fahrzeugs etc.

Beispiel: K ist Sammler nautischer Antiquitäten. Im Trödelladen des T erblickt er eine mit einem Preis von 200,- € ausgezeichnete Schiffsuhr mit der Bezeichnung „Rickmer Rickmers", die er für ein Original aus dem 19. Jahrhundert hält. Im Glauben, dass sie an Bord der legendären „Rickmer Rickmers" gehangen habe, kauft er die Uhr. Später stellt er fest, dass bei T offenbar noch mehrere dieser Uhren vorhanden sind und die Bezeichnung „Rickmer Rickmers" nur auf den Hersteller dieser Uhren hinweist. Der Preis von 200,- € für derartige Uhren ist allerdings angemessen.

⇨ Möglicherweise kann K seine Willenserklärung (Angebot) gemäß § 119 Abs. 2 BGB anfechten wegen des Irrtums über eine verkehrswesentliche Eigenschaft der Sache. Verkehrswesentlich ist eine Eigenschaft immer dann, wenn sie den objektiv zu bestimmenden wirtschaftlichen Zweck des Vertrags ausmacht und dies auch für den Vertragspartner erkennbar ist. Hierzu gehört beim Kauf von Kunstwerken deren Alter, Herkunft, Echtheit etc. K hat sich über die Herkunft der Uhr geirrt. Geht man davon aus, dass die Herkunft für T erkennbar dem Vertrag zugrunde gelegt worden ist und sie den objektiv zu bestimmenden wirtschaftlichen Zweck des Vertrags ausmacht, besteht mithin ein Anfechtungsgrund gem. § 119 Abs. 2 BGB.

Irrt der Käufer über eine verkehrswesentliche Eigenschaft, kann er seine Erklärung, die zum Vertragsschluss geführt hat, anfechten. Der Vertrag gilt dann als von Anfang an unwirksam (§ 142 Abs. 1 BGB). Bereits erbrachte Leistungen sind zurückzugewähren (§ 812 Abs. 1 BGB).

Im obigen Beispiel hat K nach erfolgreicher Anfechtung einen Anspruch auf Erstattung des Kaufpreises. Umgekehrt muss K die Uhr an T zurückübereignen und sie ihm zurückgeben (§ 812 Abs. 1 BGB).

Sofern der Anfechtungsgegner aber im Vertrauen in die Gültigkeit des Vertrags Aufwendungen etc. gemacht hat, ist er so zu stellen, wie er stehen würde, wenn er nicht auf die Gültigkeit der Erklärung vertraut, also nie etwas von dem Geschäft gehört hätte. Für diesen Fall ist der Anfechtende dem Anfechtungsgegner zum Schadensersatz verpflichtet (§ 122 Abs. 1 BGB).

Beispiele: Zu ersetzen sind bspw. die unnütz aufgewendeten Kosten wie Telefon-, Porto-, Fax-, Anfahrts-, Liefer-, Lagerkosten etc. Ersatzfähig sind auch die Nachteile durch das Nichtzustandekommen eines möglichen anderen Geschäfts, das im Vertrauen auf die Wirksamkeit des angefochtenen Geschäfts nicht geschlossen wurde.

a. Ausschluss des Anfechtungsrechts

Soweit es jedoch um einen Irrtum über verkehrswesentliche Eigenschaften geht, die gleichzeitig eine Sachmängelhaftung nach den §§ 434 ff. BGB begründen, ist eine Anfechtung des Käufers nach § 119 Abs. 2 BGB jedenfalls nach Gefahrübergang (i.d.R. also nach der Übergabe, vgl. § 446 BGB) ausgeschlossen.

Beispiel: Verkäufer V und Käufer K schließen einen Kaufvertrag über einen 3 Jahre alten Gebrauchtwagen mit einer Laufleistung von 28.000 km. Eine Woche nach Übergabe erleidet der Wagen einen Getriebeschaden.

⇨ Hier könnte K erwägen, seine auf den Vertragsschluss gerichtete Willenserklärung gem. § 119 Abs. 2 BGB anzufechten. Folge wäre die Nichtig-

keit des Vertrags von Anfang an (§ 142 Abs. 1 BGB). K könnte dann den Kaufpreis (abzüglich einer Nutzungsentschädigung) zurückverlangen und müsste umgekehrt den Wagen an V zurückgeben. Ggf. müsste er auch den Vertrauensschaden ersetzen (§ 122 Abs. 1 BGB).

Allerdings liegt auch ein Sachmangel vor. Sofern man nicht schon für K eine Ist-Beschaffenheit annimmt, die negativ von einer vereinbarten Soll-Beschaffenheit i.S.v. § 434 Abs. 1 S. 1 BGB abweicht, liegt ein Sachmangel jedenfalls gem. § 434 Abs. 1 S. 2 Nr. 1 BGB vor, da sich der Vertragsgegenstand nicht für die vertraglich vorausgesetzte Verwendung eignet.

K ist deshalb auf die Ausübung der Sachmängelrechte beschränkt, was aber keinen Nachteil darstellt, weil die Sachmängelrechte sehr viel weiter gehen als die Anfechtung wegen Eigenschaftsirrtums. Darauf wird auf S. 70 ff. eingegangen.

b. Begründung des Ausschlusses des Anfechtungsrechts

Der Ausschluss der Irrtumsanfechtung wegen Eigenschaftsirrtums hat seinen guten Grund. Ließe man eine Anfechtung nach § 119 Abs. 2 BGB nach Gefahrübergang zu, würden zunächst die speziellen **Verjährungsregeln** des Sachmängelrechts gem. § 438 BGB unterlaufen. Das basiert auf folgender Überlegung: Im Fall eines Sach- oder Rechtsmangels kann der Käufer die ihm nach § 437 BGB zustehenden Rechte grds. zwei Jahre lang geltend machen (§ 438 Abs. 1 Nr. 3 BGB). Bei beweglichen Sachen beginnt die Frist mit der Ablieferung (d.h. Übergabe) der Sache (§ 438 Abs. 2 BGB). Diese Zweijahresfrist würde unterlaufen, wenn man die Anfechtung nach § 119 Abs. 2 BGB zuließe. Denn die Anfechtungsfrist läuft erst ab Kenntnis des Erklärenden vom Irrtum (§ 121 Abs. 1 BGB, maximal aber 10 Jahre, § 121 Abs. 2 BGB). Erkennt also bspw. der Käufer den Mangel erst nach Ablauf von zwei Jahren und ließe man die Anfechtung nach § 119 Abs. 2 BGB zu, könnte der Käufer anfechten, obwohl die Mängelrechte nach Kaufrecht verjährt sind. Der Zweck der Verjährungsfristen des § 438 BGB wäre damit in Frage gestellt.

Rechte bei Sachmängeln – Abgrenzung zur Garantie und zur Anfechtung

Beispiel: Käufer K kauft vom Verkäufer V einen 3 Jahre alten BMW 520d aus 2. Hand für (angemessene) 25.000,- €. Nach zweieinhalb Jahren stellt sich heraus, dass es sich um einen Unfallwagen handelt. V kann glaubhaft versichern, dass er von dem Unfall nichts gewusst hat.

⇨ K stehen an sich Sachmängelrechte nach § 437 BGB zu, die jedoch gem. § 438 Abs. 1 Nr. 3 BGB bereits verjährt und somit nicht mehr durchsetzbar sind. Die Unfalleigenschaft des Fahrzeugs war als wertbildender Faktor zugleich eine verkehrswesentliche Eigenschaft des Fahrzeugs i.S.d. § 119 Abs. 2 BGB. Trotzdem kann K den Kaufvertrag nicht gem. § 119 Abs. 2 BGB anfechten, da sonst die (hier eingreifende) kurze Verjährung umgangen würde.

Darüber hinaus lässt § 442 BGB die Geltendmachung von Mängelrechten nur noch sehr eingeschränkt zu, wenn der Käufer den Mangel bei Vertragsschluss infolge grober Fahrlässigkeit nicht kannte. Eine entsprechende Beschränkung des Anfechtungsrechts fehlt, da § 119 Abs. 2 BGB die Anfechtung auch dann ermöglicht, wenn der Erklärende seinen Eigenschaftsirrtum grob fahrlässig selbst verursachte.

Beispiel: Hätte also V des obigen Beispiels ausdrücklich darauf hingewiesen, dass ihm kein Unfall bekannt sei und dass K die Möglichkeit habe, den Wagen vor dem Kauf von einer Prüforganisation (TÜV, DEKRA, KÜS etc.) checken zu lassen, hätte K es aber nicht für erforderlich erachtet, weil der Wagen einen sehr guten Eindruck machte, hätte K seinen Eigenschaftsirrtum grob fahrlässig sebst verursacht. K kann daher nicht anfechten gem. § 119 Abs. 2 BGB.

Des Weiteren würde der gesetzestechnische Vorrang der Nacherfüllung unterlaufen: Nach der Systematik des Kaufrechts hat der Käufer grundsätzlich die Obliegenheit, dem Verkäufer zunächst eine Gelegenheit zur Nacherfüllung (Nachbesserung oder Ersatzlieferung, § 439 BGB) einzuräumen („Recht zur zweiten Andienung" des Verkäufers). Könnte also der *Verkäufer* aufgrund eines Irrtums nach § 119 Abs. 2 BGB den Kaufvertrag sofort und rückwirkend (§ 142 Abs. 1 BGB) zerstören, würde er i.d.R. privilegiert, weil er sich infolge der Anfechtung insbesondere der Nacherfüllung und der Schadensersatzpflicht des § 437 BGB entziehen könnte. Aber auch für den *Käufer* ergäbe sich der (nicht zu rechtfertigende) Vorteil, dass er durch seine Anfechtung den Kaufpreis über § 812 BGB zurückverlangen könnte, ohne auf das „Recht zur zweiten Andienung" des Verkäufers Rücksicht nehmen zu müssen.

2. Anfechtung wegen arglistiger Täuschung

Dagegen bleibt die Möglichkeit der **Anfechtung wegen arglistiger Täuschung** gem. § 123 BGB neben den Vorschriften über die Sach- und Rechtsmängelhaftung gem. §§ 434 ff. BGB unberührt. Der arglistig getäuschte Käufer einer mangelhaften Sache hat also die Wahl, den Vertrag nach § 123 BGB anzufechten oder die Rechte nach §§ 434 ff. BGB wahrzunehmen. Macht er aber von seinem Anfechtungsrecht Gebrauch, ist auch hier zu beachten, dass er damit den Vertrag rückwirkend vernichtet (vgl. § 142 Abs. 1 BGB) und sich damit seiner Sach- und Rechtsmangelgewährleistungsrechte aus §§ 434 ff. BGB begibt, weil diese gerade einen bestehenden Kaufvertrag voraussetzen.

Die Anfechtung wegen arglistiger Täuschung setzt zunächst eine „Täuschung über Tatsachen" voraus. Eine „Täuschung in Bezug auf Werturteile" ist nicht erfasst. Derjenige, der lediglich subjektiven Werturteilen ohne objektiv nachprüfbaren Gehalt Glauben schenkt, ist nicht schutzwürdig und unterliegt auch schon begriffslogisch keiner Täuschung. Zudem bestünde eine nicht hinzunehmende Rechtsunsicherheit, wollte man die Vermittlung von subjektiven Wertungen und Eindrücken als Täuschung ansehen. Maßgeblich ist daher die Abgrenzung zwischen Tatsachen und Werturteilen. Werturteile sind das Ergebnis eines persönlichen Eindrucks, einer Einschätzung bzw. des Dafürhaltens oder Meinens. Dagegen sind Tatsachen dem Beweis zugängliche Ereignisse oder Zustände der Gegenwart oder Vergangenheit. Über solche Tatsachen muss getäuscht worden sein. Täuschung ist die Erregung, Verstärkung oder Aufrechterhaltung einer Fehlvorstellung (Irrtum) über Tatsachen bei einem anderen.

Rechte bei Sachmängeln – Abgrenzung zur Garantie und zur Anfechtung

Beispiel: Der Gebrauchtwagenhändler V verneint auf Anfrage des Käufers K die Unfalleigenschaft eines bestimmten Gebrauchtwagens. Da der Wagen einen guten Eindruck macht und auch der Preis akzeptabel ist, kauft K den Wagen. Drei Monate später, im Rahmen eines Werkstattbesuchs, stellt sich heraus, dass der Wagen einen nicht unerheblichen Heckschaden hatte, der zwar ganz gut repariert wurde, aber nichts daran ändert, dass es sich bei dem Wagen dadurch um einen Unfallwagen handelt.

⇨ Da die Angabe über die Unfallfreiheit dem Beweis zugänglich ist und daher eine Tatsache darstellt, über die V den K getäuscht hat, hat dieser nicht nur ein Anfechtungsrecht gem. § 123 Abs. 1 BGB, sondern ihm stehen alternativ Sachmängelrechte (Schadensersatz/Minderung/Rücktritt) aus §§ 434 ff. BGB zu.

Gegenbeispiel: Gebrauchtwagenhändler V bietet K einen Gebrauchtwagen an mit der Angabe „TÜV neu" (mit „TÜV" ist die Hauptuntersuchung (HU) nach § 29 StVZO gemeint). Da der Wagen trotz leichten Rostansatzes im Radkastenbereich einen guten Eindruck macht und auch der Preis akzeptabel ist, kauft K den Wagen. Drei Monate später, im Rahmen eines Werkstattbesuchs, stellt sich heraus, dass der Wagen aufgrund massiver Durchrostungen im Unterbodenbereich verkehrsunsicher ist und dass die HU-Plakette niemals hätte erteilt werden dürfen.

⇨ Da die Angabe „TÜV neu" eine Verkehrssicherheit suggeriert und die Verkehrssicherheit eine dem Beweis zugängliche Tatsache darstellt, kommt für K ein Anfechtungsrecht gem. § 123 Abs. 1 BGB in Betracht. Allerdings hat der BGH entschieden, dass auch ein Gebrauchtwagenhändler keine generelle, anlassunabhängige Untersuchungspflicht hat (vgl. nur BGH NJW 2015, 1669 ff.), sondern nur dann, wenn er aufgrund bestimmter Umstände den Verdacht hegt, der Wagen könne nicht verkehrssicher sein. Fehlt es daran, obliegt ihm nur eine äußere Sichtprüfung. Ergibt diese keine Verdachtsmomente, die auf eine fehlende Verkehrssicherheit schließen lassen, liegt auch keine arglistige Täuschung vor. In diesem Fall darf sich der Händler auf das Ergebnis der Hauptuntersuchung („TÜV") verlassen. Unabhängig hiervon greifen aber die im Folgenden dargestellten Gewährleistungsrechte.

Die Täuschung kann sowohl durch ausdrückliches oder konkludentes (d.h. schlüssiges) aktives Tun als auch durch Unterlassen erfolgen.

Eine **ausdrückliche Täuschung** liegt vor, wenn der Gegner Wörter, Formulierungen oder Gesten verwendet, die nach Herkommen oder Vereinbarung die Aufgabe haben, Erklärungen zu ermöglichen (vgl. etwa OLG Stuttgart NStZ 2003, 554, 555).

Beispiel: Bezeichnet der Verkäufer den Kaufgegenstand, einen Motor, als „generalüberholt", „neu" oder „neuwertig", täuscht er den Käufer, wenn diese Eigenschaften nicht vorhanden sind.

Eine **konkludente (= schlüssige) Täuschung** liegt vor, wenn das Gesamtverhalten des Erklärenden nach der Verkehrsanschauung als Erklärung über eine Tatsache zu verstehen ist.

Beispiel: Wer eine Sache auf Kredit kauft und aufgrund seiner gegenwärtigen Vermögenslage weiß, dass er im Fälligkeitszeitpunkt nicht zahlen kann, täuscht konkludent über einen gegenwärtigen Zahlungswillen.

Eine **Täuschung durch Unterlassen** verwirklicht, wer entgegen einer Aufklärungspflicht die Entstehung eines Irrtums nicht verhindert oder einen entstandenen Irrtum nicht beseitigt (vgl. etwa BGH NJW 2015, 1669, 1670). In der Sache geht es um das Verschweigen eines offenbarungspflichtigen Umstands. Die Offenbarungspflicht kann sich aus Gesetz, laufender Geschäftsbeziehung oder aus Treu und Glauben ergeben. Dabei ist zu beachten, dass nicht jeder Umstand, der für den Käufer kaufentscheidend ist, vom Verkäufer zu offenbaren oder zu erläutern ist. Grundsätzlich ist der Käufer selbst verantwortlich, sich über verkehrswesentliche Eigenschaften zu informieren. Der BGH nimmt aber dann eine Aufklärungspflicht an, wenn es um Umstände geht, die für den Käufer offensichtlich von ausschlaggebender Bedeutung sind. Diese müssen ungefragt mitgeteilt werden (BGH NJW 2010, 3362). So müssen bei **Kfz-Kaufverträgen** Unfallschäden jedenfalls dann offenbart werden, wenn sie nicht lediglich Bagatellschäden darstellen. Ist danach ein Schaden offenbarungspflichtig, gehören zur Mitteilungspflicht Angaben zu Umfang des Schadens und Art der durchgeführten Reparatur.

Beispiel: Verkauft der Gebrauchtwagenhändler H dem sachunkundigen K ein einwandfrei aussehendes Fahrzeug und verschweigt, dass es sich um einen wiederhergestellten Unfallwagen handelt, der – als solcher gekennzeichnet – tatsächlich nur einen (wesentlich) geringeren Preis einbringen würde, täuscht V über eine verkehrswesentliche Eigenschaft durch Unterlassung.

Auch beim Verkauf von **Immobilien** kommt es nicht selten zu Rechtsstreitigkeiten in Bezug auf den Umfang von (unterlassenen) Aufklärungspflichten. So sind erhebliche Feuchtigkeitsschäden, Feuchtigkeit in Wänden, Bestehen von Einsturzgefahr oder anderer gravierender Baumängel, Vorhandensein von asbesthaltigen Baustoffen, Bodenkontaminationen, Fehlen einer erforderlichen Wohn- bzw. Nutzungsgenehmigung etc. mitteilungspflichtig.

Beispiel: Ficht die Käuferin einen Immobilienkaufvertrag wegen Feuchtigkeit im Sockelbereich des Wohngebäudes an und behauptet, die Feuchtigkeit habe ihre Ursache in einem zwar reparierten, aber verschwiegenen Wasserrohrbruch, muss zunächst geklärt werden, ob das Ausmaß des Wasserrohrbruchs und des damit verbundenen Wasserschadens am Gebäude einen Umfang erreicht hatte, dass diese Tatsache auch dann offenbarungspflichtig war, obwohl die Schäden beseitigt worden waren. Sodann muss ermittelt werden, ob der Verkäufer bzw. die Verkäuferin das Vorhandensein arglistig verschwiegen hat. Zum diesbezüglichen Beweisrecht vgl. sogleich.

Letztlich geht es bei der Täuschung durch Unterlassung um das Verschweigen versteckter Mängel, die die Bagatellgrenze überschreiten. Freilich ist die Bagatellgrenze nicht feststehend und sie richtet sich nach dem Umständen des Einzelfalls. Daher ist für die Praxis zu empfehlen, im Zweifel sämtliche Umstände auch ungefragt zu offenbaren, die für den Käufer für dessen Kaufentscheidung bedeutsam sein könnten, um späteren Anschuldigungen oder Behauptungen vorzubeugen.

Allen Täuschungsarten gemeinsam ist, dass der Täuschende **arglistig**, d.h. **vorsätzlich** gehandelt haben muss. Vorsätzlich und somit arglistig handelt, wer die Unrichtigkeit seiner Angaben zumindest für möglich hält und billigend in Kauf nimmt, dass der Vertragspartner den entscheidenden Umstand nicht kennt, bei Kenntnis den Vertrag aber nicht oder zumindest nicht mit dem vereinbarten Inhalt geschlossen hätte (vgl. nur BGH NJW 2015, 1669, 1670). Geht es um den praktisch wichtigen Fall der Täuschung durch Unterlassen, bspw. um die Frage, ob der Verkäufer einen offenbarungspflichtigen Umstand verschwiegen hat, ist Vorsatz auch dann zu bejahen, wenn der Verkäufer erkannt hat, dass der Käufer den Vertrag nicht oder nicht so geschlossen hätte, wenn er über den Umstand aufgeklärt worden wäre.

Beispiel: Verkauft jemand eine Gebrauchtimmobilie und verschweigt, dass das hinter der Holzvertäfelung befindliche Mauerwerk feucht ist, handelt er arglistig, wenn er erkennt, dass der Vertragspartner bei Kenntnis der Feuchtigkeit den Vertrag nicht oder zumindest nicht mit dem vereinbarten Inhalt geschlossen hätte.

Allerdings entscheidet in der Praxis die **Beweislast**. Im Zivilprozessrecht gilt die (unausgesprochene) Grundregel, dass bei unklarer Sachlage jede Partei die Voraussetzungen der anspruchsbegründenden Rechtsnorm, auf die sie sich stützt, beweisen muss und somit das Risiko der Nichterweislichkeit einer Beweisbehauptung trägt (Beweislast, die im Rahmen des § 286 ZPO zu berücksichtigen ist; vgl. etwa BGH NJW 2012, 3774, 3775). Die Parteien sind insoweit für die Beschaffung der Beweismittel verantwortlich (Beibringungsgrundsatz). Insbesondere besteht grundsätzlich kein Auskunftsanspruch des Anspruchstellers gegen den Anspruchsgegner auf Darlegung der für ihn günstigen Umstände. Der Anspruchsteller muss sich die für den Prozesssieg erforderlichen Informationen grundsätzlich schon selbst beschaffen.

Freilich können die Beweislast und der Beibringungsgrundsatz dazu führen, dass die Wahrheitsfindung nicht immer gewährleistet ist und ein Anspruch, mag er auch tatsächlich bestehen, nicht zum Erfolg führt. Um diese Folge abzumildern, kennt das Gesetz Beweiserleichterungen, also Beweisregelungen, bei denen es zwar bei der Grundregel, wonach der Anspruchsteller das Vorhandensein der ihn begünstigenden Umstände beweisen muss, bleibt, jedoch das Beweismaß herabgesetzt ist. So heißt es in § 287 Abs. 1 S. 1 ZPO: „Ist unter den Parteien streitig, ob ein Schaden entstanden sei und wie hoch sich der Schaden oder ein zu ersetzendes Interesse belaufe, so entscheidet hierüber das Gericht unter Würdigung aller Umstände nach freier Überzeugung." Ebenfalls eine Beweiserleichterung enthält § 294 ZPO (Glaubhaftmachung). Auch kann ausnahmsweise der Beklagte im Rahmen der Erklärungslast nach § 138 Abs. 2 ZPO verpflichtet sein, dem beweisbelasteten Kläger Informationen zu geben. Das ist der Fall, wenn eine Nichtpreisgabe entscheidungserheblicher Umstände eine Vereitelung grundrechtlich geschützter Rechtspositionen bedeutete. Denn nach der Rechtsprechung des BVerfG darf die Verteilung der Darlegungs- und Beweislast den Schutz grundrechtlicher Gewährleistungen nicht leerlaufen lassen (BVerfG NJW 2000, 1483, 1484). Angesprochen ist damit die mittelbare Drittwirkung der Grundrechte, die ja nicht nur Abwehrrechte des Bürgers gegen den Staat darstellen, sondern als objektive Wertordnung auch im Privatrechtsverhältnis wirken und damit auch im Zivilverfahrensrecht zu beachten sind. Kennt danach lediglich der Prozessgegner die wesentlichen Tatsachen, die über den Prozess entscheiden, und wäre die Vorenthaltung für den beweispflichtigen Kläger vor dem Hintergrund der mittelbaren Grundrechtsgeltung unzumutbar (d.h. bedeutete für ihn eine Grundrechtsvereitelung), kann § 138 Abs. 2 ZPO i.V.m. § 242 BGB dazu führen, dass der Beklagte dem beweisbelasteten Kläger die erforderlichen Informationen verschaffen muss. Allerdings muss der Beweispflichtige, den die primäre Darlegungslast trifft, zumindest greifbare Anhaltspunkte dafür liefern, dass allein die andere Partei über prozessentscheidende Informationen verfüge und die Nichtverpflichtung zur Offenlegung für ihn (den Beweispflichtigen) eine unzumutbare

Grundrechtsbeeinträchtigung darstellte (siehe BGH NJW 2012, 3774, 3775; BVerfG NJW 2000, 1483, 1484). Eine solche sekundäre Darlegungslast (also eine Darlegungslast des Anspruchsgegners) fußt mithin auf dem unterschiedlichen Informationsstand der Vertragsparteien und der mittelbaren Grundrechtsgeltung auch im Zivilprozess(recht).

Beispiel: Im Zuge eines anhängigen Rechtsstreits über die Anfechtung eines Immobilienkaufvertrags wegen eines angeblichen Wasserschadens im Wohngebäude macht die Klägerin geltend, das Ausmaß des Wasserschadens sei von der Beklagten im Rahmen der Vertragsverhandlungen bagatellisiert worden. Sie verlangt Herausgabe des seinerzeitigen Sachverständigengutachtens und der Reparaturrechnung, um ihre Ansprüche zu begründen.

⇨ In diesem Fall kann es § 138 Abs. 2 ZPO i.V.m. § 242 BGB i.V.m. der mittelbaren Drittwirkung der Grundrechte gebieten, dass sich die Beklagte zu den behaupteten Tatsachen erklärt und die Informationen preisgibt bzw. die Unterlagen offenlegt. Kommt die Beklagte danach ihrer sekundären Darlegungslast nach, trifft nunmehr die Klägerin die volle Darlegungs- und Beweislast für die Mängel und die fehlende Aufklärung. So hat der BGH entschieden: „Behauptet der Verkäufer, den Käufer vor Vertragsschluss über einen offenbarungspflichtigen Umstand aufgeklärt zu haben, muss der Käufer beweisen, dass die Aufklärung nicht erfolgt ist" (BGH NJW 2014, 3296, 3297).

Wichtig in Bezug auf die Anfechtung eines Kaufvertrags wegen arglistiger Täuschung ist, dass sie eine Alternative zur Sach- und Rechtsmängelhaftung gem. §§ 434 ff. BGB darstellt. Der arglistig getäuschte Käufer einer mangelhaften Sache hat die Wahl, den Vertrag nach § 123 BGB anzufechten oder die Rechte nach §§ 434 ff. BGB wahrzunehmen. Macht er aber von seinem Anfechtungsrecht Gebrauch, ist zu beachten, dass er damit den Vertrag rückwirkend vernichtet (vgl. § 142 Abs. 1 BGB) und sich damit seiner Sach- und Rechtsmängelrechte aus §§ 434 ff. BGB begibt, weil diese gerade einen bestehenden Kaufvertrag voraussetzen. Möchte der getäuschte Käufer also lediglich den Kauf-

Rechte bei Sachmängeln – Abgrenzung zur Garantie und zur Anfechtung

preis mindern oder begehrt er Schadensersatz, möchte den Kaufvertrag im Übrigen aber gelten lassen, darf er nicht anfechten. Möchte er sich indes vom Vertrag lösen, kann er das durch Rücktritt oder durch Anfechtung. Hier muss er sich dann entscheiden, welches der beiden Rechte er ausüben möchte.

- Die Anfechtung vernichtet den Vertrag rückwirkend (§ 142 Abs. 1 BGB), wohingegen der Rücktritt gem. §§ 346, 348 BGB zu einem Rückgewährschuldverhältnis führt.

- Die Rückabwicklung nach erfolgreicher Anfechtung erfolgt über §§ 812 ff. BGB, wohingegen sich das Rückgewährschuldverhältnis nach ausgeübtem Rücktrittsrecht nach §§ 346 ff. BGB richtet.

- Die Verjährungsfrist bei der Anfechtung wegen arglistiger Täuschung richtet sich nach § 124 BGB, wohingegen sich die Verjährungsfrist des kaufrechtlichen Rücktritts wegen arglistigen Verschweigens eines Mangels nach § 438 Abs. 3 BGB richtet.

IV. Rechte bei Vorliegen eines Sachmangels

Ist die Sache mangelhaft, gewährt § 437 BGB dem Käufer folgende Rechte, soweit die jeweiligen Voraussetzungen vorliegen und sich aus dem Gesetz nichts anderes ergibt:

1. Der Käufer kann nach § 439 BGB **Nacherfüllung** (in den Varianten der Mangelbeseitigung und der Lieferung einer mangelfreien Sache – § 439 Abs. 1 BGB) verlangen.
2. Der Käufer kann nach den §§ 440, 323 und 326 Abs. 5 BGB **vom Vertrag zurücktreten** oder nach § 441 BGB **den Kaufpreis mindern.**
3. Der Käufer kann nach den §§ 440, 280, 281, 283 und 311a BGB **Schadensersatz** oder nach § 284 BGB **Ersatz vergeblicher Aufwendungen** verlangen.

1. Systematik der Mängelrechte

Die Aufzählung darf aber nicht insoweit verstanden werden, als seien die Rechte vom Käufer frei wählbar. Aus §§ 323 Abs. 1 i.V.m. 440 BGB ergibt sich vielmehr, dass der Käufer – jedenfalls im Grundsatz – zunächst dem Verkäufer Gelegenheit geben muss, nachzuerfüllen, bevor er den Kaufpreis mindern, vom Vertrag zurücktreten oder Schadensersatz statt der Leistung fordern kann. Der Schadensersatz neben der Leistung ist hingegen stets denkbar und hängt nicht von einer (gescheiterten oder ausgeschlossenen) Nacherfüllung ab.

Die Gewährung der Möglichkeit zur Nacherfüllung ist kein Recht des Verkäufers, sondern eine Obliegenheit des Käufers. Erst wenn der Käufer dem Verkäufer (durch Fristsetzung, vgl. §§ 440 bzw. 323 Abs. 1 BGB) die Möglichkeit zur Nacherfüllung gewährt und der Verkäufer die Nacherfüllung verweigert oder wenn die Nacherfüllung fehlschlägt bzw. unzumutbar (vgl. §§ 439 Abs. 4, 440 BGB) bzw. unmöglich (§ 275 BGB) ist, kann der Käufer weitergehende Rechte (Rücktritt, Minderung, Schadensersatz statt der Leistung) geltend machen.

Daraus folgt: Das Recht der Nacherfüllung ist der zentrale Rechtsbehelf des Kaufrechts. Es gilt der Grundsatz: **Vorrang der Nacherfüllung vor den anderen Gewährleistungsrechten.** Lediglich, wenn weder die Beseitigung des Mangels noch die Lieferung einer (anderen) mangelfreien Sache in Betracht kommen, die Nachbesserung fehlschlägt, der Verkäufer die Nacherfüllung verweigert oder die Mangelbeseitigung für den Verkäufer unverhältnismäßig (vgl. § 439 Abs. 4 BGB) wäre, stehen dem Käufer das Recht der Minderung des Kaufpreises sowie der Rücktritt vom Vertrag und Schadensersatz (statt der Leistung) zu.

2. Recht auf Nacherfüllung

Wie ausgeführt, besteht das Recht auf Nacherfüllung aus zwei Varianten, der **Beseitigung des Mangels** und der **Lieferung einer mangelfreien Sache**, §§ 437 Nr. 1, 439 Abs. 1 BGB. Der Käufer hat grundsätzlich ein Wahlrecht (vgl. § 439 Abs. 1 BGB: „...nach seiner Wahl"). Eine Beschränkung des Wahlrechts (etwa durch AGB) ist grds. unzulässig (vgl. § 309 Nr. 8 b) bb) BGB), weil anderenfalls die gesetzgeberische Entscheidung unterlaufen werden würde. Der Käufer kann also grds. frei wählen, ob er die Sache repariert haben möchte oder lieber eine mangelfreie Nachlieferung gegen Tausch seiner (defekten) Sache haben möchte. Hat sich der Käufer für eine Form der Nacherfüllung (Reparatur oder Ersatz) entschieden, kann der Verkäufer nur dann die vom Käufer gewählte Art der Nacherfüllung ablehnen, wenn diese unmöglich ist oder nur mit unverhältnismäßig hohen Kosten zu leisten ist und angesichts der Interessen des Käufers sowie des Wertes der Kaufsache die andere Form der Nacherfüllung dem Käufer zumutbar ist (siehe § 439 Abs. 4 BGB).

Beispiel 1: Verlangt der Käufer einer Waschmaschine aufgrund eines Defekts die Lieferung einer neuen Maschine, kann der Verkäufer dies verweigern, wenn der Fehler etwa durch Ersetzen eines Bauteils behoben werden kann. Hier kann dann der Verkäufer auf Nachbesserung (Reparatur) bestehen.

Beispiel 2: *Umgekehrt kann das Nachbesserungsverlangen unzumutbar sein, wenn eine Reparaturwerkstatt fehlt oder die Durchführung in einer externen Werkstatt für den Verkäufer eine wesentlich höhere Belastung darstellen würde. Hier kann dann der Verkäufer auf Nachlieferung (Ersatzlieferung) bestehen.*

Bevor aber der Käufer den Verkäufer überhaupt zur Nacherfüllung auffordern kann, muss er ihm die Kaufsache zur Überprüfung der geltend gemachten Mängel am rechten Ort, d.h. am Erfüllungsort der Nacherfüllung, zur Verfügung stellen, damit der Verkäufer die Möglichkeit erhält, die Sache dahingehend zu untersuchen, ob der geltend gemachte Mangel tatsächlich besteht und ob dieser bereits im Zeitpunkt des Gefahrübergangs vorgelegen hat (BGH NJW 2017, 2758, 2759 f.). Zudem soll der Verkäufer dadurch in die Lage versetzt werden, Art und Weise der Mangelbeseitigung zu prüfen und das weitere Vorgehen mit dem Käufer abzustimmen (BGH a.a.O.). Dementsprechend ist der Verkäufer grds. nicht verpflichtet, sich auf ein Nacherfüllungsverlangen des Käufers einzulassen, wenn dieser ihm nicht die Gelegenheit zu einer solchen Untersuchung der Kaufsache gegeben hat. Freilich kann der Käufer die Bereitschaft, die Sache zur Prüfung des geltend gemachten Sachmangels zur Verfügung zu stellen, mit seinem Nacherfüllungsverlangen verbinden (siehe dazu S. 100 ff.). Nach gefestigter Rechtsprechung des BGH befindet sich der Erfüllungsort der Nacherfüllung (und damit der Ort zur Prüfung des geltend gemachten Mangels) – solange die Parteien nichts Abweichendes vereinbaren und keine besonderen Umstände vorliegen – am Wohn- bzw. Geschäftssitz des Schuldners (§ 269 Abs. 1 und 2 BGB), regelmäßig also am Wohn- bzw. Geschäftssitz des Verkäufers (BGH a.a.O.). Erfüllungsort ist der Ort, an dem die geschuldete Leistung (hier: die Nacherfüllung) zu erbringen ist (siehe auch unten S. 102 f.).

Hinsichtlich der beiden Arten der Nacherfüllung (Beseitigung des Mangels oder Lieferung einer mangelfreien Sache, § 439 Abs. 1 BGB) gilt im Einzelnen:

a. Mangelbeseitigung, § 439 Abs. 1 Var. 1 BGB

aa. Mangelbeseitigung durch Nachbesserung

Mangelbeseitigung bedeutet Behebung des Mangels durch Nachbesserung bzw. **Reparatur**. Diese Art der Nacherfüllung kommt unabhängig davon, ob es sich um ein Einzelstück handelt oder um ein Produkt „von der Stange", von dem noch andere Exemplare verfügbar wären, stets in Betracht.

Beispiel bei individualisiertem Gegenstand: K kauft das gebrauchte Notebook des V. Nach zwei Wochen ist die Festplatte defekt.

⇨ Hier kann K Nacherfüllung in Form von Nachbesserung (Reparatur) verlangen, §§ 437 Nr. 1, 439 Abs. 1 Var. 1 BGB.

Beispiel: K kauft im Geschäft des V ein neues Notebook „von der Stange". Nach zwei Wochen ist die Festplatte defekt.

⇨ Auch hier kann K Nacherfüllung in Form von Nachbesserung (Reparatur) verlangen, §§ 437 Nr. 1, 439 Abs. 1 Var. 1 BGB.

Eine Nachbesserung ist aber ausgeschlossen, wenn diese unmöglich (§ 275 Abs. 1 BGB) oder für den Verkäufer unzumutbar (§ 439 Abs. 4 BGB) wäre (siehe dazu S. 123 ff.). In diesem Fall kommt lediglich die andere Variante der Nacherfüllung, die Nachlieferung, in Betracht. Sollte auch diese (aus den gleichen Gründen) ausscheiden, sind die Rechte aus § 437 Nr. 2 und 3 BGB möglich.

bb. Anspruch auf Neu- bzw. Originalteile?

Klar ist, dass die Kosten der Mangelbeseitigung einschließlich der Transport-, Wege-, Arbeits- und Materialkosten vom Verkäufer zu tragen sind, § 439 Abs. 2 BGB. Fraglich ist aber, ob der Käufer einen Anspruch darauf hat, dass der Verkäufer bei der Instandsetzung Original-Neuteile verwendet, oder ob der Verkäufer (auch) Neuteile des Sekundärmarktes („Nachbauten") oder gar (general-)überholte Teile oder Gebrauchtteile (gebrauchte Originalteile oder gebrauchte Teile des Sekundärmarktes) verwenden darf. Es ist nach der maßgeblichen

Käufererwartung unter Zugrundelegung des ursprünglichen Rechtsgeschäfts zu unterscheiden: Handelte es sich bei dem gekauften Gegenstand um eine Neusache und tritt der Mangel kurze Zeit nach der Übergabe auf, wird man davon ausgehen dürfen, dass der Käufer einen Anspruch auf Einbau neuer Originalteile hat. Weist die Sache aber mittlerweile Verschleißerscheinungen auf oder handelte es sich bei dem Kaufgegenstand gar um eine gebrauchte Sache, kann der Käufer nicht ernsthaft erwarten, dass der Verkäufer neue Originalteile verwendet (siehe dazu OLG Celle NJW 2013, 2203, 2205). Das gilt auch bei einem Verbrauchsgüterkauf, da weder die Verbrauchsgüterkauf-Richtlinie 1999/44/EG noch die §§ 474 ff. BGB die Verwendung neuer Originalteile vorschreiben. Handelt es sich bei dem defekten Gegenstand also um eine mittlerweile abgenutzte Sache oder gar von vornherein um eine gebrauchte Sache, darf der Verkäufer Teile des Sekundärmarktes oder auch gebrauchte Ersatzteile (Originalteile oder solche des Sekundärmarktes) verwenden. Die verbauten Teile müssen aber selbstverständlich funktionstüchtig sein und den Erwartungen eines Durchschnittskäufers entsprechen, d.h., der Käufer darf keinen Nachteil haben.

cc. Herausgabe der Altteile
Zwar nicht im Gesetz geregelt, aber selbsterklärlich ist, dass der Verkäufer bei Einbau von Ersatzteilen die Überlassung (Übereignung und Übergabe) der ausgebauten defekten Teile beanspruchen kann. § 439 Abs. 5 i.V.m. § 346 Abs.1 BGB sind in diesem Fall analog anzuwenden (Faust, in: BeckOK, § 439 BGB Rn. 21 mit Verweis auf Höpfner, in: BeckOGK, § 439 BGB Rn. 116).

dd. Ausgleich bei Werterhöhung?
Daran schließt sich die Frage an, ob der Verkäufer, der den Mangel etwa durch Einbau von Neuteilen behebt, vom Käufer einen Ausgleich dafür verlangen kann, dass er aufgrund der Verwendung von Neuteilen den Wert der Sache erhöht hat. Es ist wiederum zu unterscheiden: War Gegenstand des Kaufs eine neue Sache und trat der Defekt bereits

nach kurzer Zeit auf, kann der Käufer die Verwendung von Neuteilen erwarten (s.o.). Eine (signifikante) Werterhöhung ist in diesem Fall nicht gegeben. Handelt es sich bei dem defekten Gegenstand aber um eine Gebrauchsache und hat der Verkäufer Neuteile verwendet, könnte dieser in der Tat einen Ausgleichsanspruch für die damit verbundene Wertsteigerung haben. Das ist jedoch abzulehnen, da der Verkäufer ja nicht verpflichtet ist, Neuteile in Gebrauchsachen einzubauen. Zudem widerliefe die gegenteilige Annahme dem Grundsatz der Unentgeltlichkeit der Nacherfüllung. Die Nacherfüllung (wie sie Art. 3 Abs. 3 der Verbrauchsgüterkauf-Richtlinie 1999/44/EG vorsieht und wie sie in § 439 Abs. 2 BGB ihren Niederschlag gefunden hat) soll vom Verbraucher unentgeltlich verlangt werden können. Verbaut also der Verkäufer neuere oder höherwertige Austauschteile als geschuldet, geschieht dies auf sein Risiko. Einen Ausgleichsanspruch hat er nicht, auch nicht nach bereicherungsrechtlichen Grundsätzen, die an sich wegen § 947 BGB über die Verweisung in § 951 BGB in Betracht kommen. Zum einen darf nicht die Wertung des Art. 3 der RL 1999/44/EG und des § 439 Abs. 2 BGB unterlaufen werden und zum anderen würden ohnehin die Grundsätze der „aufgedrängten Bereicherung" greifen, wonach ein bereicherungsrechtlicher Ausgleichsanspruch ausscheidet, wenn jemandem die Bereicherung aufgedrängt wird.

b. Lieferung einer mangelfreien Sache

Alternativ zur Mangelbeseitigung nennt § 439 Abs. 1 Var. 2 BGB „die Lieferung einer mangelfreien Sache". Das bedeutet, dass der Verkäufer eine andere, mangelfreie und damit vertragsgemäße Sache liefern muss („**Ersatzlieferung**"). Ob das stets möglich ist bzw. verlangt werden kann, kann davon abhängen, ob ein Gattungskauf oder ein Stückkauf vorliegt: Diese Begrifflichkeit hat ihren Ursprung im allgemeinen Schuldrecht, wo zwischen Gattungsschuld und Stückschuld unterschieden wird, weshalb zunächst die Regelungen des allgemeinen Schuldrechts erläutert werden sollen. Darauf aufbauend erschließt sich die Situation nach Übergabe der Sache ohne weiteres.

aa. Gattungsschuld versus Stückschuld

a.) Rechtslage vor Übergabe der Sache

Nach allgemeinem Schuldrecht kommt bei einer sog. **Gattungsschuld** die Variante der (Ersatz-)Lieferung einer mangelfreien Sache stets in Betracht. Eine Gattungsschuld liegt vor, wenn die geschuldete Leistung nur nach generellen, also allgemeinen Merkmalen (Typ, Sorte, Gewicht, Farbe, Herkunft, Jahrgang) bestimmt ist. Hier ist (Ersatz-)Lieferung (d.h. Lieferung einer mangelfreien Sache) i.d.R. so lange möglich, bis die Gattung erschöpft ist. Den Verkäufer trifft insoweit eine Beschaffungspflicht, d.h., er muss bis zur Grenze der Unverhältnismäßigkeit (§ 275 Abs. 2 BGB) nötigenfalls eine erfüllungstaugliche Sache am Markt beschaffen. Ist das Schuldverhältnis auf den Vorrat des Schuldners begrenzt, beschränkt sich das Recht auf Nacherfüllung auf diesen Vorrat.

Beispiel: K bestellt im Geschäft des V ein neues Fernsehgerät. Noch vor Lieferung stellt sich heraus, dass das Gerät defekt ist.

⇨ *Hier kann K grds. (Ersatz-)Lieferung (Lieferung eines anderen Geräts) verlangen, sofern das Modell noch lieferbar ist. Lediglich, wenn dies nicht der Fall oder die Beschaffung für V unzumutbar sein sollte, wird V hinsichtlich der Erfüllungspflicht frei (§ 275 Abs. 1, Abs. 2 BGB). Das „Freiwerden von der Leistungspflicht" bedeutet aber nicht, dass V keine Verantwortung übernehmen müsste. Bei Verschulden (vgl. § 276 BGB) ist er gem. § 275 Abs. 4 BGB, der auf §§ 280, 283-285, 311a und 326 BGB verweist, zum Schadensersatz verpflichtet. Auch ist der sofortige Rücktritt durch K möglich (§§ 275 Abs. 4 i.V.m. 326 Abs. 5 BGB).*

Da aber aus der Gattung nur ein bestimmter Gegenstand geleistet werden soll oder mehrere bestimmte Gegenstände geleistet werden sollen, konkretisiert sich gem. § 243 Abs. 2 BGB die Schuld vor der eigentlichen Erfüllung. Die anfängliche Gattungsschuld wirkt (juristisch) durch Konkretisierung wie eine Stückschuld (sog. **konkretisierte Gattungsschuld**, § 243 Abs. 2 BGB). Das ist der Fall, wenn der Schuldner das „zur Leistung einer solchen Sache seinerseits Erforderliche getan hat." Diese Voraussetzung umfasst zunächst die Auswahl und Aussonderung einer Sache mittlerer Art und Güte. Eine Aussonderung liegt vor, wenn der Schuldner die Ware von anderen Sachen derselben Gattung trennt und sie als die für den Gläubiger bestimmte Ware kennzeichnet. Was darüber hinaus zur Leistungserbringung erforderlich ist, bestimmt sich nach dem Inhalt des Schuldverhältnisses, namentlich nach der Art der Schuld. So muss bei einer sog. Holschuld der Schuldner aus der Gattung eine Sache mittlerer Art und Güte auswählen und aussondern sowie den Gläubiger auffordern, die ausgewählte und ausgesonderte Sache innerhalb einer angemessenen Frist abzuholen. Dem dürfte der Fall gleichstehen, dass eine Abholzeit vereinbart wurde. Dann tritt Konkretisierung mit Aussonderung und Bereitstellung der Sache ein.

Beispiel: V hat dem K ein neues Notebook (Serienprodukt) verkauft, das K am nächsten Tag um 12 Uhr abholen soll. V entnimmt ein Exemplar aus dem Lager und legt es auf ein Regal im Laden. Kurz bevor K bei V eintrifft, rammt ein Angestellter des V das Regal, woraufhin das Notebook herunterfällt und beschädigt wird. Kann K die Lieferung eines anderen, baugleichen Notebooks verlangen?

⇨ Der Anspruch auf Lieferung eines anderen, baugleichen Notebooks könnte sich aus § 433 Abs. 1 BGB ergeben. Ein wirksamer Kaufvertrag liegt vor. Jedoch könnte das Schuldverhältnis durch Bewirkung gem. § 362 Abs. 1 BGB erloschen sein. Das setzt voraus, dass V den Leistungserfolg herbeigeführt hat. Beim Kauf einer beweglichen Sache besteht der Leistungserfolg in der Übereignung und Übergabe einer erfüllungstauglichen Sache (siehe § 929 S. 1 BGB). Hätte also V ein erfüllungstaugliches Notebook übergeben und übereignet, wäre Erfüllung eingetreten. Doch dazu ist es vorliegend nicht gekommen. Daher kommt es darauf an, ob gleichwohl Erfüllung eingetreten ist, ob V also den Leistungserfolg auf andere Weise herbeigeführt hat. Beim Kauf einer vertretbaren Sache wie einem Serien-Notebook liegt ein Gattungskauf vor. Bei einem Gattungskauf besteht eine Erfüllungspflicht grds. so lange, wie erfüllungstaugliche Sachen existieren; ggf. muss der Schuldner am Markt verfügbare Sachen beschaffen (sog. Beschaffungsschuld). Jedoch besteht eine solche Verpflichtung nicht, wenn der Schuldner „das zur Leistung einer solchen Sache

seinerseits Erforderliche getan" hat. In diesem Fall beschränkt sich das Schuldverhältnis auf diese Sache (§ 243 Abs. 2 BGB).
Ist die Abholung der Sache beim Schuldner vereinbart, tritt Konkretisierung gem. § 243 Abs. 2 BGB und damit Erfüllung gem. § 362 Abs. 1 BGB ein, wenn der Schuldner aus der Gattung eine Sache mittlerer Art und Güte auswählt und aussondert sowie den Gläubiger auffordert, die ausgewählte und ausgesonderte Sache innerhalb einer angemessenen Frist abzuholen. Zwar hat V den K nicht explizit aufgefordert, das Notebook abzuholen. Der Aufforderung zur Abholung dürfte jedoch der Fall gleichstehen, dass eine Abholzeit vereinbart wurde. Dann tritt Konkretisierung mit Aussonderung und Bereitstellung der Sache ein.
Indem V und K eine feste Abholzeit vereinbart haben und V ein Notebook ausgesondert und zur Abholung bereitgestellt hat, trat damit Konkretisierung und Erfüllung ein. Demzufolge hat K keinen Anspruch auf Lieferung eines anderen, baugleichen Notebooks (er wäre nach § 326 Abs. 1 BGB aber auch nicht zur Kaufpreiszahlung verpflichtet).

Fraglich ist aber, ob dieses Ergebnis sachangemessen ist, wenn V gleichwohl erfüllen möchte. Im vorliegenden Fall dürfte er sogar ein Interesse daran haben, ein anderes, baugleiches Notebook zu liefern, da er nach wie vor an dem Veräußerungsgewinn interessiert sein und ein Interesse daran haben dürfte, K als Kunden zufrieden zu stellen. Außerdem könnte K bei Nichterfüllung ggf. einen Schadensersatzanspruch aus §§ 280 Abs. 1, Abs. 3, 283 BGB (i.V.m. § 278 BGB) geltend machen, was V ggf. verhindern möchte.

Mit Blick auf das im Kaufrecht bestehende „Recht zur zweiten Andienung" (vgl. § 439 Abs. 1 BGB), wonach bei einer – zum Zeitpunkt des Gefahrübergangs bestehenden (§ 434 BGB) – Mangelbehaftetheit der Sache der Verkäufer das grundsätzliche Recht hat, zunächst nachzuerfüllen, bevor der Käufer Rücktritt, Minderung und Anspruch auf Schadensersatz (wegen Nichterfüllung) geltend machen darf, erscheint es auch in Fällen der vorliegenden Art, also in Fällen, in denen noch kein Gefahrübergang stattgefunden hat und damit kaufrechtliche Mängelrechte nicht greifen, sachgerecht, trotz Freiseins von der Leistungspflicht V ein Recht zur Leistungserbringung zu gewähren. Zwar greift § 439 BGB nicht direkt, da die Vorschrift erst nach Gefahrübergang (i.d.R. Übergabe i.S.d. § 446 BGB) an-

wendbar ist (dazu sogleich). Allerdings ist die Interessenlage jedenfalls dann vergleichbar, wenn der Käufer kein schützenswertes Interesse hat, die Lieferung mit erfüllungstauglicher Ware aus der Gattung zu verweigern. In diesem Fall ist § 439 Abs. 1 BGB entweder analog anwendbar oder es ist zumindest dessen Rechtsgedanke (Nachlieferungsanspruch bei Mangelhaftigkeit; keine Folgerechte des Käufers, wenn er nicht zuvor Gelegenheit zur Nacherfüllung gegeben hat) heranzuziehen. Insofern ist die Rechtsfolge des § 243 Abs. 2 BGB zu modifizieren.

Folgt man diesem Gedanken – obgleich das Gewährleistungsrecht mangels Übergabe nicht direkt anwendbar ist –, ist V das Recht einzuräumen, eine Ersatzlieferung zu leisten, selbst wenn dies nicht der Interessenlage des K entsprechen sollte. Dann aber muss dasselbe auch umgekehrt gelten und K das Recht eingeräumt werden, Erfüllung zu verlangen, auch wenn dies nicht der Interessenlage des V entsprechen sollte.

Bei einer sog. **Stückschuld** (**Speziesschuld**) hingegen, d.h. bei einem Schuldverhältnis, bei dem die geschuldete Sache nach individuellen Merkmalen konkret bestimmt (und daher nicht austauschbar) ist, ist der Erfüllungsanspruch im Ausgangspunkt der Systematik auf die konkrete Sache begrenzt. Typische Fälle einer Stückschuld sind der Kauf von neuen Einzelstücken und von allen gebrauchten Sachen, da hier die Individualität im Vordergrund steht. Ein Anspruch auf Lieferung einer Ersatzsache kommt grds. nicht in Betracht, weil sich die Verbindlichkeit des Schuldners i.d.R. gerade auf diesen individualisierten Gegenstand beschränkt. Geht dieser unter, tritt nach den Regeln des allgemeinen Schuldrechts grds. Unmöglichkeit (§ 275 Abs. 1 BGB) ein mit der Folge, dass der Schuldner frei wird von seiner Leistungsverpflichtung. Eine Ersatzlieferung scheidet damit grds. aus.

Beispiel: K kauft im Geschäft des V ein 3 Jahre altes Fernsehgerät. Die Parteien vereinbaren, dass das Gerät vor der Übergabe, die für den nächsten Tag vereinbart wurde, noch eine Durchsicht erhält. Doch während der Durchsicht erleidet das Gerät infolge eines Kurzschlusses einen Totalschaden.

⇨ Hier kann K grds. keine (Ersatz-)Lieferung (Lieferung eines anderen Geräts) verlangen, weil sich bei gebrauchten – und damit individualisierten – Sachen das Schuldverhältnis i.d.R. auf die konkrete Sache bezieht. Etwas anderes wird man nur bei sehr jungen, wenig gebrauchten Sachen annehmen können, bei denen der Individualisierungsgrad noch nicht so weit fortgeschritten ist. Bei einem 3 Jahre alten Fernseher wird man aber einen Vertrag annehmen müssen, bei dem das Recht des Stückkaufs gilt.

V ist daher wegen Unmöglichkeit von der Erfüllungspflicht frei (§ 275 Abs. 1 BGB). Das „Freiwerden von der Leistungspflicht" bedeutet aber nicht, dass V von jeglicher Verantwortung frei wäre. Bei Verschulden (vgl. § 276 BGB) ist er gem. § 275 Abs. 4 BGB, der auf §§ 280, 283-285, 311a und 326 BGB verweist, zum Schadensersatz verpflichtet. Auch ist der sofortige Rücktritt durch K möglich (§§ 275 Abs. 4 i.V.m. 326 Abs. 5 BGB).

b.) Rechtslage nach Übergabe der Sache

Anders stellt sich die Rechtslage dar, wenn die Sache (in Erfüllung eines Kaufvertrags) übergeben worden ist. Denn § 439 Abs. 1 BGB unterscheidet offenbar nicht zwischen Stückkauf und Gattungskauf, womit bei beiden Arten bei einem Sachmangel Nacherfüllung in den Varianten der Mangelbeseitigung und der Lieferung einer mangelfreien Sache denkbar erscheint. Dennoch kann eine Nachlieferung ausgeschlossen sein. Es ist zu unterscheiden:

aa.) Nachlieferung bei Gattungskauf

Bei einem Gattungskauf ist Nachlieferung ohne weiteres denkbar. Denn dadurch, dass die geschuldete Leistung nur nach generellen, also allgemeinen, aber bestimmbaren Merkmalen (Typ, Sorte, Gewicht, Farbe, Herkunft, Jahrgang) vereinbart ist, steht der Nachlieferung einer gleichen Sache grundsätzlich nichts entgegen. § 439 Abs. 1 BGB ist darauf ausgelegt.

Beispiel: Gekauft wird eine Flasche 2016er Bordeaux. Der Wein ist korkig.

⇨ Hier kann der Käufer Nacherfüllung in Form von Ersatzlieferung verlangen, und zwar so lange, wie Lieferung aus der Gattung möglich und dem

Verkäufer zumutbar (keine „Unverhältnismäßigkeit", § 439 Abs. 4 BGB) ist.

bb.) Nachlieferung auch bei Stückkauf?

Wie auf S. 76 ausgeführt, ist sowohl beim Gattungskauf als auch beim Stückkauf Nachbesserung prinzipiell möglich, da es um Reparatur der konkreten Sache geht, und es somit keinen Unterschied macht, ob die Sache ersetzbar wäre. Ist Nachbesserung aber ausgeschlossen, was insbesondere bei unbehebbaren Mängeln der Fall ist (etwa im Fall eines geschuldeten unfallfreien Wagens, aber tatsächlich gelieferten Unfallwagens), tritt an sich Unmöglichkeit i.S.d. § 275 Abs. 1 BGB ein: Eine Nachbesserung kommt nicht in Betracht, da ein unbehebbarer Mangel vorliegt (man kann aus einem Unfallwagen niemals einen unfallfreien Wagen machen), und eine Nachlieferung scheidet wegen des Charakters des Schuldverhältnisses als Stückkauf an sich ebenfalls aus.

Beispiel: K kauft beim Gebrauchtwagenhändler V ein 3 Jahre altes Fahrzeug. Ein paar Tage nach der Übergabe stellt sich heraus, dass es sich um einen wiederhergestellten Unfallwagen handelt.

⇨ Hier kann K grds. keine (Ersatz-)Lieferung (Lieferung eines anderen Wagens) verlangen, weil sich bei gebrauchten – und damit individualisierten – Sachen das Schuldverhältnis i.d.R. auf die konkrete Sache bezieht. Etwas anderes wird man nur bei sehr jungen, wenig gebrauchten Sachen annehmen können, bei denen der Individualisierungsgrad noch nicht so weit fortgeschritten ist. Bei einem 3 Jahre alten Kfz wird man aber einen Vertrag annehmen müssen, bei dem das Recht des Stückkaufs gilt.

V ist daher wegen Unmöglichkeit von der Erfüllungspflicht frei (§ 275 Abs. 1 BGB). Das „Freiwerden von der Leistungspflicht" bedeutet aber nicht, dass V von jeglicher Verantwortung frei wäre. Bei Verschulden (vgl. § 276 BGB) ist er gem. § 275 Abs. 4 BGB, der auf §§ 280, 283-285, 311a und 326 BGB verweist, zum Schadensersatz verpflichtet. Auch ist der sofortige Rücktritt durch K möglich (§§ 275 Abs. 4 i.V.m. 326 Abs. 5 BGB).

Jedoch ist im Kaufrecht auch bei einem Stückkauf Nachlieferung nicht von vornherein ausgeschlossen. Kann der Verkäufer eine vergleichbare (d.h. gleichartige und gleichwertige) Sache beschaffen bzw. liefern, ist nach Auffassung des BGH von Erfüllungstauglichkeit der Ersatzsache auszugehen, wenn dies dem durch Auslegung zu ermittelnden (objektivierten) Willen (§§ 133, 157 BGB) der Vertragsparteien zum Zeitpunkt des Vertragsschlusses entspricht (BGHZ 168, 64, 71 ff. unter Berufung auf die Gesetzesmaterialien zur Schuldrechtsreform 2002 BT-Drs. 14/ 6040, S. 232). Bei Gebrauchtwagen z.b. dürften maßgebliche Kriterien Alter, Farbe, Ausstattung, Zustand, Laufleistung, Anzahl der Vorhalter, bisherige Einsatzbedingungen etc. sein. Ist danach von einer Nacherfüllungstauglichkeit auszugehen und kann der Verkäufer nachliefern, tritt keine Unmöglichkeit ein.

Beispiel: K hat Interesse an einem Jahreswagen. Konkret soll es ein BMW 118i in schwarz sein. Im Autohaus des V entdeckt er 10 dieser Fahrzeuge, die über eine identische Ausstattung verfügen und alle eine Laufleistung von 10.000 km +/- 300 km aufweisen. Sie alle werden von V als „unfallfrei" beschrieben. Auch vom Verschleiß- bzw. Abnutzungsgrad her ist kein Unterschied feststellbar. Einzig anhand der Fahrzeugidentifikationsnummer lässt sich sicher eine Unterscheidung treffen. K kauft eines dieser Fahrzeuge. Zu Hause entdeckt K eine kleine Unebenheit am Blech des hinteren Seitenteils; er bringt in Erfahrung, dass der Wagen einen Auffahrunfall erlitten hat. Nachdem er V zur Rede gestellt hat und den Rücktritt erklären möchte, meint dieser, er könne und wolle mit einem der anderen Wagen nacherfüllen. K lehnt dies ab und besteht auf Rücktritt (§§ 437 Nr. 2 Var. 1, 275 Abs. 1, 326 Abs. 5, 346 ff. BGB) (Fall in Anlehnung an BGHZ 168, 64).

⇨ Ein Sachmangel besteht: Die tatsächliche Beschaffenheit (Unfallwagen) weicht von der vereinbarten (unfallfrei) ab i.S.d. § 434 Abs. 1 S. 1 BGB. K stehen daher Mängelrechte nach § 437 BGB zu. Er begehrt Rücktritt. Wegen § 323 Abs. 1 BGB hätte er aber möglicherweise zunächst Nacherfüllung (i.S.d. § 439 Abs. 1 BGB) verlangen müssen. Nacherfüllung in Form der Nachbesserung scheidet von vornherein aus, da man die Unfallwageneigenschaft nicht beheben kann. Möglicherweise kommt aber Nachlieferung in Betracht. Während dies bei einer Gattungsschuld ohne weiteres

denkbar ist, bestehen nach der Systematik jedenfalls des allgemeinen Schuldrechts bei einer Stückschuld konstruktive Schwierigkeiten, da sich eine Stückschuld ja gerade dadurch kennzeichnet, dass nur der zum Vertragsschluss individualisierte Gegenstand geschuldet ist.

Im vorliegenden Fall handelt es sich um einen Stückkauf, da es um einen Gebrauchtwagen geht. Jedoch ist auch bei einem Stückkauf Nachlieferung i.S.d. § 439 Abs. 1 BGB nicht von vornherein ausgeschlossen. Kann der Verkäufer eine vergleichbare (d.h. funktionell gleichartige und gleichwertige) Sache beschaffen bzw. liefern, ist nach Auffassung des BGH von Erfüllungstauglichkeit der Ersatzsache auszugehen, wenn dies dem durch Auslegung zu ermittelnden (objektivierten) Willen (§§ 133, 157 BGB) der Vertragsparteien zum Zeitpunkt des Vertragsschlusses entspricht (BGHZ 168, 64, 71 ff. unter Berufung auf die Gesetzesmaterialien zur Schuldrechtsreform 2002 BT-Drs. 14/6040, S. 232). Die Lieferung eines anderen – funktionell und vertragsmäßig gleichwertigen – Gegenstands sei nicht schon deshalb ausgeschlossen, weil es sich um einen Stückkauf handele (BGHZ 168, 64, 71 ff.). Bei Gebrauchtwagen dürften maßgebliche Kriterien Alter, Zustand, Laufleistung, Anzahl der Vorhalter, bisherige Einsatzbedingungen etc. sein.

Unter Zugrundelegung dieses Standpunkts kann V tatsächlich mit einer gleichartigen und gleichwertigen Ersatzsache nacherfüllen, da es sich um einen sehr jungen Gebrauchtwagen handelt unter mehreren, die sich – abgesehen von der Fahrzeugidentifikationsnummer – nicht oder nicht nennenswert voneinander unterscheiden.

Weiterführender Hinweis: Allerdings macht der BGH auch deutlich, dass trotz abstrakter Nachlieferungsmöglichkeit die Nachlieferung durchaus ausgeschlossen sein kann, wenn der Käufer das Fahrzeug zuvor persönlich besichtigt habe und es ihm ausschließlich um dieses konkrete, mit der konkreten Ausstattung und mit individuellen Merkmalen versehene Auto gegangen sei und daher davon ausgegangen werden könne, das Fahrzeug solle in seiner Gesamtheit nicht gegen ein anderes austauschbar sein.

Nähme man dies im vorliegenden Fall an (weil im Detail dennoch Unterschiede in der Ausstattung vorhanden wären), wäre eine „Ersetzbarkeit" nicht gegeben. Dann läge ein Fall der Unmöglichkeit vor und K wäre berechtigt, weitergehende Rechte geltend zu machen (hier: den Rücktritt zu erklären).

Eindeutig dürfe es jedenfalls sein, wenn der Individualisierungsrad fortgeschritten ist. Dann kann eine Ersetzbarkeit i.d.R. nicht mehr angenommen werden, wenn sich nichts anderes aus der Parteivereinbarung ergibt. Eine nicht gegebene Ersetzbarkeit ist insbesondere bei behebbaren Mängeln anzunehmen.

Beispiel: K kauft von V dessen 5 Jahre alten Wagen. Zwei Monate nach der Übergabe ist das Getriebe defekt.

⇨ *Hier kann K keine Nachlieferung verlangen, weil sich die Verbindlichkeit des V auf diesen konkreten Wagen bezog. V ist von seiner Nachlieferungspflicht befreit, § 275 Abs. 1 BGB. Zur möglichen Nachbesserung (Reparatur, vgl. soeben; zur Minderung des Kaufpreises, zum Rücktritt und zur Schadensersatzpflicht vgl. sogleich.*

cc.) Bei Neukauf Ersatzsache nicht mehr beschaffbar

Beim Kauf einer **neuen Sache** stellt sich die Frage, ob ein Fall der **Unmöglichkeit** besteht, wenn der Käufer Nachlieferung begehrt, eine neue Sache gleicher Art aber **nicht mehr beschaffbar** ist.

Beispiel: K kaufte im Autohaus des V einen Neuwagen, der mit einem Dieselmotor ausgestattet ist. Das Fahrzeug ist mit einer unzulässigen Abschalteinrichtung versehen, die den Stickoxidausstoß auf dem Prüfstand gegenüber dem normalen Fahrbetrieb reduziert. K begehrte daraufhin von V gem. § 439 Abs. 1 Var. 2 BGB Ersatzlieferung eines mangelfreien Neufahrzeugs. V wendete ein, dies sei unmöglich (§ 275 Abs. 1 BGB), weil K ein Fahrzeug der ersten Generation der betreffenden Serie erworben habe, diese aber nicht mehr hergestellt werde und ein solches Modell auch nicht mehr als Neufahrzeug beschafft werden könne (Fall nach BGH WM 2019, 424; später auch OLG Köln 2.4.2020 – 18 U 60/19).

Der BGH meint, dass vom Vorliegen eines Sachmangels nach § 434 Abs. 1 S. 2 Nr. 2 BGB auszugehen sein dürfte, weil die Gefahr einer Betriebsuntersagung durch die für die Zulassung zum Straßenverkehr zuständige Be-

hörde bestehe und es damit an der Eignung der Sache für die gewöhnliche Verwendung (Nutzung im Straßenverkehr) fehlen dürfte. Das ist zweifelhaft. Denn durch das Aufspielen eines vom Kraftfahrt-Bundesamt genehmigten Software-Updates ist gerade gewährleistet, dass keine Betriebsuntersagung erfolgt (richtig OLG Köln 2.4.2020 – 18 U 60/19). Freilich heißt das nicht, dass kein Sachmangel vorliegt. Dieser ist darin zu sehen, dass Leistungsverlust und Mehrverbrauch nicht ausgeschlossen werden können (richtig LG Erfurt 18.1.2019 – 9 O 490/18; in diese Richtung auch OLG Köln 2.4.2020 – 18 U 60/19).

Die Rechte des Käufers bei Vorliegen eines Sachmangels richten sich primär nach § 439 Abs. 1 BGB. Geht man davon aus, dass infolge der Möglichkeit des Leistungsverlusts und des Mehrverbrauchs eine Nachbesserung in Form des Aufspielens eines Software-Updates nicht die gewünschte Abhilfe schafft, kommt im Rahmen des Nacherfüllungsanspruchs in der Tat nur die Nachlieferung in Betracht. Diese aber könnte wegen § 275 Abs. 1 BGB ausgeschlossen sein, weil Fahrzeuge der ersten Generation der betreffenden Serie nicht mehr hergestellt werden. Der BGH ist der Annahme von § 275 Abs. 1 BGB jedoch entgegengetreten. Im Hinblick auf den Inhalt der vom Verkäufer vertraglich übernommenen Beschaffungspflicht dürfte ein mit einem nachträglichen Modellwechsel einhergehender mehr oder weniger großer Änderungsumfang für die Interessenlage des Verkäufers in der Regel ohne Belang sein. Vielmehr dürfte es – nicht anders, als sei das betreffende Modell noch lieferbar – im Wesentlichen auf die Höhe der Ersatzbeschaffungskosten ankommen. Dies führe jedoch nicht zur Unmöglichkeit der Leistung gemäß § 275 Abs. 1 BGB.

Diese Ansicht ist nicht unproblematisch, weil die Beschaffung eines anderen Neufahrzeugs des betreffenden Modells wegen Produktionseinstellung schlicht unmöglich ist; Neufahrzeuge, die später nach einem Modellwechsel auf den Markt kommen, sind regelmäßig nicht Gegenstand des Schuldverhältnisses (richtig z.B. OLG Bamberg DAR 2018, 143; OLG Nürnberg 15.12.2011 – 13 U 1161/11; LG Heidelberg 30.6.2017 – 3 O 6/17). Bei § 275 Abs. 1 BGB auf die Interessenlage des Verkäufers oder die Höhe der Ersatzbeschaffungskosten abzustellen (wie das der BGH tut), entspricht weder dem Wortlaut noch der Ratio des § 275 Abs. 1 BGB. Und wenn man schon auf die Interessenlage des Verkäufers abstellt, dann müsste dies umgekehrt wirken, also zugunsten des Verkäufers müsste man eine Leistungsbefreiung annehmen. Das OLG Köln hat indes (auch) auf die Interessenlage des Käufers abgestellt. Der Nachlieferungsanspruch könne durch Lieferung eines Nachfolgemodells erfüllt werden. Da Nachfolgemodelle i.d.R. technisch fortschrittlicher seien, sei kein Anhaltspunkt ersichtlich, warum der Kläger nicht auch ein solches Nachfolgemodell als nacherfüllungstauglich ansehen sollte (OLG Köln 2.4.2020 – 18 U 60/19).

Demzufolge ist also eine Nacherfüllung durch Lieferung eines Nachfolgemodells möglich, die lediglich bei Unverhältnismäßigkeit ausgeschlossen ist.

Richtigerweise wird man aber eine Unmöglichkeit nach § 275 Abs. 1 BGB annehmen müssen. V ist von der Leistungspflicht befreit. Auf die Möglichkeit der Leistungsverweigerung wegen unverhältnismäßiger Kosten – worauf der BGH und das OLG Köln aber hinweisen – nach § 439 Abs. 4 BGB kann es daher nicht mehr ankommen.

Fazit: Letztlich wird aus diesen Ausführungen deutlich, dass die nach allgemeinem Schuldrecht vorgenommene **Unterscheidung zwischen Gattungskauf und Stückkauf** beim kaufrechtlichen Nacherfüllungsanspruch jedenfalls dann **kaum Bedeutung** hat, wenn eine vergleichbare (d.h. gleichartige und gleichwertige) Sache beschaffbar ist. Das entspricht der Rechtsprechung des BGH und dem Willen des Gesetzgebers. Dann besteht auch beim Stückkauf grundsätzlich eine Nachlieferungspflicht des Verkäufers bzw. eine Pflicht des Käufers zur Annahme der angebotenen Ersatzsache. Freilich muss für den Fall der Ersatzlieferung der Käufer den mangelhaften Gegenstand zurückgeben, § 439 Abs. 5 BGB i.V.m. §§ 346-348 BGB. Zur Frage, ob der Verkäufer Ersatz für die Nutzung des ursprünglichen Gegenstands bzw. einen Ausgleich für den mit der Neulieferung der Sache verbundenen Vorteil verlangen kann, siehe S. 87 f.

dd.) Recht auf Nachlieferung einer neuen Sache?

Käufer stellen im Rahmen ihres Nachlieferungsanspruchs oft die Frage, ob sie die Lieferung einer neuen Sache verlangen können oder die

Lieferung einer gebrauchten Sache zu akzeptieren haben, deren Erhaltungszustand dem der ursprünglich gelieferten Sache im Zeitpunkt von deren Rückgabe entspricht. Gegen das Recht auf Lieferung einer Neusache spricht, dass Käufer in diesem Fall jedenfalls dann zu Unrecht bereichert wären, wenn sie die bisherige Sache bereits ausgiebig genutzt (und verschlissen) haben. Dann erscheint es in der Tat unbillig, wenn Käufer jetzt zum „Nulltarif" eine neue Sache erhalten. Das Problem spitzt sich zu, wenn es beim Hersteller zwischenzeitlich eine Produktüberarbeitung oder einen Modellwechsel gegeben hat und der Verkäufer nicht mehr über eine neue Sache der bisherigen Generation verfügt. Das Gesetz enthält keine eindeutige Aussage, sondern spricht lediglich von „Lieferung einer mangelfreien Sache" in § 439 Abs. 1 Var. 2 BGB und regelt für den Fall der Ersatzlieferung die Herausgabe des ursprünglichen Gegenstands an den Verkäufer (siehe § 439 Abs. 5 BGB i.V.m. §§ 346 Abs. 1 BGB). Die Rechtsprechung steht auf dem Standpunkt, dass Käufer die Lieferung einer nagelneuen Sache verlangen können, wenn von Anfang an ein neues Produkt geschuldet war, und zwar auch dann, wenn die ursprüngliche (nunmehr defekte) Sache zwischenzeitlich ausgiebig genutzt (und verschlissen) wurde. Das wirft dann aber die Frage auf, ob der Verkäufer einen Wertersatz/eine Entschädigung für die bisherige Nutzung des zurückgegebenen Gegenstands verlangen kann.

ee.) Nutzungsersatz?

Kann der Käufer im Rahmen des Nachlieferungsanspruchs die Lieferung einer neuen Sache verlangen (Zug um Zug gegen Herausgabe der mangelhaften Sache), stellt sich – wie aufgezeigt – die Frage, ob der Käufer einen Wertersatz/eine Entschädigung für die bisherige Nutzung des zurückgegebenen Gegenstands leisten muss. Läge ein Rücktritt vor, wäre dies gem. § 346 Abs. 2 S. 1 Nr. 1 BGB anzunehmen. Denn danach sind bspw. **ersparte Aufwendungen** zu ersetzen (dazu S. 138 f.), was z.B. beim Fahrzeugkauf im Ergebnis die Zahlung eines „Nutzungsentgeltes" für die gefahrenen Kilometer mit sich bringt (dazu ebenfalls S. 138 f.). Im vorliegenden Zusammenhang geht es jedoch um Nacherfüllung, nicht um Rücktritt. Gleichwohl könnte für den Fall der Nachlieferung der bereits genannte § 439 Abs. 5 BGB, der auf die Regelungen zum Rücktritt (§§ 346-348 BGB) verweist, eine Antwort geben. Denn gem. § 346 Abs. 2 BGB sind vom Begriff des Wertersatzes auch Gebrauchsvorteile, d.h. eine Nutzungsentschädigung (**Nutzungsersatz**) umfasst.

Beispiel: Gekauft wurde zum Preis von 10.000 € ein 4 Jahre alter Pkw mit einer Laufleistung von 80.000 km. 5 Monate nach der Übergabe und nach gefahrenen 10.000 km treten große Schaltprobleme am Doppelkupplungsgetriebe auf. K macht gegenüber V den Mangel geltend und verlangt „Behebung des Problems". V räumt ein, dass ein Sachmangel vorliegt, und baut ein Austauschgetriebe ein, da eine Reparatur des ursprünglichen Getriebes unverhältnismäßig wäre. Da das Austauschgetriebe jedoch generalüberholt ist und keine Laufleistung aufweist, verlangt V von K einen Ausgleich für die mit dem ursprünglichen Getriebe gefahrenen 10.000 km (Nutzungsersatz) i.H.v. 300 € sowie einen Ausgleich für die mit dem Einbau des Austauschgetriebes verbundene Wertsteigerung des Fahrzeugs i.H.v. 500 €.

⇨ Hinsichtlich des ursprünglichen Getriebes stellt § 439 Abs. 5 BGB infolge der Verweisung auf die §§ 346-348 BGB zunächst klar, dass K dem V dieses, wie das beim Rücktritt der Fall wäre, überlassen muss („Tausch alt gegen neu"). Das beantwortet aber noch nicht die Frage, ob V auch einen Wertausgleich für die bisherigen Gebrauchsvorteile (Nutzungsersatz) verlangen kann. Das wird man grundsätzlich annehmen müssen: Denn aufgrund der Verweisung in § 439 Abs. 5 BGB auf die §§ 346-348 BGB gilt auch § 346 Abs. 2 BGB, der wiederum von „Wertersatz" spricht. Zwar bleibt gem. § 346 Abs. 2 S. 1 Nr. 3 Halbs. 2 BGB die durch die bestimmungsgemäße Ingebrauchnahme entstandene Verschlechterung von der Wertersatzpflicht ausgenommen. Das gilt jedoch nicht für gezogene Nutzungen, die Gebrauchsvorteile. Danach müsste K in der Tat einen Ausgleich für die Nutzung des ursprünglichen Getriebes leisten. Denn er hat ja den Wagen (und damit das Getriebe) genutzt.

ABER: Sollte es sich um einen **Verbrauchsgüterkauf** (V = Unternehmer; K = Verbraucher, siehe § 474 Abs. 1 S. 1 BGB) handeln, gilt die Verpflichtung zum Nutzungsersatz nicht. Das ergibt sich aus dem Grundsatz der Unentgeltlichkeit der Nacherfüllung, der sich auf beide Varianten der Nacherfüllung erstreckt (siehe Art. 3 Abs. 3 der Verbrauchsgüterkauf-Richtlinie 1999/44/EG, wonach der Verbraucher auch unentgeltliche Ersatzlieferung verlangen kann) und vom EuGH in der sog. Quelle-Entscheidung weit ausgelegt wurde (EuGH Slg. 2008, I-2713), sodass auch gezogene Nutzungen erfasst sind. Danach sind Nutzungen nicht herauszugeben oder durch ihren Wert zu ersetzen. Der deutsche Gesetzgeber hat die EuGH-Rechtsprechung umgesetzt, was in § 475 Abs. 3 S. 1 BGB seinen Niederschlag gefunden hat. Diese Vorschrift formuliert eindeutig, „dass Nutzungen nicht herauszugeben oder durch ihren Wert zu ersetzen sind". Da jedoch sowohl die EuGH-Entscheidung als auch der Anwendungsbereich des § 475 BGB auf Verbrauchsgüterkaufverträge begrenzt sind, bleibt es bei Kaufverträgen, die keine Verbrauchsgüterkaufverträge sind, bei der uneingeschränkten Regelung der über § 439 Abs. 5 BGB anwendbaren §§ 346-348 BGB (siehe BGHZ 179, 27 ff. – Quelle). Danach sind Nutzungen (als Art des Wertersatzes) auszugleichen.

Sollte es sich im obigen Beispiel also nicht um einen Verbrauchsgüterkauf handeln, hat V einen Anspruch gegen K auf Nutzungsersatz (Ersatz der Gebrauchsvorteile – unterstelltermaßen i.H.v. 300 €); bei Vorliegen eines Verbrauchsgüterkaufs muss K keine Nutzungsentschädigung leisten (§ 475 Abs. 3 S. 1 BGB).

Fazit: Sollte der Verkäufer zur (Nach-)Lieferung einer mangelfreien Ware verpflichtet sein, kann er im Gegenzug jedenfalls die Rückgabe der mangelhaften Sache verlangen (§ 439 Abs. 5 BGB i.V.m. §§ 346-348 BGB). Daneben hat der Verkäufer einen Anspruch auf Herausgabe der Nutzungen oder Ersatz für die bisherige Nutzung der mangelhaften Sache. Das gilt aber nicht im Fall eines Verbrauchsgüterkaufs (§ 475 Abs. 3 S. 1 BGB). In diesem Fall hat der Verkäufer weder einen Anspruch auf Herausgabe der Nutzungen noch einen Ersatzanspruch. Der

Rechte bei Sachmängeln – Nacherfüllung

Verbraucher hat also keine „Entschädigung" für die Nutzung der zurückgegebenen Sache zu leisten. Insgesamt ist also festzuhalten:

- Zunächst stellt sich die Frage nach dem **Nutzungsersatz** im Rahmen des kaufrechtlichen **Nachlieferungsanspruchs**. Auch hier ist wiederum zu unterscheiden:

    - Verlangt der Käufer einer mangelhaften Sache Nachlieferung, muss er die mangelhafte Sache zurückgeben (§ 439 Abs. 5 BGB). Daneben hat er Geldersatz in Bezug auf die Nutzungen der mangelhaften Sache zu leisten (Nutzungsersatz bzw. Ersatz für die Gebrauchsvorteile), sofern es sich nicht um einen Verbrauchsgüterkauf handelt.

    - Bei einem Verbrauchsgüterkauf ist im Rahmen der Nachlieferung *kein* Ersatz für die Nutzung der zurückgegebenen mangelhaften Sache zu leisten (vgl. § 475 Abs. 3 S. 1 BGB).

- Von diesen Nutzungsersatzfragen in Bezug auf die zurückgegebene Sache bei einem Nachlieferungsanspruch zu unterscheiden ist die Frage nach dem **Wertersatz** (Nutzungsersatz) im Rahmen des (gesetzlichen) **Rücktrittsrechts** und des **verbraucherschützenden Widerrufsrechts**:

    - Tritt der Käufer gem. § 437 Nr. 2 Var. 1 BGB vom Kaufvertrag zurück, greift nicht nur die Rückgewährpflicht aus § 346 Abs. 1 BGB, sondern auch die Pflicht, gezogene Nutzungen herauszugeben (§ 346 Abs. 1 BGB – „Nutzungsersatz"). Können die Nutzungen ihrer Natur nach nicht herausgegeben werden, ist statt der Herausgabe nach § 346 Abs. 1 BGB Wertersatz nach § 346 Abs. 2 S. 1 Nr. 1 BGB zu leisten. Unter diese Regelung fallen v.a. die Gebrauchsvorteile (so jedenfalls nach BGH NJW 2009, 427, 428), die die Benutzung einer Sache mit sich bringt.

    - Handelt es sich um eine Rückgabe der Sache nach ausgeübtem Widerrufsrecht (etwa gem. § 312g Abs. 1 BGB i.V.m. § 355 BGB im Fernabsatz), hat gem. § 357 Abs. 7 Nr. 1 BGB der Verbraucher Wertersatz für einen Wertverlust zu leisten, der auf einen Umgang mit der Ware zurückzuführen ist, der zur die Prüfung der Beschaffenheit, der Eigenschaften und der nicht notwendig war.

ff.) Wertersatz (Ausgleich „neu für alt")?

Fraglich ist, ob der Verkäufer, der im Rahmen des Nachlieferungsanspruchs eine neue Sache liefern muss, gegen den Käufer einen Anspruch auf **Wertersatz** hat, der darin begründet sein könnte, dass der Käufer eine neue Sache erhält, obwohl er die ursprüngliche Sache bereits mitunter ausgiebig genutzt (und verschlissen) hat. In der Tat erscheint es in diesem Fall unbillig, wenn der Käufer zum „Nulltarif" eine neue Sache erhält. Für die Annahme einer Wertersatzpflicht spricht § 439 Abs. 5 BGB, der auf die §§ 346-348 BGB verweist und damit auch auf § 346 Abs. 2 S. 1 Nr. 3 Halbs. 1 BGB. Nach dieser Vorschrift ist Wertersatz zu leisten für die Verschlechterung der empfangenen (und nunmehr zurückzugewährenden) Sache. Die Höhe des Wertersatzes bestimmt sich nach der Differenz der Verkehrswerte der zurückzugewährenden und der nachzuliefernden Sache.

So beträgt der Wertausgleich im Beispiel von S. 88 500 €, wenn man davon ausgeht, dass dies der Differenz der jeweiligen Verkehrswerte entspricht. Zu beachten ist aber, dass der Teil des Wertverlustes, der auf eigenübliche Sorgfalt des Käufers zurückgeht (siehe § 346 Abs. 3 S. 1 Nr. 3 BGB), nicht auszugleichen ist. Das führt in der gerichtlichen Praxis zu einer differenzierten Betrachtung und Berechnung des Wertverlustes.

Aber auch hier gilt: Sollte es sich um einen **Verbrauchsgüterkauf** (V = Unternehmer; K = Verbraucher, siehe § 474 Abs. 1 S. 1 BGB) handeln, wird man wegen der weiten Auslegung des Begriffs der Unentgeltlichkeit der Nacherfüllung und der Vorschrift des § 475 Abs. 3 S. 1 BGB eine Verpflichtung zum Wertersatz ablehnen müssen. Denn § 475 Abs. 3 S. 1 BGB bestimmt, „dass Nutzungen nicht ... durch ihren Wert zu ersetzen sind". Das wird man im Lichte der Quelle-Entscheidung des EuGH (Slg. 2008 I-2713 ff.), der den Verbraucher im Rahmen des Nacherfüllungsanspruchs von jedweder finanziellen Belastung freihalten möchte, so verstehen müssen, dass auch ein Abzug „neu für alt" ausgeschlossen ist. § 475 Abs. 3 S. 1 BGB ist im Lichte dieser Rechtsprechung auszulegen.

Beispiel: Verbraucher K kauft beim Händler H (Unternehmer) ein neues Smartphone mit Standardausstattung (= Gattungskauf). Wegen eines Kurzschlusses in der Hauptplatine verlangt er Nachlieferung, worauf sich H einlässt. H verlangt aber einen Ausgleich „neu für alt", da K in den 5 Monaten bis zum Auftreten des Kurzschlusses keinerlei Nutzungsbeeinträchtigungen erlitten habe und nunmehr ja ein neues Gerät erhalte.

⇨ *H kann wegen § 475 Abs. 3 S. 1 BGB (der im Lichte der Quelle-Entscheidung des EuGH auszulegen ist) keine Entschädigung für die Nutzung des zurückgegebenen Smartphones verlangen.*

bb. Besonderheiten beim Tierkauf

Bei einem Haustier ist wegen der individuellen Eigenschaften (Geschlecht, Farbe des Fells, Aussehen, Charaktereigenschaften etc.) i.d.R. nicht von einer Austauschbarkeit und damit nicht von einem Gattungskauf, sondern von einem **Stückkauf** auszugehen. Etwas anderes gilt nur dann, wenn die Parteien von einer Austauschbarkeit ausdrücklich oder stillschweigend ausgegangen sind, was – wenn überhaupt – nur bei nicht individualisierbaren Kleintieren (wie z.B. bei Mäusen) anzunehmen sein dürfte. In der Regel darf aber von einem Stückkauf ausgegangen werden.

Beispiel: K (Verbraucherin) kauft von einer Züchterin Z einen Mopswelpen. Einige Wochen nach der Übergabe stellt sich heraus, dass der Hund an einem Gendefekt leidet, der sich in epileptischen Anfällen zeigt (Fall nach LG Ingolstadt 31.5.2017 – 33 O 109/15).

⇨ *Dass in diesem Fall ein Sachmangel besteht, der bereits (da angeboren) zum Zeitpunkt der Übergabe vorlag, steht außer Frage. Eine Nachlieferung kann K nicht verlangen, da es sich um einen Stückkauf (und um eine nicht vertretbare Sache) handelt. Eine Nachbesserung kommt von vornherein nicht in Betracht, da ein Gendefekt nicht behoben werden kann. Es bleiben daher Minderung des Kaufpreises und der Rücktritt. Ggf. besteht auch ein Anspruch auf Schadensersatz (hier: Kosten der tiermedizinischen Versorgung). Das setzt aber Verschulden (Kenntnis oder fahrlässige Unkenntnis in Bezug auf den Gendefekt) auf Seiten der Z voraus.*

c. Bei Mangelbeseitigung: Anzahl der Nachbesserungsversuche

Wie bereits erwähnt, kommen nach der gesetzlichen Systematik Folgerechte wie Minderung des Kaufpreises und Rücktritt vom Vertrag erst in Betracht, wenn die Nacherfüllung (in beiden Varianten!) ausgeschlossen oder gescheitert ist. Das wirft (sofern es um Mangelbeseitigung geht) die Frage auf, wie viele Nachbesserungsversuche der Käufer dem Verkäufer gewähren muss, bevor er die genannten Folgerechte geltend machen kann. § 440 S. 2 BGB gibt hierauf keine abschließende Antwort. Die Vorschrift geht lediglich davon aus, dass jedenfalls nach dem 2. Nachbesserungsversuch die Nacherfüllung als gescheitert gilt, wenn sich nicht insbesondere aus der Art der Sache oder des Mangels oder den sonstigen Umständen etwas anderes ergibt. Es handelt sich um eine gesetzliche Vermutung: Die Nacherfüllung *gilt* nach dem 2. erfolglosen Nachbesserungsversuch grds. als gescheitert mit der Folge, dass der Käufer dem Verkäufer keine Frist setzen muss, um den Rücktritt zu erklären oder ggf. Minderungs- oder Schadensersatzansprüche (statt der Leistung) geltend zu machen. Das bedeutet jedoch nicht, dass stets 2 Nachbesserungsversuche zu gewähren oder ausreichend wären. Es muss dem Käufer auch möglich sein, weitere Folgerechte (Minderung, Rücktritt) nach dem gescheiterten ersten Nachbesserungsversuch geltend zu machen oder sogar Folgerechte ohne Fristsetzung geltend zu machen, obwohl kein einziger Nachbesserungsversuch gewährt wurde. Auch umgekehrt können nach der Rechtsprechung des BGH mehr als zwei Nachbesserungsversuche in Betracht kommen, etwa bei besonderer (technischer) Komplexität der Sache, schwer zu behebenden Mängeln oder ungewöhnlich widrigen Umständen bei vorangegangenen Nachbesserungsversuchen (BGH NJW 2007, 504). Die Rechtsvermutung ist also in beide Richtungen widerleglich. Es kommt letztlich immer auf den Einzelfall an („Art der Sache oder des Mangels oder sonstige Umstände"). So muss der Käufer dem Verkäufer keinen (zweiten) Nachbesserungsversuch einräumen, wenn er ihm eine angemessene Frist zur Nacherfüllung gesetzt hat und der Verkäufer es

Rechte bei Sachmängeln – Nacherfüllung

nicht innerhalb der gesetzten Frist in einer ihm zumutbaren Weise geschafft hat, den Mangel zu beheben. Nach erfolglosem Ablauf der Frist darf der Käufer vom Kaufvertrag zurücktreten oder den Kaufpreis mindern und/oder Schadensersatz (statt der Leistung) verlangen. In der Praxis ist dem Käufer aber zu empfehlen, dem Verkäufer stets zwei Nachbesserungsversuche einzuräumen, es sei denn, der Verkäufer hat sich beim ersten Nachbesserungsversuch als unzuverlässig erwiesen. In diesem Fall ist es regelmäßig für den Käufer unzumutbar, dem Verkäufer einen nochmaligen Nachbesserungsversuch gewähren zu müssen.

Beispiel: Käufer K kauft beim Gebrauchtwagenhändler V einen 3 Jahre alten Luxury Sport. Drei Monate später ergeben sich Probleme bei den Bremsen. K bringt den Wagen zu V mit der Bitte, sich um das Problem zu kümmern. V wechselt lediglich die Bremsflüssigkeit, ignoriert aber die Risse an den Bremsscheiben.

⇨ In diesem Fall waren der Nachbesserungsversuch derart untauglich und das Fehlverhalten des V derart eklatant, dass es K unzumutbar ist, V erneut den Wagen anzuvertrauen. Daher ist nach dem gescheiterten ersten Nachbesserungsversuch der Weg frei für die Folgerechte Minderung und Rücktritt. Schadensersatz (statt der Leistung) ist nach Maßgabe des über § 437 Nr. 3 BGB anwendbaren § 280 Abs. 1 BGB möglich.

Aber wie ausgeführt, können aufgrund der gesetzlichen Formulierung „wenn sich nicht insbesondere aus der Art der Sache oder des Mangels oder den sonstigen Umständen etwas anderes ergibt" nach der Rechtsprechung des BGH auch umgekehrt mehr als zwei Nachbesserungsversuche in Betracht kommen, etwa bei besonderer (technischer) Komplexität der Sache, schwer zu behebenden Mängeln oder ungewöhnlich widrigen Umständen bei vorangegangenen Nachbesserungsversuchen.

Beispiel: Käufer K kauft bei Händler V einen Geländewagen (Neuwagen) des Typs Luxury Sport XL. Bereits nach drei Wochen ergeben sich Probleme im Antriebsstrang dergestalt, dass beim automatischen Auskuppeln des Allradsystems (Deaktivierung des Heckantriebs zur Reduzierung des

Kraftstoffverbrauchs) im Geschwindigkeitsbereich von ca. 60-80 km/h unangenehme Vibrationen entstehen. K bringt den Wagen zu V mit der Bitte, sich um das Problem zu kümmern. V bringt in Erfahrung, dass vom Hersteller jüngst ein TSB („technical service bulletin") bereitgestellt worden ist, wodurch das an etlichen Fahrzeugen des Modells aufgetretene Problem durch ein Softwareupdate behoben werden soll. V spielt das Update auf. Doch bereits nach kurzer Zeit stellt K fest, dass sich das Phänomen lediglich in einen anderen (höheren) Geschwindigkeitsbereich verlagert hat. Auch ein zweiter Nachbesserungsversuch durch V bleibt erfolglos. Der Hersteller räumt ein, zwar mit Nachdruck an der Beseitigung des Problems zu arbeiten, er könne aber keine kurzfristige Abhilfe schaffen. K möchte daher vom Vertrag zurücktreten.

⇨ *In diesem Fall sind beide Nachbesserungsversuche gescheitert, sodass an sich der Weg frei wäre für den Rücktritt. Allerdings könnte dies für V unzumutbar sein, gerade wegen der offenbar gegebenen besonderen (technischen) Komplexität der elektronischen Antriebssteuerung und der kurzfristig wohl nicht oder nur bedingt möglichen Behebbarkeit. Hier wird man jedenfalls kurzfristig K das Rücktrittsrecht verwehren und dem Hersteller (und damit auch V) Gelegenheit geben müssen, an einer Abhilfe zu arbeiten.*

d. Wechsel zwischen den Arten der Nacherfüllung?

Fraglich ist, ob der Käufer an die von ihm einmal gewählte Art der Nacherfüllung gebunden ist oder ob er nachträglich zur anderen Art wechseln darf. Bezüglich der Frage nach einem Wechsel vom **Rücktritt** zur Minderung (bzw. zur Nacherfüllung) ist zunächst klar, dass ein Wechsel nicht möglich ist, da mit dem Rücktritt rechtsgestaltend ein Rückgewährschuldverhältnis eingeleitet wird (dazu S. 137 ff.). Was die Frage nach einem Wechsel vom bereits erklärten **Minderungsrecht** zum Rücktritt (bzw. zur Nacherfüllung) betrifft, hat der BGH entschieden, dass auch dies nicht möglich ist. Auch die mangelbedingte Minderung des Kaufpreises sei vom Gesetzgeber als Gestaltungsrecht ausgeformt worden. Mit der Ausübung des Minderungsrechts habe der Käufer von seinem Gestaltungsrecht Gebrauch gemacht. Der Käufer sei daher daran gehindert, hiervon wieder Abstand zu nehmen und stattdessen wegen desselben Mangels auf großen Schadensersatz überzugehen und unter diesem Gesichtspunkt Rückgängigmachung des Kaufvertrags zu verlangen (BGH NJW 2018, 2863, 2865 unter Verweis auf BT-Drs. 14/6040, S. 221, 223, 234 f.). Da der große Schadensersatz wie der Rücktritt eine Rückabwicklung des Kaufvertrags zur Folge hat und damit ausscheidet, wenn der Käufer durch Kaufpreisminderung das Äquivalenzinteresse wiederherstellen möchte, dürfte in Bezug auf das Verhältnis Minderung zu Rücktritt (bzw. zur Nacherfüllung) nichts anderes gelten.

In Bezug auf die **Nacherfüllung** hat der BGH jedoch keine Gestaltungswirkung angenommen. Er hat entschieden, dem vom Käufer wegen eines Sachmangels geltend gemachten Anspruch auf Nacherfüllung (§ 437 Nr. 1 BGB) in Form der Ersatzlieferung einer mangelfreien Sache (§ 439 Abs. 1 Var. 2 BGB) stehe nicht entgegen, dass er zunächst die andere Art der Nacherfüllung, nämlich die Beseitigung des Mangels (§ 439 Abs. 1 Var. 1 BGB), verlangt hat. Denn die Ausübung des Nacherfüllungsanspruchs sei (anders als die Ausübung des Rücktritts- oder Minderungsrechts) gesetzlich nicht als bindende Gestaltungserklärung ausgeformt, sodass der Käufer nicht daran gehindert sei, von der zunächst gewählten Art der Nacherfüllung wieder Abstand zu nehmen und zur anderen Art zu wechseln (BGH NJW 2019, 292, 294 f.).

Beispiel (nach BGH NJW 2019, 292): Im August 2018 hatte die K-GmbH, vertreten durch K, beim Autohaus A-GmbH, vertreten durch A, ein Neufahrzeug des Typs Sport Luxury als Dienstwagen erworben, das Anfang September geliefert wurde. Der Kaufpreis betrug 42.000 €. Das Fahrzeug ist mit einem Schaltgetriebe sowie mit einer Software ausgestattet, die bei drohender Überhitzung der Kupplung eine Warnmeldung einblendet. Ab Anfang Oktober zeigte das Multifunktionsdisplay mehrfach eine Warnmeldung, die den Fahrer aufforderte, das Fahrzeug vorsichtig anzuhalten, um die Kupplung (bis zu 45 Minuten) abkühlen zu lassen. Trotz mehrerer Werkstattaufenthalte ergab sich keine Besserung. A hat auch einen Mangel in Abrede gestellt. Man habe K mehrfach mitgeteilt, dass die Kupplung technisch einwandfrei sei und auch im Fahrbetrieb abkühlen könne; es sei deshalb nicht notwendig, das Fahrzeug anzuhalten, wenn die Warnmeldung der Kupplungsüberhitzungsanzeige erscheine. Nachdem diese Warnmeldung auch anschließend aufgetreten war, stellte K Ende Oktober das Fahrzeug auf dem Betriebshof der A-GmbH ab und verlangte die Lieferung eines mangelfreien Ersatzfahrzeugs, was A mit dem Argument der Unverhältnismäßigkeit ablehnte. Zudem sei inzwischen ein Softwareupdate verfügbar, das man mittlerweile auch aufgespielt habe, wodurch der Mangel beseitigt worden sei.

⇨ Folgt man der Auffassung des BGH, war K nicht an seine ursprüngliche Wahl (Nachbesserung) gebunden und durfte nachträglich zur Nachlieferung wechseln. Damit ist jedoch noch nicht gesagt, dass der Anspruch auf Nachlieferung auch begründet ist. Denn gem. § 439 Abs. 4 S. 1 BGB kann der Verkäufer – unbeschadet des § 275 Abs. 2, 3 BGB – die vom Käufer gewählte Art der Nacherfüllung verweigern (Einrede des Verkäufers), wenn sie nur mit unverhältnismäßigen Kosten möglich ist (siehe dazu S. 106).

Ist damit höchstrichterlich geklärt, dass der Käufer von der zunächst gewählten Mangelbeseitigung wieder Abstand nehmen und zur Nachlieferung wechseln kann (das war die Konstellation der BGH-Entscheidung), stellt sich die Frage, ob das (zwingend) auch umgekehrt gilt, ob also der Käufer auch von der zunächst gewählten Nachlieferung Abstand nehmen und zur Mangelbeseitigung wechseln darf.

– Dafür spricht die Formulierung des BGH: „…sodass der Käufer nicht daran gehindert ist, von der zunächst gewählten Art der Nacherfüllung wieder Abstand zu nehmen und die andere Art zu wählen". Nach dieser offenen Formulierung wäre ein Wechsel von der Nachlieferung zur Nachbesserung also möglich.

– Dagegen spricht die der BGH-Entscheidung zugrunde liegende Fallkonstellation, in der es um einen Wechsel von der Nachbesserung zur Nachlieferung ging. Es ist daher ungewiss, ob der BGH einen Wechsel auch zugelassen hätte, wenn es um einen Wechsel von der Nachlieferung zur Nachbesserung gegangen wäre. Denn hier ist die Interessenlage durchaus anders, etwa, wenn der Verkäufer bereits eine Ersatzsache bestellt oder eingekauft hat und der Käufer es sich dann anders überlegt und plötzlich Nachbesserung verlangt.

Beispiel: K kauft im Elektronikfachmarkt des V einen neuen Laptop. Nach einigen Tagen tritt ein (irreparabler) Defekt am Bildschirm auf. K verlangt Nacherfüllung in Form der Nachlieferung. Dann aber wird ihm bewusst, dass der Transfer verschiedener nachträglich erworbener und installierter Programme auf einen neuen Laptop recht mühsam wäre. Daher entscheidet er sich um und verlangt nunmehr Nachbesserung, d.h. Austausch des Monitor-Bauteils.

⇨ *Unter Zugrundelegung der offenen BGH-Formulierung wäre es zulässig, wenn K von seiner ursprünglichen Wahl (Nachlieferung) „zurückträte" und nachträglich zur Nachbesserung wechselte. Dem könnte V dann lediglich die Unverhältnismäßigkeit gem. § 439 Abs. 4 S. 1 BGB entgegenhalten, wenn er bspw. ein Ersatzgerät bei seinem Lieferanten bestellt hätte und dieses nicht mehr ohne weiteres zurückgeben könnte.*

e. Beweislast für das Fehlschlagen der Nachbesserung

Für die Praxis sehr bedeutsam ist auch die Frage nach der Beweislast. Nach der Rechtsprechung trägt der Käufer, der die Kaufsache nach einer Nachbesserung des Verkäufers wieder entgegengenommen hat, die Beweislast für das Fehlschlagen der Nachbesserung. Bleibt nach zweimaliger Nachbesserung ungeklärt, ob das erneute Auftreten des Mangels auf der erfolglosen Nachbesserung des Verkäufers oder auf einer unsachgemäßen Behandlung der Kaufsache nach erneuter Übernahme durch den Käufer beruht, geht auch das zulasten des Käufers (BGH NJW 2009, 1341).

f. Kosten der Nacherfüllung

Gemäß § 439 Abs. 2 BGB hat der Verkäufer die zum Zwecke der Nacherfüllung erforderlichen Aufwendungen, insbesondere Transport-, Wege-, Arbeits- und Materialkosten zu tragen. Wie durch die Verwendung des Begriffs „insbesondere" deutlich wird, ist die Aufzählung nicht abschließend. Dem Grundsatz der Unentgeltlichkeit der Nacherfüllung

Rechte bei Sachmängeln – Nacherfüllung

entsprechend hat der Verkäufer *alle* zum Zwecke der Nacherfüllung erforderlichen Aufwendungen zu tragen, d.h. er muss die im Zusammenhang mit der Nacherfüllung stehenden Kosten übernehmen.

Beispiele: Gemäß § 439 Abs. 2 BGB kann der Käufer vom Verkäufer verlangen, dass dieser die Kosten für den Paketdienst übernimmt, der die mangelbehaftete Sache zum Verkäufer (zwecks Mangelbeseitigung oder auch zunächst nur zur Prüfung der Art des Mangels) transportiert. Und der Käufer eines Gebrauchtwagens kann verlangen, dass der Verkäufer die Kosten für die Überführung des mangelhaften Wagens zum Ort des Verkäufers trägt, jedenfalls sofern Erfüllungsort der Ort des Verkäufers (Wohnsitz; Geschäftssitz) ist (siehe dazu sogleich).

Der Käufer, der den Transport zum Verkäufer übernimmt bzw. übernehmen muss (dazu sogleich), hat in jedem Fall einen Kostenerstattungsanspruch. Nach zutreffender Auffassung des BGH kann er – sofern er Verbraucher und der Verkäufer Unternehmer ist – aber auch einen Vorschuss der Transportkosten verlangen (siehe BGH NJW 2017, 2758, 2759 f.). Das entspricht dem Schutzzweck des Unentgeltlichkeitsgebots (die Nacherfüllung hat ja auf Kosten des Verkäufers zu erfolgen). Um das Unentgeltlichkeitsgebot nicht zu gefährden, kann der Käufer, der die Sache zum Verkäufer verbringen muss, grds. schon vorab einen Vorschuss zur Abdeckung dieser Kosten beanspruchen. Denn müsste der Käufer in Vorleistung treten und die Sache zunächst auf seine Kosten zum Verkäufer verbringen, könnte dies ihn von der Geltendmachung seines Nacherfüllungsanspruchs abhalten, weil er allein durch die Vorleistung mitunter finanziell belastet würde und zudem die Rückzahlung (Erstattungsanspruch) einfordern müsste. Denn ist durch die Geltendmachung von Mängelrechten das Vertragsverhältnis zum Verkäufer ohnehin belastet, dürfte der Verkäufer nicht gerade erfreut sein, auch noch die Transportkosten erstatten zu müssen. Dies könnte die Geltendmachung eines Erstattungsanspruchs erschweren. Für Verbrauchsgüterkäufe (Käufer einer beweglichen Sache ist Verbraucher, Verkäufer ist Unternehmer, § 474 Abs. 1 S. 1 BGB) hat der Gesetzgeber mit der seit dem 1.1.2018 geltenden Regelung des § 475 Abs. 6 BGB den Transportkostenvorschuss als Gesetzesrecht erlassen. Danach kann der Verbraucher von dem Unternehmer für Aufwendungen im Zusammenhang mit der Nacherfüllung, die vom Unternehmer zu tragen sind, Vorschuss verlangen.

Der Anspruch auf Transportkostenvorschuss gewinnt noch stärker an Bedeutung, wenn über das Vermögen des Verkäufers die Eröffnung eines Insolvenzverfahrens droht: Müsste der Käufer die mangelbehaftete Sache dem Verkäufer zunächst auf eigene Kosten zusenden, liefe er Gefahr, auch noch auf diesen Kosten sitzen zu bleiben. Die Übernahme einer solchen Gefahr wäre mit dem Zweck des § 439 Abs. 2 BGB nicht vereinbar.

g. Zur-Verfügung-Stellen der Sache zwecks Prüfung

Es erklärt sich von selbst, dass der Käufer dem Verkäufer die Sache zwecks Prüfung der Mangelbehaftetheit zur Verfügung stellen muss. Denn der Verkäufer muss ja Gelegenheit haben, die behaupteten Mängel zu prüfen und das weitere Vorgehen mit dem Käufer abzustimmen. Die einzige Frage, die sich in diesem Zusammenhang stellt, ist, ob es genügt, wenn der Käufer schlicht anbietet, der Verkäufer könne am Wohnort des Käufers die Sache besichtigen, oder ob der Käufer die Sache zwecks Prüfung zum Wohn- bzw. Geschäftssitz des Verkäufers verbringen muss. Juristisch gesprochen geht es um die Frage nach dem Erfüllungsort der Nacherfüllung. Haben die Parteien diesbezüglich keine Absprache getroffen, wird man regelmäßig den Wohn- bzw. Geschäftssitz des Verkäufers annehmen müssen (§ 269 Abs. 1 und 2 BGB). Das gilt insbesondere, wenn es sich bei dem Verkäufer um einen Neu- oder Gebrauchtwagenhändler mit Werkstattanbindung handelt, weil der Verkäufer so am allerbesten die Prüfung und ggf. sogleich die Mangelbeseitigung vornehmen kann (siehe dazu unten S. 102 f.). Handelt es sich um einen Verbrauchsgüterkauf und ist nach dem soeben Gesagten Nacherfüllungsort der Wohn- bzw. Geschäftssitz des Verkäufers, wäre wegen § 476 Abs. 1 BGB eine abweichende Vereinbarung zudem nicht zulässig. Freilich genügt es, wenn der Käufer den Ver-

Rechte bei Sachmängeln – Nacherfüllung

käufer auffordert, die Sache abzuholen, bzw. wenn der Käufer nach Erhalt eines Transportkostenvorschusses (s.o.) die Sache zum Erfüllungsort der Nacherfüllung versendet. Die Aufforderung zur Prüfung kann (wie sich aus BGH NJW 2017, 2758, 2759 f. ergibt) auch mit der Aufforderung zur Mangelbeseitigung verbunden werden.

Beispiel: Käuferin K kauft beim 300 km entfernten Gebrauchtwagenhändler V zum Preis von 4.000 € einen 8 Jahre alten Pkw. Kurze Zeit nach der Übergabe treten starke klackernde Geräusche am Motor sowie eine starke Rauchentwicklung auf. K macht gegenüber V den Mangel geltend, erklärt die Bereitschaft, V könne den Wagen jederzeit zwecks Mangelfeststellung prüfen, und verlangt, dass V den Wagen bei K abhole, da dieser nicht fahrbereit sei. Hilfsweise bietet K an, den Wagen zwecks Prüfung (und Reparatur) zu V transportieren zu lassen, wenn dieser einen Transportkostenvorschuss i.H.v. 250 € leiste. Da V jedoch nicht reagiert, fordert K ihn unter Setzung einer Frist zur Mangelbeseitigung auf (Fall nach BGH NJW 2017, 2758).

⇨ Hier hat K alles Erforderliche getan: Sie hat gegenüber V die Bereitschaft erklärt, die Sache zwecks Prüfung, ob der geltend gemachte Mangel tatsächlich besteht, zur Verfügung zu stellen. Dass sie diese Bereitschaft mit der Aufforderung zur Mangelbeseitigung verband, ist unschädlich. Denn V müsste ja auch zwecks Prüfung des Mangels und Abstimmung des weiteren Vorgehens (und nicht nur zwecks Reparatur) die Kosten für das Verbringen des Wagens zum Erfüllungsort der Nacherfüllung vorschießen. Stellt sich dann nach Prüfung des Sachverhalts heraus, dass der geltend gemachte Mangel besteht, ist V zur Nacherfüllung (hier: Reparatur) verpflichtet, ohne dass K (erneut) eine Aufforderung zur Mangelbeseitigung aussprechen müsste.

Für die Praxis ist zu empfehlen: Der Käufer sollte den Verkäufer zunächst auf den (möglichen) Mangel hinweisen und diesem Gelegenheit zur Prüfung der Angelegenheit geben. Bietet der Verkäufer dann nicht schon von sich aus die Abholung der Sache an, muss der Käufer dem Verkäufer gegenüber die Bereitschaft erklären, ihm die (vermeintlich) mangelhafte Sache zuzusenden. Dies darf er dann (sofern er Verbraucher ist) gem. § 475 Abs. 6 BGB auch von der Zahlung eines Transportkostenvorschusses abhängig machen. In Abhängigkeit von dem Verhalten des Verkäufers stellt sich die weitere Rechtslage wie folgt dar:

- Holt der Verkäufer die Sache ab oder leistet zumindest einen Transportkostenvorschuss, damit der Käufer – sofern ihm dies auch aus anderen Gründen zumutbar ist – die Sache zum Erfüllungsort der Nacherfüllung verschicken kann, ist insoweit der Regelung des § 439 Abs. 1 und 2 BGB Genüge getan.

- Weigert sich der Verkäufer, die Sache abzuholen oder einen Transportkostenvorschuss zu leisten, eröffnet dies den Weg des Käufers zum Rücktritt bzw. zur Minderung des Kaufpreises oder gar zum Schadensersatz, da die Weigerung, die Sache abzuholen oder zumindest einen Transportkostenvorschuss zu leisten, der (Nach-)Erfüllungsverweigerung gleichsteht und dies den Weg zu den Folgerechten eröffnet.

Selbstverständlich ist es dem Käufer unbenommen, auf einen Transportkostenvorschuss zu verzichten, mit der Rücksendung der Sache zunächst in Vorleistung zu treten und anschließend einen Erstattungsanspruch geltend zu machen. Um dem nachträglichen Einwand des Verkäufers zu entgehen, die vom Käufer aufgewendeten Transportkosten seien überhöht gewesen, zeigt der BGH dem Käufer die Möglichkeit auf, den Verkäufer vorab zu informieren, welche Art des Transports er beabsichtige und welche Kosten hierdurch voraussichtlich entstünden. Biete der Verkäufer keine günstigere Alternative an, könne dieser dem Ersatzanspruch des Käufers später nicht entgegenhalten, die aufgewendeten Kosten seien nicht erforderlich gewesen (BGH NJW 2011, 2278 ff.).

h. Ort der Nacherfüllung

Wie bereits angesprochen, kann sich – unabhängig von der Kostentragung bzgl. des Verbringens der Kaufsache zum Nacherfüllungsort –

Rechte bei Sachmängeln – Nacherfüllung

die Frage stellen, an welchem Ort die Nacherfüllung geschuldet ist. Dies kann der Wohnort/Geschäftssitz des Käufers oder der Wohnort/ Geschäftssitz des Verkäufers sein. Letztlich geht es um die Frage, ob der Käufer vom Verkäufer verlangen kann, dieser habe die mangelbehaftete Sache beim Käufer abzuholen, oder ob der Käufer die Sache zum Zwecke der Nacherfüllung zum Verkäufer zu schaffen hat.

Beispiel: Verbraucher K kauft beim Autohändler V einen Neuwagen. Drei Wochen nach der Übergabe treten an der Elektronik einige Mängel auf. K fordert daher V unter Setzung einer Frist zur Abholung des Wagens zum Zwecke der Mangelbeseitigung auf. V ist der Meinung, K müsse den Wagen zu V bringen, und verweigert die Abholung. Nach fruchtlosem Fristablauf tritt K vom Kaufvertrag zurück und verlangt Rückzahlung des Kaufpreises nebst Zinsen (Zug um Zug gegen Rückgabe des Wagens) und Erstattung vorgerichtlicher Anwaltskosten.

⇨ Das hier aufgeworfene Kernproblem betrifft die Frage, an welchem Ort der Verkäufer die Nacherfüllung vorzunehmen hat. Es geht um den sog. *Erfüllungsort bzw. Leistungsort bei der kaufrechtlichen Nacherfüllung.*

- Ist bei der kaufrechtlichen Nacherfüllung der Erfüllungsort bzw. Leistungsort am Wohnsitz des Käufers, konnte K zu Recht von V verlangen, den Wagen zum Zwecke der Mangelbeseitigung abzuholen. Dann wäre auch der Rücktritt zulässig gewesen, weil die Frist zur Nacherfüllung fruchtlos verstrichen war (vgl. §§ 440 S. 1 und 323 Abs. 2 Nr. 1, 2 BGB). Zudem hätte K dann auch die Kosten der Rechtsverfolgung ersetzt verlangen können.

- Darf der Verkäufer die Nacherfüllung an seinem Ort vornehmen, konnte V zu Recht von K verlangen, den Wagen zum Zwecke der Mangelbeseitigung vorbeizubringen. Dann wäre der Rücktritt unzulässig gewesen, weil K keine ordnungsgemäße Gelegenheit zur Nacherfüllung eingeräumt hätte. K hätte dann auch nicht die Kosten der Rechtsverfolgung ersetzt verlangen können.

Nach *Auffassung des BGH* ist der Erfüllungsort der Nacherfüllung im Kaufrecht nach der allgemeinen Regelung über den Erfüllungsort in § 269 Abs. 1 BGB zu ermitteln (BGH NJW 2011, 2278 ff.; NJW 2017, 2758, 2759

103

f.). Danach ist in erster Linie die von den Parteien getroffene Vereinbarung entscheidend. Fehlen vertragliche Abreden über den Erfüllungsort, ist auf die jeweiligen Umstände, insbesondere die Natur des Schuldverhältnisses, abzustellen (§ 269 Abs. 1 BGB). Lassen sich auch hieraus keine abschließenden Erkenntnisse gewinnen, ist der Erfüllungsort letztlich an dem Ort anzusiedeln, an welchem der Verkäufer zum Zeitpunkt der Entstehung des Schuldverhältnisses seinen Wohnsitz oder seine gewerbliche Niederlassung (§ 269 Abs. 2 BGB) hatte.

Vorliegend fehlt es an einer diesbezüglichen Parteiabsprache. Eine solche wäre auch gar nicht zulässig, weil von der gesetzlichen Regelung (zu der ja auch § 439 Abs. 2 BGB gehört) abweichende Vereinbarungen zulasten von Verbrauchern gem. § 476 Abs. 1 BGB nicht getroffen werden dürfen. Demnach ist der Erfüllungsort der Geschäftssitz des V, wenn sich nicht aus den Umständen, insbesondere aus der Natur des Schuldverhältnisses, etwas anderes ergibt (§ 269 Abs. 1 BGB). Zu den beim Fehlen vertraglicher Vereinbarungen maßgebenden Umständen zählen die Ortsgebundenheit und Art der vorzunehmenden Leistung, die Verkehrssitte, örtliche Gepflogenheiten und Handelsbräuche, speziell im Kaufrecht aber auch das Ausmaß der Unannehmlichkeiten, welche die Durchführung des Transports oder dessen Organisation für den Käufer mit sich bringt. *Diese Auslegung des § 439 Abs. 2 BGB fußt auf einer Richtlinie des EU-Rechts (EU-Verbrauchsgüterkauf-Richtlinie), wonach die Nacherfüllung ohne erhebliche Unannehmlichkeiten für den Verbraucher erfolgen muss.*

Im vorliegenden Fall könnte man daher meinen, dass die Aufforderung des K, V solle den Wagen zwecks Nacherfüllung abholen, genügte, da der Transport eines (mitunter nicht fahrbereiten) Wagens zum Verkäufer eine erhebliche Unannehmlichkeit für den Verbraucher darstellt.

Andererseits ist es nicht unüblich, dass Kunden ihre Reklamationen generell am Sitz des Verkäufers unter Vorlage der mangelbehafteten Sache vorbringen, wobei das freilich nicht für den Fernabsatz („Internetkauf" mit Versand der Ware an den Wohnort des Käufers) gilt. Beim Fahrzeugkauf vom Händler besteht die Besonderheit, dass Nachbesserungsarbeiten i.d.R. technisch aufwändige Diagnose- oder Reparaturarbeiten des Verkäufers erfordern, die wegen der dort vorhandenen materiellen oder personellen Möglichkeiten sinnvoll nur an dessen Betriebsort vorgenommen werden können (so ausdrücklich der BGH a.a.O.).

Daher stellt der Transport des mangelbehafteten Kfz an den Firmensitz des Verkäufers für den Käufer jedenfalls dann keine erhebliche Unannehmlichkeit dar, wenn der Sitz des Verkäufers nicht so weit vom Wohnort des Käufers entfernt ist, dass diesem ein Transport oder wenigstens dessen Organisation nicht zumutbar ist (BGH a.a.O.).

Ob auch für K eine Transportpflicht bestand oder zumindest dessen Organisation zu erheblichen Unannehmlichkeiten geführt hätte, hängt also maßgeblich von der Entfernung zum Betriebsort des V ab bzw. von der Möglichkeit, den Transport zu organisieren. War es also K zumindest möglich, ohne größere Umstände den Transport des Wagens zu V zu organisieren (etwa durch Beauftragung eines Speditionsunternehmens, zumal K ein Transportkostenvorschuss zustand), genügte die schlichte Aufforderung gegenüber V, dieser solle den Wagen bei K abholen, nicht.

Da K lediglich den V aufgefordert hat, den Wagen zum Zweck der Nacherfüllung abzuholen, war er nicht zum Rücktritt vom Kaufvertrag berechtigt.

i. Aus- und Einbaukosten im Rahmen der Nacherfüllung

Geht es um die Nacherfüllung in Bezug auf eine Sache, die der Käufer an ihrem Bestimmungsort auf- oder eingebaut oder an eine andere Sache angebracht hat, stellt sich die Frage, ob der Verkäufer auch die Kosten für den Ausbau (und Abtransport) der mangelbehafteten Sache und ebenfalls die Kosten für den Einbau oder das Anbringen der fehlerfreien Ersatzsache (bzw. der reparierten Originalsache) übernehmen muss.

aa. Rechtslage vor dem 1.1.2018 / Rechtsprechung

a.) Allgemeines Kaufrecht

Nach früherer (d.h. bis zum 31.12.2017 geltender) Systematik des Gewährleistungsrechts der §§ 434 ff. BGB gehörten – jedenfalls nach der von der früheren Rechtsprechung vorgenommenen Auslegung – der Ausbau der mangelhaften Kaufsache und der Einbau der als Ersatz gelieferten oder reparierten Sache jedenfalls dann nicht zu der vom Verkäufer geschuldeten Nacherfüllung, wenn diese unverhältnismäßig i.S.d. § 439 Abs. 3 S. 3 Halbs. 2 BGB a.F. war. Somit war er (insoweit) auch nicht zur diesbezüglichen Kostenübernahme verpflichtet. Solche „Folgekosten" wurden nach der Gesetzessystematik und der Rechtsprechung dem Verkäufer vielmehr nur dann aufgebürdet, wenn er über einen Schadensersatzanspruch verschuldensabhängig haften muss.

Beispiel (siehe BGH NJW 2008, 2837 – Parkettfall, und BGH NJW 2012, 1073 – Fliesenfall): K kaufte im Fliesengeschäft des V Bodenfliesen für seine Gewerberäume. Er ließ sie sodann von einem Werkunternehmer verlegen. Kurze Zeit später wiesen die Bodenfliesen Kratzer und Verfärbungen auf. Es stellte sich heraus, dass die Bodenfliesen nicht für Gewerberäume geeignet sind. V stellte dies auch gar nicht in Abrede, sondern räumte ein, dass ein Lagermitarbeiter aus Versehen falsche Fliesen ausgeliefert habe.

⇨ Ein Kaufvertrag und ein Sachmangel liegen vor. Die Fliesen wiesen nicht die vereinbarten bzw. vertraglich vorausgesetzten Eigenschaften auf. K hat daher jedenfalls einen Anspruch auf Nachlieferung vereinbarungsgemäßer Fliesen. Dies könnte jedoch den Interessen des K nicht genügen. Denn das eigentliche Problem bereitet die Frage, ob K die Entfernung der mangelhaften Fliesen und das Verlegen der neuen Fliesen selbst übernehmen muss (bzw. die Kosten dafür zu tragen hat) oder ob er dies von V verlangen kann. §§ 437 Nr. 1, 439 BGB in der bis zum 31.12.2017 geltenden Fassung und der Auslegung durch die Rechtsprechung regelten dies nicht, sodass K lediglich die Nachlieferung verlangen konnte und die Austauschkosten insoweit selbst zu tragen hatte. Der Verkäufer konnte die Nacherfüllung komplett verweigern, wenn diese mit unverhältnismäßig hohen Kosten verbunden war (siehe § 439 Abs. 3 S. 3 Halbs. 2 BGB a.F.), was in den sog. Flieseneinbaufällen regelmäßig der Fall gewesen sein dürfte. Die Kosten für das Entfernen der mangelhaften Fliesen und das Verlegen der nachgelieferten Fliesen konnten jedoch als Schadensersatz gem. §§ 437 Nr. 3, 281, 280 BGB geltend gemacht werden. Das gem. § 280 Abs. 1 BGB erforderliche Vertretenmüssen (Verschulden i.S.d. § 276 BGB) ergab sich aus dem Umstand, dass der Lagermitarbeiter die Fliesen verwechselt hatte, was

dem V gem. § 278 BGB zugerechnet wurde. Hätte ein Verschulden aber nicht vorgelegen (etwa, weil die Fliesen nicht verwechselt worden wären, sondern weil es sich um einen für V nicht erkennbaren Fabrikationsfehler gehandelt hätte), hätte K der Schadensersatzanspruch nicht zugestanden. Und wegen der bis zum 31.12.2017 geltenden Gesetzeslage hätte er die Aus- und Einbaukosten auch nicht im Rahmen eines (verschuldensunabhängigen) Nacherfüllungsanspruchs geltend machen können.

b.) Verbrauchsgüterkauf

Ging es um einen Verbrauchsgüterkauf, also um einen Kauf, bei dem ein Verbraucher von einem Unternehmer eine bewegliche Sache kauft (siehe § 474 Abs. 1 S. 1 BGB), hat der BGH entschieden, dass der Verkäufer sehr wohl die Kosten für den Ausbau und Abtransport der mangelbehafteten Sache und ebenfalls die Kosten für den Einbau der fehlerfreien Ersatzsache (bzw. der reparierten Originalsache) übernehmen muss (BGH NJW 2012, 1073 ff.). Der Hintergrund für diese von der Systematik der §§ 437, 439 BGB abweichende Rechtsprechung liegt in einer zuvor vom **EuGH** (NJW 2011, 2269 ff., wiederum aufgrund eines Vorlagebeschlusses des BGH NJW 2009, 1660 und des AG Schorndorf ZGS 2009, 525) vorgenommenen Auslegung der **Verbrauchsgüterkauf-Richtlinie** der EU (RL 1999/44 EG). Diese geht in Art. 3 Abs. 3 von der grundsätzlichen Unentgeltlichkeit der Nacherfüllung aus. Grundsätzlich soll der Verbraucher nicht mit Kosten belastet werden, die bei ordnungsgemäßer Erfüllung nicht angefallen wären. Müsste der Verbraucher also die Kosten für den Ausbau einer mangelhaften Sache und den Einbau der reparierten Sache bzw. gelieferten mangelfreien Ersatzsache tragen, hätte er Kosten, die bei ordnungsgemäßer Erfüllung nicht angefallen wären. Er wäre also im Fall der Mangelhaftigkeit der Sache belastet. Das möchte Art. 3 Abs. 3 der RL 1999/44/EG im Grundsatz verhindern. Allerdings sieht Art. 3 Abs. 3 S. 1 der RL zum Schutz des Unternehmers auch vor, dass der Verbraucher eine unentgeltliche Nachbesserung oder Ersatzlieferung nur verlangen kann, sofern dies für den Unternehmer nicht unmöglich oder unverhältnismäßig ist. Gemäß Art. 3 Abs. 3 S. 2 der RL gilt eine

Nacherfüllung als unverhältnismäßig, wenn sie beim Verkäufer Kosten verursachen würde, die

- angesichts des Werts, den das Verbrauchsgut ohne die Vertragswidrigkeit hätte,
- unter Berücksichtigung der Bedeutung der Vertragswidrigkeit und
- nach Erwägung der Frage, ob auf die alternative Abhilfemöglichkeit ohne erhebliche Unannehmlichkeiten für den Verbraucher zurückgegriffen werden könnte,

verglichen mit der alternativen Abhilfemöglichkeit unzumutbar wären.

In Auslegung dieser Bestimmung hat der EuGH entschieden, dass die Pflicht zur Nachlieferung einer mangelfreien Sache auch die Pflicht zum Ausbau und zum Abtransport der mangelhaften Kaufsache sowie die Pflicht zum Einbau der Ersatzsache erfasst. Ausdrücklich heißt es:

„Nach alldem ist Art. 3 Abs. 2 und 3 der Richtlinie dahin auszulegen, dass, wenn der vertragsgemäße Zustand eines vertragswidrigen Verbrauchsguts, das vor Auftreten des Mangels vom Verbraucher gutgläubig gemäß seiner Art und seinem Verwendungszweck eingebaut wurde, durch Ersatzlieferung hergestellt wird, der Verkäufer verpflichtet ist, entweder selbst den Ausbau dieses Verbrauchsguts aus der Sache, in die es eingebaut wurde, vorzunehmen und das als Ersatz gelieferte Verbrauchsgut in diese Sache einzubauen, oder die Kosten zu tragen, die für diesen Ausbau und den Einbau des als Ersatz gelieferten Verbrauchsguts notwendig sind. Diese Verpflichtung des Verkäufers besteht unabhängig davon, ob er sich im Kaufvertrag verpflichtet hatte, das ursprünglich gekaufte Verbrauchsgut einzubauen." (EuGH NJW 2011, 2269, 2273)

Art. 3 Abs. 2 und 3 der Richtlinie 1999/44/ EG ist also so auszulegen, dass der Verkäufer verpflichtet ist, den Ausbau der mangelhaften und den Einbau der reparierten Sache bzw. der Ersatzsache vorzunehmen oder die Kosten für den Aus- und (Wieder-)Einbau zu tragen. Ein Wahlrecht des Käufers lässt sich daraus aber nicht ableiten (so später auch der BGH NJW 2012, 1073, 1076). Der Käufer hat nur dann einen Kostenersatzanspruch, wenn der Verkäufer die geschuldete Handlung nicht vornimmt. Bezüglich des Kostenersatzanspruchs hat der EuGH jedoch auch auf die Möglichkeit für den Verkäufer hingewiesen, die Übernahme unverhältnismäßiger Kosten für den Ausbau der mangelhaften Sache und den Einbau der als Ersatz gelieferten Sache abzulehnen. Art. 3 Abs. 3 der RL schließe nicht aus, dass der Anspruch des Verbrauchers auf Erstattung der Kosten für den Ausbau des mangelhaften Verbrauchsguts und den Einbau des als Ersatz gelieferten Verbrauchsguts in einem solchen Fall auf die Übernahme eines angemessenen Betrags durch den Verkäufer beschränkt wird (EuGH NJW 2011, 2269, 2274; siehe auch BGH NJW 2012, 1073, 1075).

In Umsetzung dieses EuGH-Urteils hat denn auch der **BGH** hinsichtlich § 439 Abs. 1 Var. 2 BGB so entschieden. In richtlinienkonformer Auslegung erfasse die Nacherfüllungsvariante „Lieferung einer mangelfreien Sache" auch den Ausbau und den Abtransport der mangelhaften Sache und den Einbau der gelieferten Ersatzsache (bzw. der reparierten Originalsache). Das gilt nach dieser richtlinienkonformen Rechtsprechung selbst dann, wenn ursprünglich lediglich eine Holschuld vereinbart war, wenn also der Käufer verpflichtet war, die Sache beim Verkäufer abzuholen. Damit wird also deutlich, dass – unabhängig davon, ob es sich ursprünglich um eine Hol-, Bring- oder Schickschuld gehandelt hat – Erfüllungsort der Nacherfüllung der Belegenheitsort ist, also der Ort, an dem sich die Sache befindet, in die oder an der die nachgelieferte oder reparierte Sache ein- oder angebaut oder angebracht werden muss. Die Regelung des § 269 BGB, die den Leistungsort beschreibt, muss daher i.S.d. Art. 3 Abs. 3 S. 1 der RL ausgelegt bzw. gehandhabt werden, wenn danach eine Hol- oder Schickschuld vorläge.

Aber auch der BGH erkannte, dass dies für den Verkäufer unverhältnismäßig sein kann. Er hat daher – entgegen dem Wortlaut des § 439 BGB a.F., aber in Übereinstimmung mit Art. 3 Abs. 3 S. 2 der RL und der Rechtsprechung des EuGH – eine Beschränkung der Kostenübernahme vorgenommen. Der Verkäufer habe das Recht, den Käufer bezüglich des Ausbaus der mangelhaften Kaufsache und des Einbaus der als Ersatz gelieferten Kaufsache auf die Kostenerstattung in Höhe eines angemessenen Betrags zu verweisen. Bei der Bemessung dieses Betrags seien insbesondere der Wert der Sache in mangelfreiem Zustand und die Bedeutung des Mangels zu berücksichtigen. Zugleich sei zu gewährleisten, dass durch die Beschränkung auf eine Kostenbeteiligung des Verkäufers das Recht des Käufers auf Erstattung der Aus- und Einbaukosten nicht ausgehöhlt werde.

Folge daraus ist:

- Die Pflicht des Verkäufers zur Nachlieferung einer mangelfreien Sache umfasst grundsätzlich auch die Pflicht zum Ausbau und zum Abtransport der mangelhaften Kaufsache sowie die Pflicht zum Wiedereinbau der reparierten Sache bzw. den Einbau der Ersatzsache, und zwar für den Käufer unentgeltlich. Der Käufer muss – im Grundsatz – dem Verkäufer eine entsprechende Gelegenheit geben. Anders als bei § 439 Abs. 1 BGB hat er grundsätzlich kein Wahlrecht und kann nicht schlicht die Kosten für den Aus- und Wiedereinbau erstattet verlangen.

- Ist die Pflicht zum Aus- und (Wieder-)Einbau der Sache wegen Unmöglichkeit, Unverhältnismäßigkeit oder Verweigerung des Verkäufers ausgeschlossen bzw. nicht erfolgt, muss der Unternehmer sowohl die Kosten für den Ausbau und Abtransport der mangelhaften Sache als auch die Kosten für den Einbau der fehlerfreien Ersatzsache (bzw. der reparierten Originalsache) übernehmen (BGH NJW 2012, 1073 ff.).

- Dies jedoch nur in angemessener Höhe. Darüber, was im Einzelfall „angemessen" ist, besteht allerdings Unklarheit. Ein entscheidendes Gericht wird sich gem. Art. 3 Abs. 3 S. 2 der RL v.a. an Art und Schwere des Mangels im Vergleich zum Wert der mangelfreien Sache unter Berücksichtigung der Bedeutung der Vertragswidrigkeit orientieren.

Beispiel: Wäre im obigen Fliesenfall K also ein Verbraucher gewesen, hätte er nach der Systematik der §§ 439 ff. BGB a.F. ebenfalls keinen Aufwendungsersatzanspruch gehabt, dies allerdings hätte Art. 3 Abs. 3 der Verbrauchsgüterkauf-Richtlinie nicht entsprochen. In Abweichung zum Wort-

laut des § 439 BGB war K daher ein Aufwendungsersatzanspruch zu gewähren, der wegen Art. 3 Abs. 3 S. 2 der RL jedoch auf einen für V angemessenen Betrag zu reduzieren war.

bb. Rechtslage seit dem 1.1.2018

Mit Wirkung zum 1.1.2018 hat der Gesetzgeber die ausgeführte EuGH- und BGH-Rechtsprechung in Gesetzesrecht überführt und einen „erweiterten Nacherfüllungsanspruch" eingeführt. Es ist zu unterscheiden:

a.) Allgemeines Kaufrecht

Gemäß § 439 Abs. 3 S. 1 BGB n.F. (der aufgrund seiner Stellung im allgemeinen Kaufrecht für **alle Kaufverträge** und sowohl für die Nachbesserung als auch die Nachlieferung gilt) ist der Verkäufer (für den Fall, dass er nicht selbst den Aus- und Wiedereinbau vornimmt) im Rahmen der Nacherfüllung verpflichtet, dem Käufer die erforderlichen Aufwendungen für das Entfernen der mangelhaften und den Einbau oder das Anbringen der nachgebesserten oder (vom Verkäufer!) nachgelieferten mangelfreien Sache zu ersetzen, wenn der Käufer die mangelhafte Sache gemäß ihrer Art und ihrem Verwendungszweck in eine andere Sache eingebaut oder an eine andere Sache angebracht hat.

Beispiele für einen Einbau in eine andere Sache: Aufbringen und Verkleben von Boden- oder Wandfliesen; Aufbringen und Verkleben von Teppich; Verlegen eines Parkett- oder Laminatbodens; Einbau von Türen und Fenstern etc.

Beispiele für ein Anbringen an eine andere Sache: Montage von Leuchtkörpern; Befestigen von Fensterbänken; Aufbringen neuer Farbe (BT-Drs. 18/11437, S. 40)

Der Begriff der „**Aufwendungen**" ist im Gesetz nicht definiert. Nach allgemeiner Auffassung sind darunter aber alle freiwilligen Vermögensminderungen gemeint, also bspw. die Kosten, die bei der Beauftragung eines Unternehmers zur Verrichtung einer Tätigkeit anfallen.

Der damit einhergehende **Aufwendungsersatzanspruch** setzt der Systematik des Nacherfüllungsanspruchs folgend kein Verschulden des Verkäufers hinsichtlich des Mangels voraus. Entscheidend ist nur, dass die mangelhafte Sache gemäß ihrer Art und ihrem Verwendungszweck bestimmungsgemäß in eine andere Sache eingebaut oder an eine andere Sache angebracht wurde. „Bestimmungsgemäß" bedeutet, dass es auf die arttypische Verwendung ankommt, was nach der Verkehrsanschauung unter Berücksichtigung der Parteivereinbarung zu beurteilen ist („objektiv-subjektive" Betrachtungsweise).

Beispiel: So leuchtet es ein, dass ein Einbauherd dazu bestimmt ist, in das Küchenmöbelstück (d.h. in die Küchenzeile bzw. in den Küchenblock) eingebaut zu werden. Wird dagegen ein freistehender Herd eingebaut, entspricht dies nicht der funktionellen Bestimmung. Aus- und Wiedereinbaukosten gingen in diesem Fall nicht zulasten des Verkäufers.

Die Verpflichtung des Verkäufers zum Kostenersatz für Aus- und Wiedereinbau im Rahmen des Aufwendungsersatzanspruchs gem. § 439 Abs. 3 S. 1 BGB ist jedoch gem. § 439 Abs. 4 BGB **eingeschränkt** bzw. **ausgeschlossen**, wenn

- die Kosten der vom Käufer gewählten Art der Nacherfüllung für den Verkäufer unverhältnismäßig sind, obwohl die andere Art der Nacherfüllung ohne erhebliche Nachteile für den Käufer möglich wäre („relative Unverhältnismäßigkeit", § 439 Abs. 4 S. 2 Fall 3 BGB), bzw.

- die Kosten beider Arten der Nacherfüllung oder der einzig möglichen Art der Nacherfüllung unverhältnismäßig sind („absolute Unverhältnismäßigkeit", § 439 Abs. 4 S. 3 Halbs. 2 BGB),

In diesem Fall bleiben dem Käufer „nur" das Minderungsrecht und das Rücktrittsrecht. Lediglich bei Verschulden des Verkäufers (etwa, wenn dieser eine Produktprüfpflicht missachtet hat) hat der Käufer auch einen Anspruch auf Schadensersatz (§§ 437 Nr. 3, 280 BGB). Zu beachten ist aber die für Verbraucher geltende Sonderregelung des § 475 Abs. 4 S.

Rechte bei Sachmängeln – Nacherfüllung

2 BGB (kein Ausschluss des Anspruchs auf Kostenübernahme, sondern Reduzierung auf eine „angemessene" Höhe – dazu später).

Beispiel: K kauft beim Ersatzteilehändler V einen generalüberholten Motor für sein gewerblich genutztes Auto. Den Motor lässt er von einer Werkstatt ordnungsgemäß einbauen. Drei Wochen später weist der Motor einen kapitalen Schaden auf. K fordert V unter Setzung einer Frist zur Mangelbeseitigung auf. V ist der Meinung, K müsse den Motor wieder ausbauen (lassen) und zu ihm bringen, damit er ihn repariere.

⇨ *Bei einem Austauschmotor handelt es sich um eine Sache, die gemäß ihrer Art und ihrem Verwendungszweck in eine andere Sache (hier: in das Auto) eingebaut wird. Dass K den Motor nur deshalb kaufte, um diesen in sein Auto einzubauen, steht außer Zweifel. Daher muss gem. § 439 Abs. 3 S. 1 BGB V die Kosten für den Ausbau des Motors und dessen Versand zu V übernehmen. Ihm bleibt aber die Einrede des § 439 Abs. 4 S. 1 BGB, wonach er die Nacherfüllung (und damit auch die Übernahme der Kosten für den Ausbau des defekten Motors und den Einbau des reparierten Motors bzw. eines mangelfreien Motors) verweigern kann, wenn sie nur mit unverhältnismäßigen Kosten möglich ist. In diesem Fall blieben K „nur" das Minderungsrecht und das Rücktrittsrecht. Lediglich bei Verschulden des V hätte K auch einen Anspruch auf Schadensersatz.*

Unbeschadet der soeben genannten Möglichkeit des Ausschlusses des Aufwendungsersatzanspruchs wegen Unverhältnismäßigkeit besteht gem. § 439 Abs. 3 S. 2 BGB i.V.m. § 442 Abs. 1 BGB die Verpflichtung des Verkäufers zum Kostenersatz für Aus- und Wiedereinbau im Rahmen des Aufwendungsersatzanspruchs schließlich nur dann, wenn der Käufer die sich später als mangelhaft herausstellende Sache „gutgläubig" in eine andere Sache eingebaut hat, d.h. er also den Mangel weder kannte noch grob fahrlässig nicht kannte. Anders formuliert: Wegen der Bezugnahme in § 439 Abs. 3 S. 2 BGB auf § 442 Abs. 1 BGB ist die Verpflichtung des Verkäufers zum Kostenersatz für Aus- und Wiedereinbau im Rahmen des Aufwendungsersatzanspruchs **ausgeschlossen**, wenn der Käufer den Mangel kannte oder grob fahrlässig nicht kannte und die Sache gleichwohl eingebaut oder angebracht hat.

Beispiel: K kauft beim Ersatzteilehändler V neue Bremsscheiben für sein gewerblich genutztes Auto. Die Bremsscheiben lässt er von einer Werkstatt ordnungsgemäß einbauen, obwohl diese bezweifelt, dass die Bremsscheiben über eine Zulassung für das Fahrzeug verfügen, und dies K auch so mitgeteilt hat. Bei der Hauptuntersuchung drei Wochen später weist der Prüfingenieur K auf diesen Mangel hin und verweigert die Erteilung der Prüfplakette.

⇨ *In diesem Fall muss V nicht gem. § 439 Abs. 3 S. 1 BGB die Kosten für den Ausbau der falschen (und damit mangelhaften) Bremsscheiben sowie für den Einbau richtiger Bremsscheiben übernehmen, da K aufgrund der von der Werkstatt geäußerten Zweifel an der Zulassung der Bremsscheiben grob fahrlässig gehandelt hat.*

Dadurch, dass gemäß der gesetzlichen Formulierung in § 439 Abs. 3 S. 1 BGB der Verkäufer im Rahmen der Nacherfüllung verpflichtet ist, dem Käufer die **erforderlichen Aufwendungen** für das Entfernen der mangelhaften und den Einbau oder das Anbringen der nachgebesserten oder gelieferten mangelfreien Sache zu **ersetzen**, hat der Käufer also einen **Kostenersatzanspruch**, der auf die **Erstattung der Aus- und Wiedereinbaukosten** gerichtet ist. Das heißt aber **nicht**, dass der Käufer auch die **Mangelbeseitigung** selbst vornehmen darf (bzw. vornehmen lassen darf) und die diesbezüglich anfallenden Kosten vom Verkäufer ersetzt verlangen kann. Er kann also nur den Aus- oder Abbau organisieren, muss dann vom Verkäufer die Mangelbeseitigung bzw. Nachlieferung verlangen und kann dann erneut den Wiederanbau, den Wiedereinbau bzw. das Wiederanbringen organisieren und die Kosten dem Verkäufer in Rechnung stellen. Freilich gilt das nur, wenn der Verkäufer sich weigert, die entsprechenden Handlungen vorzunehmen. Dem Verkäufer ist also zunächst Gelegenheit zur Nacherfüllung (und damit auch zum Aus- und Wiedereinbau) zu geben.

Von der Kostenregelung des § 439 Abs. 3 BGB nicht erfasst ist der Fall, dass der Käufer (nach erfolgloser Aufforderung gegenüber dem Verkäufer, nachzuerfüllen) bei Ausschluss der Nachbesserungsmöglichkeit die Ersatzsache bei einem anderen Verkäufer kauft und (von diesem oder einem Dritten) einbauen lässt. Sofern man davon ausgeht, dass in diesem Fall die Interessenlage dieselbe ist, dürfte ein Kostenanspruch unter den Voraussetzungen des § 439 Abs. 3 und 4 BGB ebenso bestehen. Sollte man diesem Gedanken nicht folgen, bliebe immerhin ein (freilich verschuldensabhängiger) Schadensersatzanspruch gem. § 437 Nr. 3 Var. 1 BGB.

Gesetzlich nicht geregelt ist auch der Fall, dass der Käufer den Aus- und Wiedereinbau **selbst vornimmt** und dann Kostenerstattung verlangt. Zieht man die auf S. 160 genannte Definition der Aufwendungen heran, wonach alle freiwilligen Vermögensminderungen gemeint sind, also bspw. die Kosten, die bei der Beauftragung eines Unternehmers zur Verrichtung einer Tätigkeit anfallen, muss man einen Kostenerstattungsanspruch bei selbst vorgenommenem Aus- und Wiedereinbau folgerichtig verneinen (so Weidenkaff, in: Palandt, 79. Aufl. 2020, § 439 Rn. 13). Dem ist – in Übereinstimmung mit den allgemeinen Grundsätzen, dass der Zeitaufwand bei Privatpersonen als nicht erstattungsfähig angesehen wird, jedenfalls dann zuzustimmen, wenn es sich bei dem Käufer um eine Privatperson handelt. Die Frage kann also nur sein, ob bei gewerblichen Käufern, die die Sache für ihren Gewerbebetrieb kauften und den Aus- und Wiedereinbau selbst vornahmen, etwas anderes gilt. Nach der hier vertretenen Auffassung ist gut vertretbar, die Arbeitszeit des Gewerbetätigen als eine Aufwendung i.S.d. § 439 Abs. 3 BGB und damit als vergütungsfähig anzusehen, wenn man die Rechtsprechung des BGH zur Geschäftsführung ohne Auftrag (§§ 677 ff. – GoA) überträgt, wonach demjenigen, der ein Geschäft für einen anderen besorgt, analog § 1835 Abs. 3 BGB die übliche Vergütung zusteht, wenn die übernommene Tätigkeit zum Beruf oder Gewerbe des Geschäftsführers gehört oder wenn der Geschäftsführer einen Verdienstausfall oder Gewinnverlust erleidet (vgl. BGHZ 65, 384, 390; 69, 34, 36; 143, 9, 16). Ob aber die Gerichte diesem Gedanken folgten, wenn sie einen solchen Fall entscheiden müssten, bleibt abzuwarten.

Beispiel: K, Inhaber einer Kfz-Werkstatt, erwarb über eBay von einem Händler ein Bauteil für einen Fensterhebemechanismus einer Autotür. Nach dem Einbau stellte er fest, dass das Bauteil defekt ist, was er dem Verkäufer auch sofort mitteilte. Dieser jedoch bestritt einen Defekt, führte das Nichtfunktionieren auf einen fehlerhaften Einbau zurück und verweigerte Nacherfüllung. Daraufhin kaufte K das gleiche Bauteil bei einem anderen Händler und baute es ein. Da der Fensterhebemechanismus nunmehr funktionierte, erklärte K den Rücktritt vom Vertrag, schickte das defekte Bauteil an der Verkäufer zurück und machte PayPal-Käuferschutz geltend, woraufhin PayPal den Kaufpreis zurückbuchte.

K verlangt nun noch den Zeitaufwand für den Ausbau des defekten Moduls und den Einbau des Ersatzmoduls erstattet.

⇨ Anspruchsgrundlage könnte § 439 Abs. 3 S. 1 BGB sein. Danach ist der Verkäufer im Rahmen der Nacherfüllung verpflichtet, dem Käufer die erforderlichen Aufwendungen für das Entfernen der mangelhaften und den Einbau der nachgebesserten oder gelieferten mangelfreien Sache zu ersetzen, wenn der Käufer die mangelhafte Sache gemäß ihrer Art und ihrem Verwendungszweck in eine andere Sache einbaute und der Verkäufer die erforderliche Handlung nicht selbst vorgenommen hatte.

Das wirft für den vorliegenden Fall jedoch zwei Probleme auf: Zunächst hat K die Ersatzsache nicht vom Verkäufer der mangelhaften Sache erhalten. § 439 Abs. 3 S. 1 BGB bezieht sich aber offenbar darauf, dass bei einer Ersatzlieferung der Verkäufer der mangelhaften Sache die Ersatzsache geliefert hat. Allerdings gebietet es die vergleichbare Interessenlage, dass der Verkäufer, der sich pflichtwidrig weigert, Ersatz zu liefern, die Kosten für den Ausbau der defekten Sache und den Einbau der Ersatzsache zu erstatten hat. Denn diese Kosten hätte er auch dann erstatten müssen, wenn er pflichtgemäß gehandelt und selbst die Ersatzsache geliefert hätte.

Das zweite, eigentliche Problem besteht darin, dass § 439 Abs. 3 S. 1 BGB von Aufwendungsersatz spricht, K jedoch keine Aufwendungen (für Fremdarbeiten) hatte, da er selbst die defekte Sache ausbaute und die Ersatzsache einbaute. Unter Heranziehung des Aufwendungsbegriffs, der auf freiwillige Vermögensminderungen abstellt und bspw. die Kosten erfasst, die bei der Beauftragung eines Unternehmers zur Verrichtung einer Tätigkeit anfallen, muss man einen Kostenerstattungsanspruch bei selbst vorgenommenem Aus- und Wiedereinbau folgerichtig verneinen (s.o.). Hätte es sich bei K um eine Privatperson gehandelt, wäre dem – in Übereinstimmung mit den allgemeinen Grundsätzen, dass der Zeitaufwand bei Privatpersonen als nicht erstattungsfähig angesehen wird – uneingeschränkt zuzustimmen gewesen. K ist aber Gewerbetreibender, der das Bauteil für seinen Gewerbebetrieb kaufte. Überträgt man die Rechtsprechung des BGH zur Geschäftsführung ohne Auftrag (§§ 677 ff. – GoA), wonach demjenigen, der ein Geschäft für einen anderen besorgt, analog § 1835 Abs. 3 BGB die übliche Vergütung zusteht, wenn die übernommene Tätigkeit zum Beruf oder Gewerbe des Geschäftsführers gehört oder wenn der Geschäftsführer einen Verdienstausfall oder Gewinnverlust erleidet (vgl. BGHZ 65, 384, 390; 69, 34, 36; 143, 9, 16), ist die Arbeitszeit des Gewerbetätigen eine Aufwendung i.S.d. § 439 Abs. 3 BGB und als vergütungsfähig anzusehen. Ob aber die Gerichte diesem Gedanken folgten, wenn sie einen solchen Fall entscheiden müssten, bleibt abzuwarten.

Zu beachten ist aber auch hier, dass der Verkäufer die Kostenübernahme bzgl. des Ausbaus der defekten Sache und des Einbaus der Ersatzsache wegen Unverhältnismäßigkeit gänzlich verweigern kann (§ 439 Abs. 4 BGB). Das wäre etwa der Fall, wenn die Kosten für den Aus- und Wiedereinbau deutlich über dem Kaufpreis des Moduls lägen. In diesem Fall blieben K „nur" das Minderungsrecht (was vorliegend kaum Sinn ergeben dürfte) und das Rücktrittsrecht. Lediglich bei Verschulden des Verkäufers hätte K auch einen Anspruch auf Schadensersatz (statt der Leistung).

b.) Verbrauchsgüterkauf

Im Rahmen eines **Verbrauchsgüterkaufs** gilt ergänzend bzw. abweichend die Regelung des § 475 Abs. 4 S. 2 BGB. Sind die Kosten für den Ausbau der mangelhaften Sache und den Einbau der reparierten bzw. nachgelieferten mangelfreien Sache unverhältnismäßig, kann der Unternehmer den Aufwendungsersatz auf einen angemessenen Betrag beschränken. Es handelt sich um eine Einrede des Verkäufers. Bei der Bemessung dieses Betrags sind gem. § 475 Abs. 4 S. 3 BGB insbesondere der Wert der Sache in mangelfreiem Zustand und die Bedeutung des Mangels zu berücksichtigen. Das entspricht der im Lichte des Art. 3 Abs. 3 S. 2 der RL ergangenen Rechtsprechung des BGH.

Beispiel: Verbraucher K kauft beim Ersatzteilehändler V einen generalüberholten Motor für sein Auto. Den Motor lässt er von einer Werkstatt ordnungsgemäß einbauen. Drei Wochen später weist der Motor einen kapitalen Schaden auf. K fordert V unter Setzung einer Frist zur Mangelbeseitigung auf. V ist der Meinung, K müsse den Motor wieder ausbauen (lassen) und zu ihm bringen, damit er ihn repariere.

⇨ Da es sich bei einem Austauschmotor um eine Sache handelt, die gemäß ihrer Art und ihrem Verwendungszweck in eine andere Sache (hier: in das Auto) eingebaut wird, und K den Motor nur deshalb kaufte, um diesen in sein Auto einzubauen, muss gem. § 439 Abs. 3 S. 1 BGB V die Kosten für den Ausbau des Motors und dessen Versand zu V übernehmen. Sollte dies den V unverhältnismäßig belasten, kann er die Einrede des § 475 Abs. 4 S. 2 BGB geltend machen und den Aufwendungsersatz auf einen angemessenen Betrag beschränken, der sich nach der Art und der Schwere des Mangels im Vergleich zur mangelfreien Sache unter Berücksichtigung der Bedeutung der Vertragswidrigkeit bemisst.

Beschränkt der unternehmerische Verkäufer den ihm gegenüber bestehenden Aufwendungsersatzanspruch auf einen angemessenen Betrag, greift gem. § 475 Abs. 5 BGB die Regelung des § 440 BGB. Der Käufer (Verbraucher) kann also – ohne eine Frist setzen (oder eine angemessene Zeit abwarten) zu müssen – vom Kaufvertrag zurücktreten.

Immerhin kann gem. § 445a BGB der auf diese Weise in Anspruch genommene Verkäufer einer neu hergestellten Sache die ihm im Verhältnis zu seinem Käufer zu erstattenden Aufwendungen von seinem Lieferanten ersetzt verlangen (sog. Rückgriff, dazu S. 162), ohne dass es einer Fristsetzung bedarf.

c.) Fazit

Bei einem Kauf, der **kein Verbrauchsgüterkauf** ist, kann der Verkäufer die Kostenübernahme bzgl. des Ausbaus der defekten Sache und des Einbaus der reparierten bzw. nachgelieferten Ersatzsache wegen Unverhältnismäßigkeit gänzlich verweigern (§ 439 Abs. 4 BGB). In diesem Fall bleiben dem Käufer „nur" das Minderungsrecht und das Rücktrittsrecht. Lediglich bei Verschulden des Verkäufers hat der Käufer stets einen Anspruch auf Schadensersatz (statt der Leistung).

Demgegenüber reduzieren sich beim **Verbrauchsgüterkauf** auf Einwendung des Verkäufers hin die Kosten für den Ausbau der mangelhaften Sache und den Einbau der reparierten bzw. nachgelieferten mangelfreien Sache immerhin auf einen „angemessenen" Betrag, wenn die volle Inanspruchnahme des Verkäufers diesen unangemessen belastete. Das folgt aus der Gesetzessystematik, die die Beschränkung des Aufwendungsersatzes nur in § 475 Abs. 4 S. 2 BGB enthält, nicht aber in § 439 Abs. 3 und 4 BGB. Macht der unternehmerische Verkäufer von seinem als Einrede ausgestalteten Beschränkungsrecht nach § 475 Abs. 4 S. 2 BGB Gebrauch, kann gem. § 475 Abs. 5 BGB i.V.m. § 440 S. 1 BGB der Verbraucher – ohne eine Frist setzen (oder eine angemessene Zeit abwarten) zu müssen – vom Kaufvertrag zurücktreten, nach § 441 BGB den Kaufpreis mindern oder nach §§ 280, 281 BGB Schadensersatz statt der Leistung verlangen.

d.) Anwendungsfall

Folgender Anwendungsfall soll die Frage nach den Aus- und Wiedereinbaukosten veranschaulichen.

Sachverhalt: K kauft für seinen SUV im Versandhandel einen Sportauspuff zum Preis von 1.200 € und lässt diesen von einer Werkstatt einbauen. Die Einbaukosten betragen 200 €. Nach einigen Tagen vernimmt K ein Schepper-Geräusch in einem der Schalldämpfer. Nach Vorführung des Wagens in der Werkstatt, die die Abgasanlage angebaute, bringt K in Erfahrung, dass sich die Absorptionsrohre im Inneren des hinteren linken

Schalldämpfers lösten. Er macht diesen Mangel gegenüber dem Verkäufer V geltend. Dieser meint, K solle den Schalldämpfer zurücksenden im Austausch gegen einen neuen. Die Kosten für den Ausbau des defekten Schalldämpfers und den Einbau des nachgelieferten (2 x 50 €) sowie die Versandkosten (20 €) möchte V indes nicht übernehmen mit der Begründung, dass die geringe Gewinnmarge dies nicht zuließe.

⇨ Der Anspruch des K ist zunächst – wenn man davon ausgeht, dass eine Reparatur weder dem Interesse des K noch dem des V entspricht – auf Nachlieferung gerichtet (§§ 437 Nr. 1, 439 Abs. 1 Var. 2 BGB). V ist auch zum kostenfreien Austausch bereit. Das allein aber genügt dem Interesse des K nicht. Denn es sind mit dem Ausbau des defekten und dem Einbau des ausgetauschten Schalldämpfers Kosten verbunden. Hinzu kommen die Kosten für den Versand des defekten Schalldämpfers zu V.

Hinsichtlich Sachen, die gemäß ihrer Art und ihrem Verwendungszweck in eine andere Sache eingebaut oder an eine andere Sache angebracht werden, bestimmt § 439 Abs. 3 S. 1 BGB, dass der Verkäufer im Rahmen der Nacherfüllung verpflichtet ist, dem Käufer die erforderlichen Aufwendungen für das Entfernen der mangelhaften und den Einbau oder das Anbringen der nachgebesserten oder gelieferten mangelfreien Sache zu ersetzen hat. Eine Weigerung der Übernahme der Kosten ist nur im Fall der Unverhältnismäßigkeit zulässig, § 439 Abs. 4 S. 1 BGB, wobei insbesondere der Wert der Sache im mangelfreien Zustand und die Bedeutung des Mangels zu berücksichtigen sind, § 439 Abs. 4 S. 2 BGB.

Vorliegend sind die Schepper-Geräusche für K nicht hinnehmbar, sodass von einem erheblichen Mangel auszugehen ist. Auch stehen die Aus- und Einbaukosten nicht außer Verhältnis zum Wert der Abgasanlage. K darf daher auch Kostenerstattung verlangen, und zwar 2 x 50 € für den Aus- und Einbau auf der Grundlage des § 439 Abs. 3 S. 1 BGB und 20 € Versandkostenersatz auf der Grundlage des § 439 Abs. 2 BGB. Sollte es sich bei K um einen Verbraucher handeln, kann er auch einen Vorschuss (in voller Höhe) verlangen, § 475 Abs. 6 BGB.

Anm.: Ein Schadensersatzanspruch wegen des Nutzungsausfalls, der mit dem zusätzlichen Werkstattaufenthalt verbunden ist, kommt dagegen allenfalls bei Verschulden des V in Betracht (siehe §§ 437 Nr. 3 Var. 1, 440, 280

Abs. 1 BGB). Gerade aber beim Verkauf von Neuware bestehen i.d.R. keine Produktprüfpflichten, die über eine bloße Sichtkontrolle hinausgehen (siehe dazu S. 112, 154 f.).

cc. Rechtslage beim Werklieferungsvertrag

Auf **Werkverträge** i.S.d. § 631 Abs. 1 BGB, also auf Verträge, die gem. § 631 Abs. 2 BGB die Herstellung oder Veränderung einer Sache oder einen anderen durch Arbeit oder Dienstleistung herbeizuführenden Erfolg zum Gegenstand haben, sind die obigen Ausführungen nicht übertragbar, da es sich insoweit nicht um Kaufverträge und damit auch nicht um Verbrauchsgüterkaufverträge handelt. Auch die Verbrauchsgüterkauf-Richtlinie (RL 1999/44/EG) gilt somit nicht (siehe Art. 1 der RL, wo ausdrücklich nur von Kaufverträgen und Verkäufern die Rede ist).

Etwas anderes könnte aber für **Werklieferungsverträge** gelten, da darunter Verträge zu verstehen sind, die die Lieferung herzustellender oder zu erzeugender beweglicher Sachen zum Gegenstand haben und auf die die Vorschriften über den Kauf Anwendung finden (§ 650 S. 1 BGB). Im Kern geht es also um einen Vertrag über die Lieferung beweglicher Sachen, die erst herzustellen oder zu erzeugen sind. Jedoch kann es im Einzelfall überaus schwierig sein, den Vertrag zweifelsfrei als Werkvertrag, Werklieferungsvertrag oder Kaufvertrag einzuordnen.

– Während also der aus einem Werklieferungsvertrag Verpflichtete die Lieferung beweglicher Sachen schuldet, die erst herzustellen oder zu erzeugen sind, steht beim reinen **Werkvertrag** nicht die Lieferung herzustellender oder zu erzeugender Sachen im Mittelpunkt, sondern der Gesamterfolg (also das Endprodukt). Zudem erfasst der Werkvertrag auch unbewegliche Sachen, wohingegen sich der Werklieferungsvertrag ausschließlich auf bewegliche Sachen bezieht. Daher kann es sich bei einem Vertrag über eine Baumaßnahme, bei der zunächst bewegliche Sachen (wie Steine, Decken, Balken) auf ein fest mit dem Boden verbundenes Sockelfundament bzw. in ein fest mit dem Boden verbundenes Bauwerk als wesentliche Bestandteile eingebracht werden, nur um einen Werkvertrag (in Form eines Bauvertrags, § 650a BGB) handeln.

– Und beim **Kaufvertrag** geht es allein um die Pflicht zur Übereignung und Übergabe von (beweglichen oder unbeweglichen) Sachen, unabhängig davon, ob diese (vom Verkäufer oder von dessen Lieferanten) bereits hergestellt oder erzeugt worden sind oder erst (vom Verkäufer oder von dessen Lieferanten) hergestellt oder erzeugt werden müssen. Etwaige vereinbarte Nebenleistungen wie Auf- oder Einbau ändern daran nichts.

Da wegen § 650 S. 1 BGB das anwendbare Recht beim Werklieferungsvertrag und beim Kaufvertrag weitgehend identisch ist (vgl. aber § 650 S. 3 BGB), sich das Kaufrecht jedoch in einigen Aspekten vom Werkvertragsrecht unterscheidet, geht es in erster Linie um die Frage, ob bei dem betreffenden Vertrag Kaufvertragsrecht oder Werkvertragsrecht Anwendung findet. Der besseren Orientierung sollen einige (freilich nicht ganz zweifelsfreie) Beispiele aus der Rechtsprechung dienen:

Beispiele für Anwendbarkeit von Kaufvertragsrecht (da Werklieferungsverträge oder gar Kaufverträge): Verträge über Herstellung, Lieferung und Einbau von Fenster- und Türelementen oder einer Serieneinbauküche einschließlich Montage; Verträge über Herstellung und Lieferung von Möbelstücken, Autos, Computern etc.

Beispiele für Anwendbarkeit von Werkvertragsrecht (sofern das fertige Endprodukt im Mittelpunkt steht): Verträge über Erstellung oder Reparatur (bzw. Sanierung) von Bauwerken; Verträge über die Errichtung eines Wintergartens, einer maßgefertigten Einbauküche (Einzelanfertigung) etc., wobei ggf. die ergänzenden Vorschriften der §§ 650a ff. BGB und der §§ 650u f. BGB Anwendung finden

Findet danach Kaufvertragsrecht Anwendung, gelten auch die Ausführungen zu den Aus- und Wiedereinbaukosten. Davon geht auch die Verbrauchsgüterkauf-Richtlinie aus, wenn sie in Art. 1 Abs. 4 formuliert, dass als Kaufverträge i.S.d. Richtlinie auch Verträge über die Lieferung herzustellender oder zu erzeugender Verbrauchsgüter gelten (das betrifft gem. Art. 1 Abs. 2 b) der RL alle beweglichen körperlichen Gegenstände mit Ausnahme von Gütern, die aufgrund von Zwangsvollstreckungsmaßnahmen oder anderen gerichtlichen Maßnahmen verkauft werden, Wasser und Gas, wenn sie nicht in einem begrenzten Volumen oder in einer bestimmten Menge abgefüllt sind, sowie Strom).

j. Aufwendungen zur Klärung einer unklaren Mängelursache

Nach herrschender Rechtsansicht sind auch Aufwendungen zur Klärung einer unklaren Mängelursache erfasst, weil das damit verbundene Kostenrisiko grundsätzlich dem Verkäufer zugewiesen ist. Aus diesem Grund sind auch die Kosten eines Sachverständigengutachtens, das zur Ermittlung des Mangels in Auftrag gegeben wurde, nach der Rechtsprechung (BGH NJW 2014, 2351) Aufwendungen i.S.d. § 439 Abs. 2 BGB und daher zu ersetzen, ohne dass es auf ein Verschulden des Verkäufers für den Mangel ankäme, wie das der Fall wäre, wenn man die Sachverständigenkosten als Schadensersatzposition ansähe (dazu S. 157).

k. (Kein) Ausschluss/keine Einschränkung des Rechts auf Nacherfüllung

Schließlich darf das Recht auf Nacherfüllung nicht ausgeschlossen bzw. eingeschränkt sein. Der Ausschluss bzw. die Einschränkung kann sich aus dem Gesetz oder aufgrund von Parteivereinbarung ergeben. Ausschluss- bzw. Einschränkungsgründe können sein:

⇨ Unmöglichkeit nach § 275 Abs. 1 BGB

Da eine unmögliche Leistung nicht erbracht werden kann, wäre es sinnlos, dem Käufer einen durchsetzbaren Anspruch auf Nacherfüllung zuzusprechen. Folgerichtig hat der Gesetzgeber in § 275 Abs. 1 BGB, der auch auf die Nacherfüllung i.S.v. § 439 BGB anwendbar ist, formuliert, dass der Schuldner von seiner Leistungspflicht frei wird, soweit diese für ihn oder für jedermann unmöglich ist. Beschränkt sich die Unmöglichkeit auf eine Art der Nacherfüllung, also entweder auf die Nachlieferung oder auf die Nachbesserung, ist der Nacherfüllungsanspruch nur insoweit und in Bezug auf diesen Teil ausgeschlossen („soweit" in § 275 Abs. 1 BGB). Der Anspruch des Käufers beschränkt sich dann auf die noch mögliche Art der Nacherfüllung. Ist diese für den Verkäufer ebenfalls unmöglich, wird er nach § 275 Abs. 1 BGB von seiner Nacherfüllungspflicht gänzlich frei.

⇨ Unzumutbarkeit nach § 439 Abs. 4 S. 1 BGB („unverhältnismäßig").

Nach § 439 Abs. 4 S. 1 BGB kann der Verkäufer die vom Käufer gewählte Art der Nacherfüllung verweigern, wenn sie nur mit unverhältnismäßigen Kosten möglich ist. Ob eine solche relative Unverhältnismäßigkeit besteht, ist aufgrund einer umfassenden Interessenabwägung und Würdigung aller maßgeblichen Umstände des konkreten Einzelfalls zu beurteilen (BGH NJW 2019, 292, 294 f.). Dabei sind gem. § 439 Abs. 4 S. 2 BGB insbesondere der Wert der Sache in mangelfreiem Zustand, die Bedeutung des Mangels und die Frage zu berücksichtigen, ob auf die andere Art der Nacherfüllung ohne erhebliche Nachteile für den Käufer zurückgegriffen werden könnte.

Beispiel: Besteht bei einem Neuwagen der Mangel in einem Softwareproblem (hier: fehlerhafte Meldung, dass die Kupplung überhitzt sei und dass zwecks Abkühlung der Wagen für ca. 45 min abgestellt werden müsse), leuchtet es ein, dass die Kosten einer Ersatzlieferung (hier: Lieferung eines Ersatzwagens) deutlich höher sind als die Kosten der Nachbesserung durch ein Softwareupdate (BGH NJW 2019, 292, 294 ff.).

Jedoch hat der BGH auch darauf abgestellt, dass dem Mangel erhebliche Bedeutung (§ 439 Abs. 4 S. 2 BGB) zukommt, weil er die Gebrauchsfähigkeit des Fahrzeugs spürbar einschränkt. Denn der Fahrer kann i.d.R. nicht einschätzen, ob eine Warnmeldung eine wirkliche Ursache hat oder lediglich auf einen Softwarefehler zurückzuführen ist. Nichtsdestotrotz muss sich der Käufer letztlich auf die für den Verkäufer günstigere Art der Nacherfüllung verweisen lassen (vorliegend Softwareupdate statt Ersatzlieferung), wenn damit der Mangel vollständig, nachhaltig und fachgerecht beseitigt werden kann.

Rechte bei Sachmängeln – Nacherfüllung

Anhaltspunkte für die relative Unverhältnismäßigkeit sind schließlich das Verschulden bzw. Vertretenmüssen.

Die **Kappungsgrenze** liegt wohl bei 130% des Kaufpreises. Liegen die Kosten der Nacherfüllung darüber, dürfte von Unverhältnismäßigkeit auszugehen sein. Es bleiben dann nur noch die andere Art der Nacherfüllung oder die Folgerechte Minderung und Rücktritt.

Beispiel: Käufer K kauft im Geschäft des V ein neues Smartphone zum Preis von 350,- €. Zwei Monate nach der Übergabe ist das Display defekt.

⇨ *Sollte die Reparatur des Smartphones nicht mehr als 130% vom Kaufpreis betragen (also vorliegend bis 455 €), darf und muss V die Reparatur durchführen, sofern diese von K verlangt wird. Sollten die Kosten der Reparatur darüberliegen, darf V das Nacherfüllungsrecht des K auf Nachlieferung beschränken. Sollte auch dies unverhältnismäßig sein, bleiben dem K die Minderung oder der Rücktritt.*

⇨ Kenntnis des Käufers vom Mangel (Vorsatz; aber auch grob fahrlässige Unkenntnis, es sei denn, Verkäufer war arglistig), § 442 Abs. 1 BGB.

Kannte der Käufer bei Vertragsschluss den Mangel, sind seine Rechte wegen eines Mangels (und damit auch sein Recht auf Nacherfüllung) ausgeschlossen (§ 442 Abs. 1 S. 1 BGB). Kenntnis setzt positives Wissen bezüglich des Mangels voraus. Der Kenntnis gleichgesetzt ist grob fahrlässige Unkenntnis vom Mangel. In diesem Fall kann der Käufer Rechte wegen des Mangels nur geltend machen, wenn der Verkäufer den Mangel arglistig verschwiegen oder eine Garantie für die Beschaffenheit der Sache übernommen hat (§ 442 Abs. 1 S. 2 BGB).

Beispiel: Verkäufer V inseriert seinen 3 Jahre alten VW Beetle 1.2 TSI in einer Internetverkaufsbörse zu einem Preis von 12.000,- €. Interessent K nimmt zu V Kontakt auf und erklärt sofort, dass er den Wagen für 11.500,- € nehme, wenn V den Wagen zu K liefere. V ist irritiert und schlägt K vor, er solle doch zunächst einmal vorbeikommen und den Wagen zur Probe fahren. K erwidert jedoch, dass dies nicht nötig sei.

Rechte bei Sachmängeln – Nacherfüllung

Daraufhin nimmt V das Angebot des K an. Zwei Monate nach der Übergabe meldet sich K bei V und macht Sachmängelrechte geltend wegen eines angeblichen Motorschadens.

⇨ *Hier kannte K bei Vertragsschluss zwar nicht den (eventuellen) Mangel, es liegt aber in jedem Fall grob fahrlässige Unkenntnis vom (eventuellen) Mangel vor. Denn beim Kauf eines Kraftfahrzeugs soll dieses besichtigt und bei Gestattung durch den Verkäufer auch zur Probe gefahren werden. V hat eine vorherige Probefahrt sogar ausdrücklich angeboten. Dass V den (angeblichen) Mangel arglistig verschwiegen oder eine Garantie für die Beschaffenheit des Wagens übernommen hat (vgl. § 442 Abs. 1 S. 2 BGB), ist nicht ersichtlich. Es lag daher allein in der Risikosphäre des K, den Wagen „blind" zu kaufen.*

Das Gleiche galt übrigens für Käufer von vom Dieselabgasskandal betroffenen Diesel-Autos. Kaufte man in Kenntnis des Dieselabgasskandals ein Fahrzeug des betroffenen Typs, konnte man wegen § 442 Abs. 1 S. 1 BGB keine Mängelrechte geltend machen (siehe dazu etwa OLG Stuttgart NJW-RR 2020, 210 – später auch BGH NJW 2020, 2796, 2797).

⇨ Vertraglicher Ausschluss der Sachmängelhaftung (soweit zulässig, vgl. §§ 444 und 476 BGB und AGB-Recht; vgl. auch § 377 Abs. 1 HGB)

Nach Möglichkeit wird der Verkäufer versuchen, Sachmängelrechte auszuschließen. Das Gesetz gestattet den vertraglichen Ausschluss der Gewährleistung jedoch nur in bestimmten Fällen und unter bestimmten Voraussetzungen. Da dieser Komplex auf S. 165 ff. behandelt wird, sei insoweit darauf verwiesen.

3. Recht auf Rücktritt vom Vertrag

Ist Nacherfüllung (in beiden Varianten) unmöglich oder für den Verkäufer unzumutbar, schlägt die Nacherfüllung fehl oder verweigert der Verkäufer die Nacherfüllung, gelten die Folgerechte

- Rücktritt vom Vertrag,
- Minderung des Kaufpreises
- oder Schadensersatz statt der Leistung.

Schadensersatz neben der Leistung und Aufwendungsersatz können daneben stets geltend gemacht werden, solange nur deren Voraussetzungen vorliegen.

Liegt ein Sachmangel bei Gefahrübergang (dazu S. 23 ff. und 52 f.) vor und hat der Käufer dem Verkäufer – zumindest im Grundsatz – eine angemessene Frist zur Nacherfüllung gesetzt, die der Verkäufer fruchtlos hat verstreichen lassen, kann gem. §§ 437 Nr. 2 Var. 1, 440, 323, 326 Abs. 5 BGB der Käufer alternativ zur Minderung des Kaufpreises vom Kaufvertrag zurücktreten, sofern kein Ausschlussgrund greift. Minderung und Rücktritt stehen nebeneinander. Der Gesetzgeber räumt dem Käufer ein Wahlrecht ein zwischen Festhalten am Kaufvertrag (unter Minderung des Kaufpreises) und Lösen vom Kaufvertrag (Rücktritt mit der Folge der Rückabwicklung).

a. Rücktrittserklärung; kein Wechsel zur Minderung

Der Rücktritt muss gem. § 349 BGB **erklärt** werden. Das ergibt sich nicht nur aus der Rechtsnatur des Rücktrittsrechts als Gestaltungsrecht, sondern auch aus der Natur der Sache: Der Schuldner (hier: der Verkäufer) muss ja wissen, welches Recht ausgeübt und was von ihm gefordert wird. Wegen seiner Rechtsnatur als Gestaltungsrecht sowie der mit ihm verbundenen Folge der **Beendigung des Vertragsverhältnisses** und der „Umwandlung" in ein **Rückgewährschuldverhältnis** ist hinsichtlich desselben Mangels ein Wechsel vom Rücktritt zur Kaufpreisminderung nicht mehr möglich, sobald der Rücktritt erklärt wurde.

Denn die Ausübung des Minderungsrechts setzt gerade den Fortbestand des Vertragsverhältnisses voraus; lediglich die Höhe des Kaufpreises wird im Verhältnis zum Mangel reduziert. Hat also der Käufer den Rücktritt erklärt, kann er anschließend nicht mehr zur Minderung wechseln. Die Wahl des Rücktrittsrechts muss daher gut überlegt sein (zur Frage, ob hingegen ein Wechsel von der Minderung zum Rücktritt möglich ist, siehe S. 142).

Allerdings kann nach § 325 BGB neben dem erklärten Rücktritt weiterhin Schadensersatz verlangt werden. Insoweit können der Rücktritt und der Schadensersatz kombiniert werden und es besteht im Ergebnis ein Schadensersatzanspruch neben dem Rücktritt. Allerdings darf der Schaden nicht identisch sein mit denjenigen Positionen, die bereits mit dem Rücktritt „abgegolten" sind. Auch darf die Art des Schadensersatzes nicht den Verbleib der Sache beim Gläubiger (hier: dem Käufer) voraussetzen, was beim sog. „kleinen Schadensersatz" der Fall wäre. Zum Verhältnis Rücktritt/Schadensersatz vgl. im Übrigen S. 150 f.

b. Insbesondere: Fristsetzung

Von besonderer Bedeutung ist die Fristsetzung: Nach § 323 Abs. 1 BGB muss der Gläubiger (hier: der Käufer) dem Schuldner (hier: dem Verkäufer) eine angemessene Frist zur Nacherfüllung setzen. Die Frist soll dem Verkäufer eine letzte Gelegenheit zur ordnungsgemäßen Vertragserfüllung geben, bevor er den mitunter äußerst nachteiligen Folgen eines Rücktritts ausgesetzt wird. Die Frist muss daher derart bemessen sein, dass dem Verkäufer die Nacherfüllung objektiv möglich ist („angemessene Frist"). Die Angemessenheit bemisst sich nach den Umständen des Einzelfalls (allgemeine Auffassung, vgl. nur OLG Nürnberg NZV 2018, 315).

Beispiel: Ein vom „Diesel-Abgasskandal" betroffener Autokäufer hat nach Auffassung des OLG Nürnberg keinen Anspruch auf Rückabwicklung seines Neuwagenkaufvertrags, wenn er dem Verkäufer eine Nachbesserungsfrist von weniger als zwei Monaten gesetzt hat. Eine Frist von weniger als zwei Monaten sei nach den gegebenen Umständen, insbesondere wegen der Notwendigkeit einer behördlichen Freigabe des Updates, nicht ausreichend (OLG Nürnberg NZV 2018, 315).

Setzt der Gläubiger dem Schuldner eine zu kurze Frist, führt dies jedoch nicht (zwingend) zur Unwirksamkeit der Fristsetzung und möglicherweise zur Unwirksamkeit des Rücktritts, sondern setzt eine angemessene Frist in Gang (vgl. etwa BGH NJW 1985, 2640). Gleichwohl steht dem Gläubiger ein Rücktrittsrecht grds. erst dann zu, wenn die Frist erfolglos abgelaufen ist. Erfolglos ist die Frist abgelaufen, wenn der Schuldner die Leistung nicht innerhalb der gesetzten Frist erbracht hat (zu der zu gewährenden Anzahl an Nachbesserungsversuchen vgl. bereits S. 93 f.).

Beispiel: Verkäufer V (ein Autohändler) und Käufer K schlossen einen Kaufvertrag über einen 3 Jahre alten Gebrauchtwagen mit einer Laufleistung von 28.000 km. Einen Monat nach Übergabe erlitt der Wagen einen Getriebeschaden. K forderte V auf, den Schaden zu beheben. Der erste Nachbesserungsversuch blieb erfolglos, da V lediglich das Getriebeöl wechselte. Daraufhin forderte K den V erneut auf, den Schaden zu beheben, und setzte ihm eine Frist von 10 Tagen.

⇨ *Gelingt es V nicht, innerhalb der als angemessen anzusehenden Frist den Getriebeschaden zu beheben, kann K vom Vertrag zurücktreten. Folge wäre die Rückgewähr der empfangenen Leistungen (Rückübereignung und Herausgabe des Fahrzeugs; Rückzahlung des Kaufpreises abzüglich einer Nutzungsentschädigung – dazu unten S. 137 ff.).*

Zusammenfassung zur Fristsetzung:
- Nach § 323 Abs. 1 BGB muss der Gläubiger (hier: der Käufer) dem Schuldner (hier: dem Verkäufer) eine **Frist** zur Leistung oder Nacherfüllung setzen.
- Der Gläubiger muss den Schuldner auch **auffordern**, die Leistung zu erbringen bzw. eine Nacherfüllung vorzunehmen. Eine Androhung, nach Ablauf der Frist die Leistung abzulehnen („Ablehnungsandrohung"), ist indes nicht erforderlich.

- Zudem muss der Käufer auch die Bereitschaft erklären, dem Verkäufer die Sache zur Überprüfung der erhobenen Mängelrügen für eine entsprechende Untersuchung **zur Verfügung zu stellen**.
- Die Frist muss derart bemessen sein, dass dem Verkäufer die Nacherfüllung **objektiv** möglich ist („**angemessene** Frist").

c. Entbehrlichkeit der Fristsetzung

Wie ausgeführt, soll die gem. § 323 Abs. 1 BGB erforderliche Fristsetzung dem Schuldner Gelegenheit zur Nacherfüllung geben, bevor er gezwungen wird, sich mit den mitunter sehr nachteiligen Rücktrittsfolgen auseinanderzusetzen. Da es aber Situationen gibt, in denen die Fristsetzung keinen Sinn macht, nennt der Gesetzgeber einige Entbehrlichkeitsgründe:

aa. Entbehrlichkeit der Fristsetzung bei Ausschluss der Leistungspflicht gem. § 275 Abs. 1 BGB

Wird dem Verkäufer die Nacherfüllung (in beiden Varianten) unmöglich, greift § 275 Abs. 1 BGB mit der Folge der Befreiung von der Leistungspflicht. Muss der Verkäufer demnach also nicht mehr nacherfüllen, würde eine Fristsetzung keinen Sinn machen. Der Käufer kann sofort zurücktreten.

Beispiel: Verkäufer V (ein Autohändler) und Käufer K schlossen einen Kaufvertrag über einen Jahreswagen, der im Kaufvertrag als unfallfrei bezeichnet wurde. Kurz nach Übergabe stellt sich heraus, dass der Wagen vor einiger Zeit in einen Unfall verwickelt war und so als Unfallwagen gilt. K erklärt daraufhin gegenüber V den sofortigen Rücktritt gem. § 437 Nr. 2 Var. 1 BGB i.V.m. § 326 Abs. 5 BGB und stellt dazu den Wagen auf dem Betriebsgelände des V ab.

⇨ *Hier konnte K sofort zurücktreten, da die Herbeiführung eines vertragsgemäßen Zustands (Lieferung des Wagens als unfallfrei) unmöglich ist.*

bb. Entbehrlichkeitsgründe nach § 323 Abs. 2 BGB

Eine Fristsetzung ist auch dann entbehrlich, wenn die Voraussetzungen des § 323 Abs. 2 BGB vorliegen. Von Relevanz ist v.a. die dort genannte Nr. 2. So ist bei einem Kaufvertrag die Fristsetzung durch den

Käufer entbehrlich, wenn der Verkäufer die Leistung nicht termin- oder fristgerecht erbringt, obwohl die termin- oder fristgerechte Leistung für den Käufer wesentlich ist.

Beispiel: V und K schließen einen Kaufvertrag über die Lieferung von 12 Flaschen Bordeaux-Wein des Jahrgangs 2009. Sie vereinbaren aufgrund des Verlangens des K, dass V den Wein binnen 14 Tagen nach Vertragsschluss zu liefern habe, da K den Wein im Rahmen einer Familienfeier ausschenken möchte.

⇨ *Hier haben die Parteien vereinbart, dass der Vertrag aufgrund einer Terminvereinbarung mit der Einhaltung der Leistungsfrist „stehen und fallen" soll, sodass eine verspätete Leistung keine vollständige Erfüllung mehr darstellt („relatives Fixgeschäft"). Liefert V also nicht fristgerecht, kann K vom Vertrag zurücktreten, ohne dass er dem V eine Frist setzen müsste.*

cc. Entbehrlichkeit nach § 440 S. 1 BGB

Ein zusätzlicher Ausnahmetatbestand ist in § 440 S. 1 BGB geregelt. Danach bedarf es der Fristsetzung auch dann nicht, wenn der Verkäufer beide Arten der Nacherfüllung gemäß § 439 Abs. 4 BGB verweigert oder wenn die dem Käufer zustehende Art der Nacherfüllung fehlgeschlagen oder ihm unzumutbar ist. Letzteres kann etwa angeommen werden, wenn sich der Verkäufer als unzuverlässig erwiesen hat oder er eine fehlende fachliche Kompetenz aufweist und dadurch das Vertrauensverhältnis nachhaltig gestört ist (BGH NJW 2015, 1669, 1670).

Beispiel: Im Gegenbeispiel von S. 63 kann K auf der Grundlage der BGH-Rechtsprechung (NJW 2015, 1669, 1670) aufgrund der fehlenden fachlichen Kompetenz des V und des damit verbundenen Verlustes des Vertrauensverhältnisses sofort vom Vertrag zurücktreten. Er hat K einen als verkehrssicher suggerierten Wagen verkauft, der massive Mängel in Form massiver Korrosion an sicherheitsrelevanten Bauteilen aufwies, was V anhand einer Sichtprüfung hätte erkennen können.

dd. Entbehrlichkeitsgründe beim Verbrauchsgüterkauf

Zwar muss nach § 323 Abs. 1 BGB der Gläubiger (hier: der Käufer) dem Schuldner (hier: dem Verkäufer) eine angemessene Frist setzen, bevor er vom Vertrag zurücktreten kann. Geht es aber um einen Verbrauchsgüterkauf, also um einen Kauf, bei dem der Käufer einer beweglichen Sache Verbraucher i.S.d. § 13 BGB ist und der Verkäufer ein Unternehmer i.S.d. § 14 Abs. 1 BGB (dazu S. 15), sind die Vorgaben des Art. 3 Abs. 5 der europäischen Verbrauchsgüterkauf-Richtlinie (RL 1999/44/EG) zu beachten, wonach bei einem Verbrauchsgüterkauf der Rücktritt des Verbrauchers (bereits dann) zulässig ist, wenn er innerhalb einer angemessenen Zeit erfolgt (vgl. Art. 3 Abs. 5 RL 1999/44/EG, wo es in der englischen Fassung heißt: „within a reasonable time", also „innerhalb einer angemessenen Zeit", und wo von einer „Fristsetzung" nichts zu lesen ist). Das Erfordernis einer Fristsetzung in § 323 Abs. 1 BGB widerspricht also dieser Regelung und ist aufgrund des eindeutigen Wortlauts auch nicht „richtlinienkonform auslegbar". Nach der hier vertretenen Auffassung bieten sich drei Möglichkeiten an, dem Anwendungsvorrang des Art. 3 Abs. 5 der RL 1999/44/EG nachzukommen:

- Man „korrigiert" den aufgezeigten Widerspruch durch eine einengende Handhabung („teleologische Reduktion") des § 323 Abs. 1 BGB bzw. nimmt eine richterliche Rechtsfortbildung vor, indem man in § 323 Abs. 1 BGB im Rahmen von Verbrauchsgüterkaufverträgen den Begriff „Frist" durch „Zeit" ersetzt.
- Man schafft eine ungeschriebene Ausnahme zur Fristsetzung in § 323 Abs. 1 BGB.
- Man liest in § 475 BGB eine ungeschriebene Ausnahme vom Fristsetzungserfordernis des § 323 Abs. 1 BGB hinein.

Freilich reicht es nach allen der drei genannten Lösungsmöglichkeiten, dass die Wartezeit „angemessen" ist. Und gleichgültig, welcher der aufgezeigten Lösungsmöglichkeiten man sich anschließt, kommt es bei einem Verbrauchsgüterkauf auf das Vorliegen eines Entbehrlichkeitsgrundes nach § 440 S. 1 BGB bzw. nach § 323 Abs. 2 BGB nicht an.

d. Rücktritt bei Unmöglichkeit der Leistung

Ist die Übereignung des Kaufgegenstands von Anfang an unmöglich, greift § 275 Abs. 1 BGB mit der Folge der Leistungsbefreiung des Schuldners (hier: des Verkäufers). Die sich daraus ergebenden Rechtsfolgen (Schadensersatz (statt der Leistung), Rücktritt) ordnet § 275 Abs. 4 BGB an. Gewährleistungsrecht (und damit § 437 Nr. 2 Var. 1 und Nr. 3 Var. 1 BGB, die ebenfalls auf Rücktritt und Schadensersatz verweisen) greift aber nicht, wenn im Fall der Unmöglichkeit keine Übergabe stattfindet, die für die Anwendung des Gewährleistungsrechts aber erforderlich wäre. In Betracht kommt aber eine direkte Anwendung von Rücktrittsvorschriften des allgemeinen Schuldrechts. Ist aber eine Übergabe erfolgt, greift Gewährleistungsrecht und der Rücktritt richtet sich nach § 437 Nr. 2 Var. 1 BGB i.V.m. mit der dort genannten Verweiskette, die aber ebenfalls ins allgemeine Schuldrecht führt.

Beispiel: K kaufte von V einen Gebrauchtwagen. Dieser war aber zuvor dem O gestohlen worden. Die von V vorgelegte Zulassungsbescheinigung II (der Kfz-Brief), die an sich den gutgläubigen Eigentumserwerb (§§ 929 S. 1, 932 BGB) absichert, war gefälscht, was möglich war, weil bei der Bundesdruckerei eine Großzahl von Blanko-Zulassungsbescheinigungen gestohlen worden war. Das alles war für K jedoch nicht erkennbar. Einige Wochen nach der Übergabe wird der Wagen bei K von der Polizei beschlagnahmt und O zurückgegeben. Auch kann V ermittelt werden. Es bleibt aber unklar, ob V etwas mit den kriminellen Machenschaften zu tun hat. Jedenfalls verlangt K von V den Kaufpreis zurück.

⇨ Zwar ist an eine Rückzahlungspflicht gem. § 812 Abs. 1 BGB zu denken, wenn eine Anfechtung (wegen arglistiger Täuschung) erklärt wurde. Jedoch ist gerade unklar, ob V etwas mit den kriminellen Machenschaften zu tun oder von ihnen Kenntnis hatte. Insofern bietet sich ein Rücktritt vom Vertrag an, da die hierbei in Betracht kommende Anspruchsgrundlage Kenntnis oder Kennenmüssen bei V nicht voraussetzt.

Anspruchsgrundlage ist daher § 437 Nr. 2 Var. 1 BGB i.V.m. §§ 323 oder 326 Abs. 5 BGB. Denn vorliegend ist das Gewährleistungsrecht (und damit § 437 BGB) wegen erfolgter Übergabe anwendbar. Eine wirksame Über-

eignung ist für die Anwendbarkeit des Gewährleistungsrechts nicht erforderlich. Jedenfalls bietet wegen des Verweises in § 437 Nr. 2 BGB auf die Rücktritts-vorschriften des allgemeinen Schuldrechts ein Recht zur Rückforderung von Leistungen nach ausgeübtem Rücktrittsrecht § 346 Abs. 1 bzw. Abs. 2 BGB. So könnte K gem. § 346 Abs. 1 BGB Rückzahlung des Geldwertes des Kaufpreises verlangen. Der dafür erforderliche Rücktrittsgrund ergibt sich entweder aus § 326 Abs. 1 S. 1, Abs. 4 BGB bzw. § 326 Abs. 5 BGB oder alternativ aus § 323 Abs. 1 BGB, abhängig davon, ob ein Fall der (endgültigen) Unmöglichkeit i.S.d. § 275 Abs. 1 BGB vorliegt. Läge ein Fall der (endgültigen) Unmöglichkeit vor, griffe § 326 Abs. 5 BGB (i.V.m. § 323 Abs. 1 BGB unter Entbehrlichkeit der Fristsetzung) oder § 326 Abs. 1 S. 1, Abs. 4 BGB mit der Folge, dass ein Rückgewährschuldverhältnis kraft Gesetzes (also auch ohne Rücktrittserklärung) entstünde. Nimmt man demgegenüber keine Unmöglichkeit an, bleibt § 323 Abs. 1 BGB mit dem grundsätzlichen Erfordernis einer Fristsetzung. Nach Auffassung des BGH liegt bei der Übergabe einer einem Dritten gehörenden Sache kein Fall der (endgültigen) Unmöglichkeit vor, weil der Schuldner ja theoretisch das Eigentum erwerben und dieses dann an seinen Gläubiger weiterübertragen könnte (siehe BGH NJW 2015, 1516, 1518). Folge wäre dann, dass sich der Rücktritt nach § 323 Abs. 1 BGB richtete und K grds. eine Frist setzen müsste. Nach der hier vertretenen Auffassung liegt sehr wohl zumindest eine vorübergehende Unmöglichkeit vor, die (was der h.M. entspricht) im Fall der Veräußerung eines einem Dritten gehörenden Kfz der endgültigen gleichzusetzen ist. K könnte demnach also den Rücktritt ohne Fristsetzung erklären. Gleichwohl ist K anzuraten, eine Frist zu setzen, um ein diesbezügliches (Prozess-)Risiko auszuschließen.

e. Kein Ausschluss des Rücktrittsrechts

Das Rücktrittsrecht darf nicht ausgeschlossen sein. So darf

- zunächst der Sachmangel nicht vom <u>Käufer</u> i.S.d. § 323 Abs. 6 BGB zu vertreten sein.

- Der Sachmangel darf auch nicht unerheblich i.S.d. § 323 Abs. 5 S. 2 BGB sein (dazu sogleich).

Rechte bei Sachmängeln – Rücktritt vom Vertrag

- Keine Kenntnis des Käufers vom Sach- oder Rechtsmangel (§ 442 Abs. 1 S. 1 BGB). Bei grob fahrlässiger Unkenntnis vgl. § 442 Abs. 1 S. 2 BGB

  Beispiel: Kaufte man in Kenntnis des Dieselabgasskandals ein Fahrzeug des betroffenen Typs, konnte man wegen § 442 Abs. 1 S. 1 BGB keine Mängelrechte geltend machen (siehe dazu etwa OLG Stuttgart NJW-RR 2020, 210 – später auch BGH NJW 2020, 2796, 2797).

- Zudem darf kein wirksamer vertraglicher Gewährleistungsausschluss vereinbart worden sein. Unzulässig ist ein Gewährleistungsausschluss unter den in §§ 444, 442 BGB genannten Voraussetzungen (vgl. dazu S. 163 ff.) bzw. beim Verbrauchsgüterkauf nach § 476 BGB (vgl. dazu S. 165 ff ff.). Auch kann das AGB-Recht einem Gewährleistungsausschluss entgegenstehen (vgl. § 309 Nr. 8 BGB, dazu S. 175 ff.).

- Das Rücktrittsrecht darf schließlich nicht durch die Einrede der Verjährung (in Bezug auf die Nacherfüllung) gem. § 438 Abs. 4, § 218 BGB ausgeschlossen sein (vgl. dazu S. 184 f.).

Da die Rücktrittsfolgen für den Verpflichteten mitunter sehr weit reichend sind, hat der Gesetzgeber angeordnet, dass der Rücktritt ausgeschlossen ist, wenn die Pflichtverletzung unerheblich ist (§ 323 Abs. 5 S. 2 BGB), wobei es im Kaufrecht auf die Erheblichkeit des Sachmangels ankommt. Bei Neuwagen hat der BGH die Erheblichkeitsschwelle bei 5% angesiedelt, aber gleichzeitig betont, dass diese Grenze nicht absolut gelte, sondern (wie) stets eine umfassende Interessenabwägung vorzunehmen sei. Jedoch werde es dem Käufer bei Sachmängeln unterhalb dieser Schwelle i.d.R. zuzumuten sein, am Vertrag festzuhalten und sich – nach erfolglosem Nachbesserungsverlangen – mit einer Minderung des Kaufpreises oder mit der Geltendmachung des kleinen Schadensersatzes (dazu S. 147 f.) zu begnügen, weil anderenfalls der Verkäufer nicht hinreichend vor den für ihn wirtschaftlich meist nachteiligen Folgen eines Rücktritts wegen geringfügiger Mängel geschützt wäre (BGH NJW 2014, 3229, 3230 f.).

Rechte bei Sachmängeln – Rücktritt vom Vertrag

Beispiel (nach BGH NJW 2014, 3229): K begehrt vom Autohaus V die Rückabwicklung eines Kaufvertrags über einen zum Preis von 30.000,- € erworbenen Neuwagen. Wenige Wochen nach der Übergabe des Fahrzeugs machte K verschiedene Mängel geltend, u.a. Fehlfunktionen der akustischen Einparkhilfe und das völlige Fehlen des optischen Signals der hinteren Einparkhilfe. Wegen dieser Mängel suchte er wiederholt V auf und setzte schließlich - erfolglos - in Bezug auf die Mängel an der Einparkhilfe eine letzte Frist zur Mangelbeseitigung. V teilte K hierauf schriftlich mit, die Einparkhilfe funktioniere nach einem vorangegangenen Nachbesserungsversuch einwandfrei und entspreche dem Stand der Technik. K erklärte daraufhin den Rücktritt vom Kaufvertrag. Er begehrt die Rückzahlung des Kaufpreises abzgl. einer Nutzungsentschädigung, insgesamt 27.300,- €.

⇨ K kaufte einen Neuwagen, der über eine Einparkhilfe verfügt. Er durfte erwarten, dass diese auch funktioniert. Da dies nicht der Fall ist, liegt ein Sachmangel vor, der nach erfolglosen Nachbesserungsversuchen und Setzen einer angemessenen Frist zum Rücktritt befugt.

Der Rücktritt ist allerdings ausgeschlossen, wenn die Sache mit einem nur unerheblichen Mangel behaftet ist. Der BGH hat diesbezüglich festgestellt, dass es hierfür auf das Verhältnis zwischen Beseitigungsaufwand und Kaufpreis ankommt. Sind also die Kosten für die Beseitigung des Mangels im Verhältnis zum Kaufpreis nur unerheblich, ist ein Rücktritt ausgeschlossen. In Bezug auf Neuwagen hat der BGH die Erheblichkeitsschwelle bei 5% angesiedelt.

Da für die vorliegende Fehlfunktion der Einparkhilfe ein die oben genannte Erheblichkeitsschwelle übersteigender Aufwand i.H.v. 5,33% des Kaufpreises erforderlich ist und keine besonderen Umstände ersichtlich sind, die es rechtfertigten, den Mangel gleichwohl ausnahmsweise als unerheblich anzusehen, ist der von K erklärte Rücktritt vom Kaufvertrag zulässig. Das entspricht der Rechtsprechung, die grds. rücktrittsfreundlich entscheidet. Man kann aber auch anderer Auffassung sein mit dem Argument, die Einparkhilfe sei nicht von so großer Bedeutung, dass ein Rücktritt gerechtfertigt erscheine.

Selbstverständlich kommt es auf die Mangelhöhe nicht an, wenn der Gegenstand nicht vetragsgemäß nutzbar ist.

Beispiel: Ist ein Fahrzeug mit einer Software ausgestattet, die die Stickoxidwerte im Vergleich zwischen Prüfstandlauf und realem Fahrbetrieb verändert, stellt dies (unstreitig) einen Sachmangel dar. Denn das Fahrzeug eignet sich aufgrund seiner tatsächlichen Beschaffenheit nicht für die nach dem Vertrag vorausgesetzte Verwendung, da die Entziehung der Betriebserlaubnis droht (OLG Nürnberg NZV 2018, 315). Damit ein Rücktritt möglich ist, müsste dieser Mangel aber auch erheblich sein, was nach zutreffender Auffassung des OLG Nürnberg der Fall ist: Ohne die Nachbesserung drohe der Entzug der Betriebserlaubnis. Auch wenn der für die Mangelbeseitigung erforderliche Aufwand bei der Beurteilung der Frage, ob ein Mangel erheblich sei oder nicht, eine besondere Bedeutung habe, seien daneben auch sonstige Aspekte zu berücksichtigen. Das Fahrzeug erfülle einen wesentlichen Qualitätsaspekt nicht, da der Kläger mit dem Entzug der Betriebserlaubnis rechnen müsse, solange nicht nachgebessert sei (OLG Nürnberg NZV 2018, 315).

Hinsichtlich der Beweislast gilt aufgrund der Negativformulierung in § 323 Abs. 5 S. 2 BGB, dass der Schuldner (hier: der Verkäufer) beweisen muss, dass seine Pflichtverletzung unerheblich war.

f. Rechtsfolge des Rücktritts

Mit der Ausübung des Rücktrittsrechts wird das vertragliche Kaufverhältnis beendet und es „wandelt" sich in ein **Rückgewährschuldverhältnis**. Die Rechtsfolgen ergeben sich aus §§ 346 ff. BGB: Soweit kaufvertragliche Pflichten bereits erfüllt wurden, besteht die Pflicht zur Rückgewähr der empfangenen Leistungen und Herausgabe von gezogenen Nutzungen (bzw. Wertersatz) und ggf. Verwendungsersatz. Im Einzelnen gilt:

⇨ Nach § 346 Abs. 1 BGB sind zunächst **die empfangenen Leistungen zurückzugewähren**.

Beispiel: Konnte Käufer K erfolgreich vom Kaufvertrag mit Autohändler V zurücktreten, muss er den Wagen an V zurückübereignen und an ihn herausgeben (vgl. § 346 Abs. 1 i.V.m. § 929 S. 1 BGB). V muss (gem. § 346 Abs. 1 BGB) den erhaltenen Kaufpreis (den Geldwert) erstatten.

⇨ Nach § 325 BGB wird durch den Rücktritt vom Kaufvertrag auch nicht das Recht ausgeschlossen, einen **Nutzungsausfallschaden** als Schadensposition i.S.d. §§ 437 Nr. 3, 440, 280 ff. BGB geltend zu machen.

Beispiel: Konnte K des obigen Beispiels vor Ausübung des Rücktritts aufgrund des Mangels den Wagen mehrere Tage nicht nutzen, steht ihm gegenüber V auch eine Nutzungsausfallentschädigung zu.

⇨ Tritt der Käufer vom Vertrag zurück, muss er auch die **gezogenen Nutzungen herausgeben**, § 346 Abs. 1 BGB. Zu den Nutzungen zählen gem. § 100 BGB auch die Gebrauchsvorteile, d.h. die Vorteile, die durch den Gebrauch bzw. der Nutzung der Sache entstehen. Ist Nutzungsersatz nicht möglich oder nicht genügend, ist stattdessen **Wertersatz** zu leisten, § 346 Abs. 2 S. 1 Nr. 1 BGB. Danach sind bspw. **ersparte Aufwendungen** zu ersetzen.

Beispiel: Fährt der Käufer K eines Kfz zunächst 3.000 km, tritt dann wegen eines Mangels vom Kaufvertrag zurück und verlangt vom Verkäufer V den Kaufpreis heraus, muss er sich den Nutzen, den er hatte, anrechnen lassen. Der Wertersatz besteht also in einer Nutzungsentschädigung.

Bei Kfz hängt die Nutzungsentschädigung nach der vom BGH (BGHZ 115, 47, 51 f.; bestätigt in NJW 2014, 2435, 2436; BGH NJW 2020, 2796, 2797) zugrunde gelegten Methode der linearen Teilwertabschreibung (Wackerbarth, NJW 2018, 1713 mit Verweis auf Kaiser, in: Staudinger, BGB, § 346 Rn. 255) vom Bruttokaufpreis, der zu erwartenden Restlaufleistung (das ist die zu erwartende Gesamtlaufleistung abzgl.

Rechte bei Sachmängeln – Rücktritt vom Vertrag

der bereits zum Zeitpunkt des Vertragsschlusses gegebenen Laufleistung) und den seit Übernahme des Fahrzeugs gefahrenen Kilometern ab. Es ergibt sich die folgende Berechnungsformel:

$$\text{Nutzungsentschädigung} = \frac{\text{Kaufpreis} \times \text{gefahrene Kilometer}}{\text{zu erwartende Restlaufleistung}}$$

Beispiel: Kaufpreis: 20.000,- €; zu erwartende Restlaufleistung zum Zeitpunkt des Vertragsschlusses: 110.000 km. Gefahrene km seit Übergabe bis zum Rücktritt: 3.000. ⇨ *Ergibt eine Nutzungsentschädigung i.H.v. 545,45 €, die der Käufer dem Verkäufer erstatten muss. Sofern der Käufer einen Erstattungsanspruch wegen des Kaufpreises hat, führt die Nutzungsentschädigung zum Abzugsposten, d.h. im Ergebnis hat V dem K 19.454,55 € zu erstatten.*

Praxishinweise: Die Bestimmung der zu erwartenden Gesamtlaufleistung, die ja die Ausgangsbasis für die Berechnung der zu erwartenden Restlaufleistung ist und damit ein Kriterium für die Berechnung der Höhe der Nutzungsentschädigung darstellt, dürfte das größte Problem sein. Nach dem BGH (NJW 2014, 2435 f.) hat das Tatgericht die zu erwartende Gesamtlaufleistung eines Kfz gem. § 287 ZPO nach „freier Überzeugung" zu ermitteln, was in Fällen der vorliegenden Art nichts anderes heißt als durch richterliche Schätzung. Freilich wird das Gericht nicht umhinkommen, sich an belastbaren Erfahrungswerten der Branche (bzw. an den Angaben eines Sachverständigengutachtens) zu orientieren.

Weiterhin ist zu beachten: Möchte der Verkäufer dem Käufer, der wegen eines Sachmangels vom Vertrag zurücktritt und die Rückzahlung des Kaufpreises verlangt, gem. § 346 Abs. 1 Halbs. 2 Var. 2 BGB eine Nutzungsentschädigung entgegenhalten, wird diese nicht von Amts wegen vom Gericht in Abzug gebracht, sondern erst dann, wenn sich der Verkäufer darauf beruft. Man spricht in diesem Zusammenhang von „Einrede". Der Käufer, der sein Rücktrittsrecht gerichtlich durchsetzen möchte, muss also nicht bereits in der Klageschrift eine etwaige Nutzungsentschädigung, die der Verkäufer entgegenhalten könnte, in Abzug bringen. Er kann darauf „spekulieren", dass der beklagte Verkäufer es versäumt, eine Nutzungsentschädigung (oder andere Wertersatzansprüche) im Prozess geltend zu machen. Macht dieser seine Gegenansprüche also nicht geltend, spricht das Gericht dem Käufer den geltend gemachten Rückzahlungsanspruch in voller Höhe zu, sollte der Anspruch (auch aus anderen Gründen) begründet sein. Macht der beklagte Verkäufer im Prozess aber eine Nutzungsentschädigung geltend (etwa, indem er die Aufrechnung damit erklärt, siehe § 387 BGB), wird diese in Abzug gebracht und der klägerische Käufer verliert teilweise den Prozess, da seine Klage ja nicht in „voller Höhe" begründet ist. Von daher kann es ratsam sein, bereits in der Klageschrift etwaige Einreden des Verkäufers jedenfalls dann zu berücksichtigen, wenn an deren späterer Geltendmachung kein Zweifel besteht.

Nicht von der Wertersatzpflicht nach § 346 Abs. 2 S. 1 Nr. 1 BGB erfasst ist unter Zugrundelegung der o.g. Formel der Wertverlust, der allein durch Zeitablauf (d.h. altersbedingt) bzw. standzeitbedingt entsteht. Hat der Käufer das Fahrzeug also nicht genutzt, muss er auch keinen Wertersatz leisten. Keine Wertersatzpflicht besteht jedenfalls hinsichtlich des Wertverlusts, den das Fahrzeug infolge der Zulassung auf den Käufer („Haltereintrag") erlitten hat (so die Gesetzesbegründung BT-Drs. 14/6014, S. 194).

4. Recht auf Kaufpreisminderung

Gemäß §§ 437 Nr. 2 Var. 2, 441 Abs. 1 und 3 BGB kann der Käufer Minderung „statt" den Rücktritt erklären. Daher sind beide Ansprüche nicht nur gleichrangig, sondern unterliegen auch grds. denselben Voraussetzungen, d.h., es müssen nicht nur ein wirksamer Kaufvertrag und ein Sachmangel bei Gefahrübergang (dazu S. 23 ff./52) vorliegen, sondern der Käufer muss dem Verkäufer – zumindest im Grundsatz – auch eine Frist gesetzt haben und der Verkäufer darf seine in angemessener Frist vorzunehmende Nacherfüllung nicht geleistet haben (vgl. dazu S. 128 ff.). Schließlich muss der Käufer die Minderung erklären (§ 441 Abs. 1 S. 1 BGB) und es darf kein Ausschlussgrund greifen (vgl. dazu S. 134 ff.). Lediglich die Unerheblichkeitsklausel gem. § 323 Abs. 5 S. 2 BGB gilt nicht, wie sich aus § 441 Abs. 1 S. 2 BGB ergibt.

a. Minderung als Alternative zum Rücktritt

Ob der Käufer nun vom Vertrag zurücktritt oder lediglich den Kaufpreis mindert, hängt davon ab, ob er den Kaufgegenstand zurückgeben oder behalten und lediglich den Kaufpreis mindern möchte. Das Gesetz verleiht ihm insoweit ein Wahlrecht. Manchmal kann es für den Käufer nämlich interessanter sein, den Kaufpreis zu mindern, statt vom Vertrag zurückzutreten, damit er die Kaufsache trotz Mangels behalten kann. Das ist z.B. der Fall, wenn es sich um ein Liebhaber- oder Einzelstück handelt, das der Käufer behalten möchte, für das er angesichts des Mangels lediglich einen zu hohen Preis bezahlt hat. Gleiches gilt, wenn der Käufer bereits Investitionen in die Sache getätigt bzw. Zubehör erworben hat, das bei einem Rücktritt nutzlos wäre.

Anders als beim Rücktritt ändert die Ausübung des Minderungsrechts nichts an dem Fortbestand des Kaufvertrags. Lediglich die Höhe des Kaufpreises wird auf den Betrag herabgesetzt, der sich nach der in § 441 Abs. 3 S. 1 BGB genannten Berechnungsformel (dazu sogleich) ergibt. Auf diesen herabgesetzten Kaufpreis reduziert sich der Anspruch des Verkäufers aus § 433 Abs. 2 BGB. Sollte der Käufer den

Kaufpreis bereits bezahlt haben, hat er gem. § 441 Abs. 4 S. 1 BGB einen Rückforderungsanspruch in Höhe des Minderungsbetrags.

b. Kein Wechsel von Minderung zum Rücktritt

Dadurch, dass die Minderung des Kaufpreises den Bestand des Kaufvertrags unberührt lässt, sondern lediglich zur Folge hat, dass der Kaufpreisanspruch in einem bestimmten Verhältnis verringert wird, stellt sich die Frage, ob der Käufer trotz ausgeübten Minderungsrechts den Rücktritt erklären kann.

Beispiel: K mindert aufgrund eines Sachmangels den Kaufpreis um 200 € und erhält daraufhin diesen Betrag vom Verkäufer (V) erstattet. Eine Woche später erkennt er aber, dass die Entscheidung zur Kaufpreisminderung unvorteilhaft war, und erklärt den Rücktritt vom Vertrag.

⇨ Geht man von einer begrenzten Gestaltungswirkung der Minderung aus (diese hat ja lediglich zur Folge, dass der Kaufpreisanspruch reduziert wird, nicht jedoch, dass der Kaufvertrag beendet und in ein „Rückgewährschuldverhältnis" umgewandelt wird), darf K nachträglich von der Minderung zum Rücktritt wechseln, muss aber die infolge der Minderung erhaltenen 200 € ausgleichen (d.h. an V erstatten).

Jedoch hat der BGH entschieden, dass bzgl. desselben Mangels ein Wechsel von einer bereits erklärten Minderung zum „großen Schadensersatz" (dazu S. 150: Schadensersatz statt der ganzen Leistung) ausgeschlossen sei. Die mangelbedingte Minderung des Kaufpreises sei vom Gesetzgeber als Gestaltungsrecht ausgeformt worden. Mit der Ausübung des Minderungsrechts habe der Käufer von seinem Gestaltungsrecht Gebrauch gemacht. Der Käufer sei daher daran gehindert, hiervon wieder Abstand zu nehmen und stattdessen wegen desselben Mangels auf großen Schadensersatz überzugehen und unter diesem Gesichtspunkt Rückgängigmachung des Kaufvertrags zu verlangen (BGH NJW 2018, 2863, 2865 unter Verweis auf BT-Drs. 14/6040, S. 221, 223, 234 f.). Da der große Schadensersatz wie der Rücktritt eine Rückabwicklung des Kaufvertrags zur Folge hat und damit ausscheidet, wenn der Käufer durch Kaufpreisminderung das Äquivalenzinteresse wiederherstellen möchte, dürfte in

Rechte bei Sachmängeln – Minderung des Kaufpreises

Bezug auf das Verhältnis Minderung/Rücktritt nichts anderes gelten.

c. Minderungshöhe

Erklärt der Käufer die Minderung des Kaufpreises, ist nicht einfach der Minderwert, also der Differenzbetrag, der sich aus einem Vergleich zwischen dem Wert der mangelhaften Sache mit dem einer mangelfreien Sache ergibt, vom Kaufpreis abzuziehen. Vielmehr ist gemäß der Formel des § 441 Abs. 3 S. 1 BGB der Kaufpreis in dem Verhältnis zu mindern, in dem der Wert im mangelfreien Zustand zum tatsächlichen Wert (mit Mangel) stünde. Durch diese zugegeben etwas komplizierte Formulierung soll bewirkt werden, dass durch die Minderung der Vorteil eines zuvor besonders günstigen Kaufs bzw. der Nachteil eines besonders teuer getätigten Kaufs zwar relativiert, nicht aber vollständig nivelliert wird. Formelhaft bedeutet die gesetzliche Formulierung:

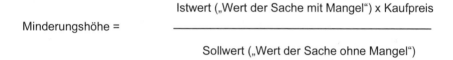

$$\text{Minderungshöhe} = \frac{\text{Istwert (,,Wert der Sache mit Mangel``)} \times \text{Kaufpreis}}{\text{Sollwert (,,Wert der Sache ohne Mangel``)}}$$

Während mit „Wert der Sache mit Mangel" der objektive Verkehrswert unter Berücksichtigung des Mangels gemeint ist (also der Wert der mangelhaften Sache), bedeutet „Wert der Sache ohne Mangel" den objektiven Verkehrswert der Sache in mangelfreiem Zustand (d.h. der Wert der Sache, wenn sie mangelfrei wäre). Beide Werte sind i.d.R. durch Sachverständigengutachten zu ermitteln, können gem. § 441 Abs. 3 S. 2 BGB aber auch durch Schätzung ermittelt werden.

Beispiel 1: K kauft von V einen Computer zum Preis von 1.200,- € (Kaufpreis). In mangelfreiem Zustand wäre das Gerät objektiv 1.400,- € (Sollwert) wert gewesen, aufgrund eines Sachmangels ist es aber objektiv nur 1.000,- € (Istwert) wert.

⇨ *Unter Zugrundelegung der o.g. Formel beträgt die Minderungshöhe rund 857,- €. (1.000,- € x 1.200,- €/1.400,- € = 857,- € gerundet). Hat K also bereits den ursprünglichen Kaufpreis von 1.200,- € bezahlt, kann er gem. §*

Rechte bei Sachmängeln – Minderung des Kaufpreises

441 Abs. 4 S. 1 BGB von V die Rückzahlung von 343,- € (1.200,- € - 857,- €) verlangen. Das mag auf den ersten Blick ungerecht erscheinen, da K ja letztlich nur 857,- € bezahlt hat für einen Computer, der 1.000,- € wert ist. Da K allerdings auch ohne den Mangel ein günstiges Geschäft gemacht hätte (1.200,- € für einen Computer, der objektiv 1.400,- € wert gewesen wäre), darf das Recht auf Minderung nicht dazu führen, dass die Vorteile eines guten Geschäfts verloren gehen bzw. dass der Verkäufer infolge der Minderung privilegiert wird. Die Vorteile des guten Geschäfts bleiben daher prozentual erhalten. Denn das Verhältnis 1.200:1.400 ist dasselbe wie 857:1.000 (in beiden Fällen beträgt der Kaufpreis 85,71% des Sollwerts).

Beispiel 2: K kauft im Autohaus des V einen EU-Neuwagen für 34.500,- €. Der übliche Kaufpreis dieses Modells in anderen Autohäusern liegt bei 36.500,- €. Im Kaufvertrag vereinbaren V und K: „EU-Neuwagen ohne Zulassung, aber mit deutscher Zulassungsbescheinigung Teil II". Bei der Übergabe des Fahrzeugs stellt K fest, dass in der Zulassungsbescheinigung bereits eine Tageszulassung eingetragen ist. V erklärt dies (zutreffend) damit, dass ein EU-Wagen stets über eine Tageszulassung im Auslieferungsland verfüge. Einen EU-Wagen ohne Zulassung gebe es nicht. K müsse dies so hinnehmen. K möchte dies aber nicht hinnehmen. Zwar sieht er ein, dass eine Nachbesserung ausgeschlossen ist (einen Haltereintrag kann man nicht rückgängig machen), bringt aber in Erfahrung, dass die Aussage „EU-Neuwagen ohne Tageszulassung gibt es nicht" nicht zutrifft. Sehr wohl sind EU-Neuwagen ohne Tageszulassungen am Markt erhältlich, was auch rechtlich zulässig ist. Dies könnte dazu führen, dass K Nachlieferung verlangen könnte (bzw. müsste, bevor er Minderungsansprüche geltend machen kann). Geht man aber davon aus, dass V die Nachlieferung verweigert, ist der Weg frei für die Folgerechte, u.a. die Minderung. Dementsprechend macht K ein Minderungsbegehren geltend mit dem Argument, dass sich die zusätzliche Haltereintragung bei einem späteren Verkauf wertmindernd auswirke. V entgegnet, K soll sich nicht so anstellen, immerhin habe er ein super Schnäppchen gemacht; eine weitere Preisreduzierung sei daher ausgeschlossen, zumal er (V) ohnehin kaum etwas an dem Auto verdient habe.

Rechte bei Sachmängeln – Minderung des Kaufpreises

⇨ Geht man davon aus, dass der zusätzliche Haltereintrag einen Minderwert von 1.000,- € ausmacht (die genaue Höhe müsste ggf. durch Sachverständigengutachten ermittelt werden), beträgt unter Zugrundelegung der o.g. Formel die Minderungshöhe rund 33.555,- € (35.500,- € x 34.500,- € / 36.500,- €). Hat K also bereits den ursprünglichen Kaufpreis von 34.500,- € bezahlt, kann er gem. § 441 Abs. 4 S. 1 BGB von V die Rückzahlung von 945,- € (34.500,- € - 33.555,- €) verlangen. Das mag auf den ersten Blick ungerecht erscheinen, da K ja letztlich nur 33.555,- € bezahlt hat für einen Wagen, der 35.500,- € wert ist. Da K allerdings auch ohne den Mangel ein günstiges Geschäft gemacht hätte (34.500,- € für einen Wagen, der objektiv 36.500,- € wert gewesen wäre), darf das Recht auf Minderung nicht dazu führen, dass die Vorteile eines guten Geschäfts verloren gehen bzw. dass der Verkäufer infolge der Minderung privilegiert wird. Die Vorteile des guten Geschäfts bleiben daher prozentual erhalten. Denn das Verhältnis 34.500:36.500 ist dasselbe wie 945:1.000 (in beiden Fällen beträgt der Kaufpreis rund 94,5% des Sollwerts).

Obwohl das Minderungsrecht einen besonders günstigen bzw. besonders teuren Kauf zwar relativieren, nicht aber gänzlich nivellieren soll (s.o.), kann es sein, dass sich die Minderung bei einem besonders günstigen Geschäft für den Käufer nicht so stark auswirkt. Denn die genannte Berechnungsformel schützt auch die Interessen des Verkäufers und möchte verhindern, dass der Verkäufer, der bei einem extrem käuferfreundlichen Preis mitunter keinen Gewinn erzielt hat, durch die Minderung in unzumutbarer Weise noch weiter belastet wird. Man kann sagen: Je krasser das Verhältnis zwischen Kaufpreis und Wert der Sache zugunsten des Käufers ausfällt und je geringer die Mangelhöhe ist, desto geringer ist die Minderungshöhe.

Beispiel: K kauft von V ein antikes Motorrad für 3.500,- €. Dabei wissen beide nicht, dass es sich um ein sehr seltenes Exemplar handelt, dessen Marktwert bei 33.500,- € liegt. Nach der Übergabe des Fahrzeugs stellt K fest, dass die Rückleuchte nicht funktioniert, obwohl V im Kaufvertrag die Verkehrssicherheit angegeben hat. Für die Reparatur, in deren Zusammenhang K auch den wahren Wert des Motorrads erfährt, muss K 20,- €

Rechte bei Sachmängeln – Minderung des Kaufpreises

aufwenden, die er nunmehr von V im Zuge eines Minderungsbegehrens erstattet bekommen möchte. V, der in diesem Zusammenhang von K den wahren Wert des Motorrads erfährt, entgegnet, es könne nicht sein, dass K trotz des unglaublich günstigen Geschäfts jetzt auch noch das kaputte Rücklicht beanstande.

⇨ Geht man davon aus, dass die defekte Rückleuchte einen Minderwert von 20,- € ausmacht und dass der Marktwert des Motorrads unter Berücksichtigung des Mangels 33.480,- € beträgt, liegt unter Zugrundelegung der o.g. Formel der geminderte Kaufpreis bei 3.497,91 € (33.480,- € x 3.500,- €/33.500,- €). Hat K also bereits den ursprünglichen Kaufpreis von 3.500,- € bezahlt, kann er gem. § 441 Abs. 4 S. 1 BGB von V die Rückzahlung von 2,09 € (3.500,- € - 3.497,91 €) verlangen. Das mag diesmal mit Blick auf den Käufer ungerecht erscheinen, da die Mangelhöhe ja 20,- € beträgt. Da K aber ein unglaublich günstiges Geschäft gemacht hat, möchte § 441 Abs. 3 S. 1 BGB verhindern, dass K noch weiter profitiert bzw. V noch weiter belastet wird.

Das Minderungsrecht darf allerdings nicht ausgeschlossen sein. So darf

- der Sachmangel nicht vom <u>Käufer</u> i.S.d. § 323 Abs. 6 BGB *zu vertreten sein.*
- Zudem darf kein wirksamer vertraglicher Gewährleistungsausschluss vereinbart worden sein. Unzulässig ist ein Gewährleistungsausschluss unter den in §§ 444, 442 BGB genannten Voraussetzungen (S. 165 ff.) bzw. beim Verbrauchsgüterkauf nach § 476 BGB (dazu S. 169 ff.). Schließlich kann einem formularmäßigen Gewährleistungsausschluss auch das AGB-Recht (insb. § 309 Nr. 8 BGB) entgegenstehen.
- Das Minderungsrecht darf schließlich nicht durch die Einrede der Verjährung (in Bezug auch die Nacherfüllung gem. § 438 Abs. 5, § 218 BGB ausgeschlossen sein (dazu S. 184 ff.).

Anders als beim Rücktritt (§ 323 Abs. 5 S. 2 BGB) kommt es auf die Erheblichkeit des Sachmangels (dazu S. 134 ff.) nicht an, § 441 Abs. 1 S. 2 BGB. Auch Bagatellmängel befugen zur Minderung des Kaufpreises.

5. Recht auf Schadensersatz

Schließlich kann gem. § 437 Nr. 3 BGB der Käufer nach den §§ 440, 280, 281, 283 und 311a BGB Schadensersatz oder nach § 284 Ersatz vergeblicher Aufwendungen verlangen. Diese Verweiskette eröffnet dem Käufer verschiedene Möglichkeiten, Schadensersatz bzw. Aufwendungsersatz zu fordern. Was den Schadensersatzanspruch betrifft, unterscheidet das Gesetz kategorisch zwischen dem Schadensersatz statt der Leistung, dem Schadensersatz statt der ganzen Leistung und dem Schadensersatz neben der Leistung (Ersatz von Begleitschäden). Voraussetzung sind aber stets ein wirksamer Kaufvertrag nach § 433 BGB und das Vorliegen eines Sachmangels gem. § 434 BGB im Zeitpunkt des Gefahrübergangs (d.h. der Übergabe an den Käufer gem. § 446 BGB oder – beim Versendungskauf gem. § 447 BGB – der Übergabe an den Versender) vorliegt. Darüber hinaus ist Vertretenmüssen des Käufers erforderlich (siehe § 280 Abs. 1 S. 2 BGB bzw. § 311a Abs. 2 S. 2 BGB). Zu vertreten sind Vorsatz und Fahrlässigkeit (§ 276 BGB). Das Erfordernis des Vertretenmüssens hat den Grund darin, dass die Inanspruchnahme des Verkäufers für jegliche mangelbedingten Ausfallerscheinungen und Schadensentwicklungen für diesen unzumutbar wäre. Daher besteht eine Verantwortung nur für solche Schäden, die von einer tatsächlichen Einflussnahmemöglichkeit abhängen.

a. Schadensersatz statt der Leistung

Möchte der Gläubiger die Sache trotz des Schadensersatzanspruchs behalten, hat er einen Anspruch auf die Wertdifferenz zwischen dem hypothetischen Vermögensstand, der gegeben wäre, wenn die Sache bei Gefahrübergang mangelfrei gewesen wäre, und dem Vermögensstand, wie er sich infolge des Sachmangels tatsächlich darstellt (Anspruch auf „**kleinen Schadensersatz**", der sich i.d.R. auf Ausgleich des mangelbedingten Minderwerts bezieht), §§ 280 Abs. 1, Abs. 3, 281 Abs. 1 S. 1 Var. 2 BGB. Bei dieser Art des Schadensersatzes hat der Schuldner den Gläubiger also so zu stellen, wie dieser stünde, wenn die Leistung ordnungsgemäß erbracht worden wäre; die Sache bleibt in jedem Fall aber beim Käufer.

Beispiel: Der Kaufpreis des mangelbehafteten Wagens betrug 5.000,- €. Der Wagen wäre ohne Mangel auch 5.000,- € wert gewesen, ist infolge des Mangels aber nur 4.250,- € wert.

⇨ Hier beträgt der Schaden also 750,- €, die der Käufer verlangen kann; den Wagen darf (und muss) er behalten, wenn er über § 437 Nr. 3 BGB i.V.m. §§ 280 Abs. 1, Abs. 3, 281 Abs. 1 S. 1 Var. 2 BGB geht. Daraus folgt zugleich: Die gleichzeitige Ausübung des Rücktritts ist nicht möglich, da der Rücktritt ja zwingend voraussetzt, dass die Sache zurückgegeben wird.

Da der Käufer so zu stellen ist, wie er stünde, wenn die Leistung ordnungsgemäß erbracht worden wäre, wird er im Rahmen des Schadensersatzes statt der Leistung im Vergleich zur Minderung in der Form privilegiert, dass er die Vorteile eines besonders günstigen Kaufs vollumfänglich behalten darf. Er behält also seinen Ertrag aus einem „Schnäppchen"; bei der Minderung wird der Vorteil infolge der Formel in § 441 Abs. 3 S. 1 BGB relativiert.

Beispiel: Der Kaufpreis des mangelbehafteten Wagens betrug 5.000,- €. Der Wagen wäre ohne Mangel jedoch 5.500,- € wert gewesen, ist infolge des Mangels aber nur 4.250,- € wert.

⇨ Hier beträgt der Schaden 1.250,- € (Differenz aus 5.500,- € und 4.250,- €), die der Käufer verlangen kann. Das „Mehr" i.H.v. 500,- € gegenüber dem letzten Beispiel ist nicht unbillig, da K bei ordnungsgemäßer Erfüllung ja auch einen Vorteil i.H.v. 500,- € gehabt hätte; dieser Vorteil soll ihm vollumfänglich erhalten bleiben. Den Wagen darf (und muss) er (auch hier) behalten.

Dadurch, dass beim „kleinen Schadensersatz" der Käufer den Gegenstand behält, ist diese Art des Schadensersatzes mit der Minderung kombinierbar. Selbstverständlich ist aber der Minderungsbetrag auf den kleinen Schadensersatz statt der Leistung anzurechnen.

Rechte bei Sachmängeln – Schadensersatz

Beispiel: Beträgt die Minderungshöhe 1.000,- €, der Schadensersatzanspruch indes 1.200,- €, muss – wenn der Käufer Minderung und Schadensersatzanspruch kombiniert – der Betrag i.H.v. 1.000,- € beim Schadensersatzanspruch angerechnet werden. Daraus folgt: Der Käufer kann zwar den Kaufpreis i.H.v. 1.000,- € mindern sowie Schadensersatz i.H.v. 1.200,- € verlangen, muss sich dann aber 1.000,- € anrechnen lassen, kann im Ergebnis also nur 1.200,- € verlangen.

Man mag sich daher fragen, warum der Käufer überhaupt Minderung und kleinen Schadensersatz kombiniert, statt den Gesamtbetrag (1.200,- €) komplett über den Schadensersatz abzurechnen. Der Sinn der Kombination von Minderung und kleinem Schadensersatz besteht darin, dass die Minderung verschuldensunabhängig, der Schadensersatz jedoch nur verschuldensabhängig gewährt wird. Machte der Käufer also den Gesamtbetrag (1.200,- €) über den Schadensersatz geltend und gelänge dem Verkäufer (vor Gericht) der Nachweis des Nichtverschuldens (siehe § 280 Abs. 1 S. 2 BGB), würde die Klage des Käufers abgewiesen. Kombinierte der Käufer aber Minderung und Schadensersatz, gewänne er zumindest die Klage in Bezug auf die Minderung (1.000,- €) und das Prozessrisiko orientierte sich lediglich an der Höhe von 200,- €.

Alternativ zur Wertdifferenz kann der Gläubiger auch die Kosten für die Mangelbeseitigung verlangen, es sei denn, dies wäre unverhältnismäßig für den Verkäufer (BGH NJW 2015, 468). Unverhältnismäßig wäre die Mangelbeseitigung insbesondere, wenn ihre Kosten den Verkehrswert der Sache in mangelfreiem Zustand übersteigen (BGH NJW 2015, 468).

Beispiel: Verkauft und übereignet wurde ein Hausgrundstück zum Preis von 260.000,- €. Später stellt sich heraus, dass das Haus mit Hausschwamm befallen ist. Die Beseitigung des Mangels kostet 160.000,- €. Der Verkehrswert des Hausgrundstücks betrüge im mangelfreien Zustand 300.000,- €.

⇨ *Hier übersteigen die Kosten der Mangelbeseitigung (160.000,- €) nicht den Verkehrswert im mangelfreien Zustand (300.000,- €). Der Käufer kann also die Kosten für die Mangelbeseitigung verlangen, da dies nicht unverhältnismäßig für den Verkäufer wäre. Im Ergebnis kann der Käufer* also 160.000,- € verlangen, er darf (und muss) aber die Sache behalten.

b. Schadensersatz statt der ganzen Leistung

Ist die Pflichtverletzung nicht unerheblich, kann der Käufer Schadensersatz statt der *ganzen* Leistung verlangen (§ 281 Abs. 1 S. 3 BGB). Das bedeutet, dass er verlangen kann, so gestellt zu werden, als habe der Verkäufer ordnungsgemäß erfüllt. Jedoch muss er dann die Kaufsache **zurückgeben**, erhält im Gegenzug aber einen vollen Ausgleich in Geld, der dem sog. Erfüllungsinteresse entspricht. Man spricht in diesem Zusammenhang auch vom „großen Schadensersatz".

Beispiel: Verkäufer V hat dem Käufer K ein Kfz verkauft. Dabei hat V fahrlässig nicht gewusst, dass das Auto ein Unfallwagen ist. Der Kaufpreis des Wagens betrug 5.000,- €. Der Wagen wäre ohne Mangel auch 5.000,- € wert gewesen. K will den Wagen nicht behalten, er möchte finanziell aber so gestellt werden, als habe V ordnungsgemäß erfüllt.

⇨ Hier verlangt K Schadensersatz statt der ganzen Leistung, was im Falle einer mangelhaften Leistung nur unter den Voraussetzungen des § 281 Abs. 1 S. 3 BGB möglich ist. Danach kann ein Schadensersatz statt der ganzen Leistung nicht verlangt werden, wenn die Pflichtverletzung nur unerheblich ist. Ob die Pflichtverletzung nicht nur unerheblich ist, richtet sich nach den Umständen des Einzelfalls (Wert der Sache, Kaufpreis, typischer Verwendungszweck der Sache, Beeinträchtigung der Gebrauchstauglichkeit durch den Mangel etc.). Geht man vorliegend davon aus, dass die Eigenschaft des Kfz als Unfallwagen einen erheblichen Mangel darstellt, kann K Schadensersatz statt der ganzen Leistung verlangen.

Der Schaden beträgt also 5.000,- €, die K verlangen kann; den Wagen muss er zurückgeben. Daraus folgt zugleich: Die gleichzeitige Ausübung des Rücktritts ist möglich, da ja auch der große Schadensersatz zwingend voraussetzt, dass die Sache zurückgegeben wird. Die Schadensersatzposition darf nur nicht bereits vom Rücktritt abgegolten sein. Sollte der Kläger über den großen Schadensersatz besserstehen als über den Rücktritt, ist ihm zu empfehlen, ausschließlich den großen Schadensersatz zu wählen. Allerdings ist dabei zu berücksichtigen, dass Schadensersatz ein

Verschulden des Verkäufers voraussetzt, wohingegen das Rücktrittsrecht verschuldensunabhängig besteht.

c. Schadensersatz neben der Leistung

aa. Ersatz von Begleitschäden

Beim Schadensersatz *neben* der Leistung (dem Ersatz von Begleitschäden) dagegen verlangt der Gläubiger keinen Ausgleich dafür, dass er auf eine ordnungsgemäße Erfüllung verzichtet. Er begehrt vielmehr einen Ersatz für anderweitige Vermögenseinbußen, die nicht auf dem *endgültigen* Ausbleiben einer ordnungsgemäßen Erbringung der Leistung basieren, d.h. für Schäden, die nicht mit dem Sachmangel identisch sind. Für solche Schäden stellt § 280 Abs. 1 BGB die richtige Anspruchsgrundlage dar. Der Grundsatz vom Vorrang der Nacherfüllung gilt hier nicht, da ja keine Schäden an der mangelhaften Sache selbst vorliegen, die durch eine „zweite Andienung" des Verkäufers beseitigt werden könnten. Vielmehr geht es beim Ersatz von Begleitschäden um einen Ausgleich für Beeinträchtigungen anderer Rechtsgüter des Käufers, die von der mangelhaften Sache ausgehen und von etwaigen Nacherfüllungshandlungen des Verkäufers unabhängig sind.

Beispiel: K möchte einen neuen Wagen kaufen. Dazu sucht er das Autohaus des V auf, um sich umzusehen. Im Ausstellungsraum stürzt K aufgrund des nicht trocken gewischten Bodens und verletzt sich.

⇨ *Hier hat K gegen V einen Anspruch aus §§ 280 Abs. 1, 241 Abs. 2, 311 Abs. 2 Nr. 1 BGB auf Ersatz der Arztkosten. Der Anspruch besteht unabhängig vom späteren Vertragsschluss (Schadensersatz neben der Leistung). Das für die Gewährung des Schadensersatzes erforderliche Verschulden (vgl. § 280 Abs. 1 S. 2 bzw. § 311a Abs. 2 S. 2 BGB) ergibt sich aus § 276 BGB (i.V.m. § 278 BGB).*

bb. Ersatz von Mangelfolgeschäden

Auch Mangelfolgeschäden sind erfasst. Darunter sind Schäden zu verstehen, die dadurch entstehen, dass an der Kaufsache ein Sachmangel vorliegt und dieser Mangel an einem *anderen* Rechtsgut des Käufers einen Schaden verursacht hat. Auch hier gilt der Grundsatz vom Vorrang der Nacherfüllung mit denselben Erwägungen nicht.

Beispiel: K kauft bei V eine Waschmaschine. Aufgrund eines Defekts im Steuermodul erhitzt die Maschine trotz der Wahl „Buntwäsche pflegeleicht" im Bedienelement das Wasser auf 95 Grad. Dadurch wird die Wäsche unbrauchbar.

⇨ Hier liegt ein sog. Mangelfolgeschaden vor, da K einen Schaden erleidet, der nicht mit dem Mangel identisch, sondern in Folge eines Mangels an anderen Rechtsgütern des K entstanden ist. K hat gegen V einen Anspruch aus §§ 437 Nr. 3, 280 Abs. 1 BGB auf Ersatz der Wäsche. Der Anspruch besteht unabhängig von den (sonstigen) Mängelrechten wegen des Defekts der Waschmaschine (Nacherfüllung, Minderung, Rücktritt). Das Verschulden (vgl. § 280 Abs. 1 S. 2 BGB) ergibt sich aus hier aus § 276 BGB (i.V.m. § 278 BGB).

Damit ist letztlich gemeint, dass der Schadensersatzanspruch des Käufers „neben der Leistung" besteht, d.h. neben der eigentlichen Pflicht des Verkäufers zur Erbringung einer mangelfreien Leistung nach § 433 Abs. 1 BGB. Der Käufer kann also den Ersatz von Mangelfolgeschäden unabhängig „neben der Leistung" des Verkäufers und unabhängig von dessen Nacherfüllungspflicht verlangen.

cc. Ersatz von Verzögerungsschäden

Weiterhin kann ein Anspruch auf den Ersatz des Begleitschadens aus der Verzögerung der Leistung folgen (§§ 280 Abs. 1, Abs. 2, 286 BGB, sog. **Verzögerungsschaden**). Dies ist bspw. der Fall, wenn der Gläubiger wegen der verspäteten Lieferung seines neuen Geschäftswagens einen Mietwagen benutzt, um seine Termine weiterhin wahrzunehmen. Die Kosten für den Mietwagen kann er als Verzögerungsschaden neben der Leistung geltend machen.

d. Fristsetzung bei Schadensersatz statt der Leistung

Geht es um einen Schadensersatz statt der Leistung wegen nicht oder nicht wie geschuldet erbrachter Leistung, ist zu beachten, dass ein Anspruch auf Schadensersatz gem. § 281 Abs. 1 BGB grundsätzlich nur dann besteht, wenn der Gläubiger (hier: der Käufer) dem Schuldner (hier: dem Verkäufer) auch eine Frist setzt, es sei denn, die Fristsetzung ist entbehrlich gem. § 281 Abs. 2 BGB. Diese Vorschrift nennt zwei Fallgruppen bzw. Varianten, die Erfüllungsverweigerung und die besonderen Umstände.

Eine ernsthafte und endgültige Erfüllungsverweigerung liegt vor, wenn der Schuldner insbesondere durch sein Verhalten eindeutig zum Ausdruck bringt, er werde seinen Verpflichtungen nicht nachkommen, und es damit ausgeschlossen erscheint, dass er sich durch eine Aufforderung zur Leistung umstimmen ließe (BGH NJW 2009, 1813, 1816; NJW 2013, 1431, 1432).

Beispiel: Der Verkäufer lässt keinen Zweifel daran, die Mängel nicht beseitigen zu wollen (BGH NJW 2013, 1431, 1432).

Daneben ist nach § 281 Abs. 2 BGB die Fristsetzung auch entbehrlich, wenn besondere Umstände vorliegen, die unter Abwägung der beiderseitigen Interessen die sofortige Geltendmachung des Schadensersatzanspruchs rechtfertigen.

Beispiele: Der Verkäufer kann die Mängel nicht beseitigen (vgl. BGH NJW-RR 2012, 268); der Verkäufer einer mangelhaften Sache hat den Mangel arglistig verschwiegen (BGH NJW 2007, 835); der Käufer eines kranken Tieres muss eine unaufschiebbare tierärztliche Behandlung in Anspruch nehmen (BGH NJW 2005, 3211).

e. Verschuldenserfordernis

Ein Schadensersatzanspruch besteht schließlich nur dann, wenn der Schuldner die Pflichtverletzung zu vertreten hat (sog. Verschuldenserfordernis). Das ergibt sich aus der Formulierung des § 280 Abs. 1 S. 2 BGB (bzw. des § 311a Abs. 2 S. 2 BGB) und hat seinen Grund darin, dass die Inanspruchnahme des Verkäufers für jegliche mangelbedingten Ausfallerscheinungen und Schadensentwicklungen für diesen unzumutbar wäre. Daher besteht eine Verantwortung nur für solche Schäden, die von einer tatsächlichen Einflussnahmemöglichkeit abhängen.

Zu vertreten hat der Schuldner die Pflichtverletzung immer dann, wenn er zumindest fahrlässig gehandelt, d.h. die im Verkehr erforderliche Sorgfalt außer Acht gelassen hat, § 276 Abs. 2 BGB. Dabei wird aufgrund der Negativformulierung in § 280 Abs. 1 S. 2 BGB (bzw. in § 311a Abs. 2 S. 2 BGB) das Vertretenmüssen vom Gesetz vermutet, sodass der Schuldner sein Nichtvertretenmüssen zu beweisen hat. Für den Gläubiger genügt es also, wenn er die Pflichtverletzung schlüssig behauptet.

Sofern der Verkäufer die Sache selbst hergestellt hat, können Fehler im Produktionsprozess den Vorwurf der Fahrlässigkeit ohne weiteres begründen. Sollten von den selbst hergestellten fehlerhaften Produkten Schäden verursacht worden sein, greift die Vermutungsregel des § 280 Abs. 1 S. 2 BGB (bzw. die des § 311a Abs. 2 S. 2 BGB), sodass der Verkäufer den Nachweis erbringen muss, dass die Schadensursache nicht in seinen Produkten liegt.

In den überwiegenden Fällen wird der Verkäufer die von ihm vertriebene Ware allerdings nicht selbst herstellen, sondern wiederum von einem Lieferanten beziehen, sodass Fehler im Produktionsprozess als Haftungsgründe ausscheiden. Es kommen aber bspw. eine unsachgemäße Behandlung oder Einlagerung als Schadensverursachungsbeiträge in Betracht. Ebenso stellt sich die Frage, ob der Wiederverkäufer zur Prüfung der von ihm angebotenen Sachen verpflichtet und mithin gehalten ist, sich vor dem Abverkauf durch hinreichende Untersuchung von der Mangelfreiheit seiner Produkte zu überzeugen. Sollte man eine solche Produktprüfpflicht annehmen, wäre es stets jedenfalls fahrlässig, wenn infolge unterlassener Prüfung Schäden an Rechtsgütern des Käufers einträten. Allerdings wäre eine generelle Produktprüfpflicht unverhältnismäßig. Das gilt jedenfalls hinsichtlich Neuware. Hier wird man nur eine stichprobenartige Prüf- und Untersuchungspflicht annehmen können, d.h. den Verkäufer nur verpflichten können, seine Waren stichprobenartig auf ihre Funktionsfähigkeit und Integrität zu überprüfen (fachmännische äußere Besichtigung in Form einer „Sichtprüfung"), ohne jedoch eine intensive Inspektion jedes einzelnen Artikels vornehmen zu müssen (BGH NJW 2015, 1669, 1670 mit zahlreichen Nachweisen auf entsprechende Rechtsprechung des BGH wie das Grundsatzurteil BGH NJW 1975, 642 ff.). Lediglich dann, wenn konkrete Umstände auf einen Mangel hindeuten, ist der Verkäufer zu einer intensiven, mangelerforschenden Untersuchung verpflichtet (siehe erneut BGH NJW 2015, 1669, 1670). Das gilt insbesondere beim Verkauf von Gebrauchtware.

Beispiel: Gebrauchtwagenhändler V verkaufte dem K einen älteren Pkw, den er kurz zuvor erst angekauft hatte, mit der Angabe „HU neu". Kurz nach der Übergabe erleidet K einen schweren Verkehrsunfall, verursacht durch den Bruch eines Achsträgers. Ein Sachverständigengutachten stellt fest, dass der Wagen erhebliche Mängel in Form massiver Korrosion an sicherheitsrelevanten Bauteilen aufwies, was V anhand einer Sichtprüfung hätte erkennen können.

⇨ Bei älteren Kfz darf sich ein Gebrauchtwagenhändler nicht auf eine fachmännische äußere Besichtigung in Form einer „Sichtprüfung" beschränken. Vielmehr ist er zu einer intensiven Untersuchung verpflichtet und darf keine Mangelfreiheit suggerieren, indem er (ungeprüft) den Wagen mit der Angabe „HU neu" verkauft. V ist daher zum Schadensersatz verpflichtet (z.B. Heilbehandlungskosten und Schmerzensgeld).

Anm.: Eine andere Auffassung wäre vertretbar, wenn der Händler über keine eigene Werkstatt verfügte und sich zudem bei der Angabe „HU neu" grds. auf das Ergebnis der Hauptuntersuchung der Prüforganisation verlassen dürfte – außer, er hätte kollusiv mit dem Prüfer zusammengewirkt.

f. Ersatzfähige Positionen

Zunächst ist anerkannt, dass Schäden, die den Mangel selbst ausmachen (sog. **Mangelschäden**), ersatzfähig sind. Darunter sind Schäden zu verstehen, die darin liegen, dass der Käufer eine Sache erhält, die ihn im Vergleich zum Erhalt einer mangelfreien Sache schlechterstellt.

Beispiele von ersatzfähigen Mangelschäden: schlichter mangelbedingter Minderwert der Sache; Reparaturaufwand, d.h. die (fiktiven Netto-)Reparaturkosten

Nach § 437 Nr. 3 i.V.m. § 280 Abs. 3, 281 Abs. 1 BGB kann der schadensersatzberechtigte Käufer Schadensersatz statt der Leistung verlangen. Der zu leistende Schadensersatz kann in der Zahlung der Wertdifferenz oder im Austausch der Sache mit Ersatz des zusätzlich entstandenen Schadens bestehen. Auch die Kosten für einen Deckungskauf, d.h. die Kosten für den Kauf einer mangelfreien Sache bei einem Dritten, gehören hierher.

Anerkannt sind auch die bereits erwähnten sog. **Mangelfolgeschäden**, also solche Schäden, die nicht unmittelbar in dem Mangel liegen, sondern infolge des Mangels an anderen Rechtsgütern (Leben, Gesundheit, Eigentum usw.) des Käufers oder von Dritten entstehen. Anspruchsgrundlage ist § 437 Nr. 3 i.V.m. § 280 Abs. 1 BGB (Schadensersatz neben der Leistung).

(Weitere) Beispiele von Mangelfolgeschäden: Unfallschäden, die infolge eines Bremsversagens (= Sachmangel des Wagens) entstehen; Nutzungsausfall, der durch die Lieferung der mangelhaften Sache entsteht; auch Investitionen, die der Käufer mit Rücksicht auf die Mangelfreiheit der Sache getätigt hat, können ersatzfähig sein.

Auch **Verspätungsschäden** sind ersatzfähig. Das sind solche Schäden, die ihre Ursache allein in der verspäteten Lieferung der (mangelfreien oder mangelhaften) Sache haben und als Schadensersatz neben der Leistung geltend gemacht werden können (vgl. § 437 Nr. 3 i.V.m.

Rechte bei Sachmängeln – Schadensersatz

§§ 280 Abs. 2, 286 BGB bzw. § 437 Nr. 3 i.V.m. § 280 Abs. 1 BGB).

Beispiele von Verspätungsschäden: Nutzungsausfall, der infolge der verspätet gelieferten Sache entstanden ist. Beruht der Schaden auf einer verspäteten Lieferung einer mangelhaften Sache, ist § 437 Nr. 3 i.V.m. § 280 Abs. 1 BGB einschlägig.

Auch die Kosten für die **Schadensermittlung** sind erfasst. Dazu zählen die Kosten für ein **Sachverständigengutachten**, sofern dieses für die entsprechende Schadensermittlung notwendig ist. Zu beachten ist jedoch, dass die Kosten für ein Sachverständigengutachten, das zur Ermittlung des Mangels in Auftrag gegeben wurde, nach der Rechtsprechung (BGH NJW 2014, 2351) Aufwendungen i.S.d. § 439 Abs. 2 BGB darstellen (S. 97) und daher zu ersetzen sind, ohne dass es – wie beim Schadensersatz – auf ein Verschulden des Verkäufers für den Mangel ankäme.

Weiterhin sind die zur Rechtsverfolgung aufgewendeten **Rechtsanwaltskosten** ersatzfähig, wenn die Inanspruchnahme des Rechtsbeistands erforderlich war.

Zu den **Aus- und Einbaukosten** im Rahmen der Nacherfüllung, die als Aufwendungsersatzanspruch von § 439 Abs. 2 und 3 BGB abgedeckt werden, vgl. bereits S. 105 ff.

Nicht ersatzfähig sind Kosten für die Bearbeitung (Zeitaufwand) und außergerichtliche Abwicklung des Schadensersatzanspruchs. Diese sog. Müheverwaltung fällt nach herrschender Rechtsansicht allein in den Pflichtenkreis des Geschädigten und muss nicht ersetzt werden. Etwas anderes gilt aber für die bei der Schadensabwicklung getätigten notwendigen Vermögensaufwendungen wie z.B. die erforderlichen Rechtsanwaltskosten.

g. Haftungsausschluss

Die Parteien können im Vorfeld Haftungsbeschränkungen oder -freistellungen vertraglich vereinbaren. Gemäß § 276 Abs. 3 BGB kann aber nicht der Ausschluss der Haftung für Vorsatz vereinbart werden. Für Haftungsbeschränkungen, die in AGB (§§ 305 ff. BGB) enthalten sind, sind die Schranken des § 307 Abs. 1, Abs. 2 Nr. 2 BGB und insb. die des § 309 Nr. 7 BGB zu beachten, wonach in AGB ein Ausschluss oder eine Begrenzung der Haftung für Schäden aus der Verletzung des Lebens, des Körpers oder der Gesundheit, die auf einer fahrlässigen Pflichtverletzung des Verwenders beruhen, unwirksam sind. Auch sind der formularmäßige Ausschluss oder die Begrenzung der Haftung für sonstige Schäden, die auf einer grob fahrlässigen Pflichtverletzung des Verwenders beruhen, gem. § 309 Nr. 7 BGB unwirksam. Für den Verbrauchsgüterkauf greift § 476 BGB (dazu S. 169 ff.).

h. Verhältnis zur Minderung und zum Rücktritt

Der Schadensersatz statt der Leistung (der „kleine Schadensersatz") sowie der Schadensersatz neben der Leistung („Ersatz von Begleitschäden") sind mit der Kaufpreisminderung kombinierbar, da sie allesamt von der Gültigkeit des Kaufvertrags ausgehen bzw. diese unberührt lassen, also nicht zur Beendigung des Kaufvertrags führen und keine Rückabwicklung zur Folge haben. Der Schadensersatz statt der *ganzen* Leistung (d.h. der „große Schadensersatz") ist nach bereits erklärter Minderung des Kaufpreises ausgeschlossen. Denn die Minderung des Kaufpreises impliziert das Festhalten am Vertrag, wohingegen der „große Schadensersatz" (wie der Rücktritt vom Vertrag) die Rückabwicklung des Vertrags zur Folge hat.

Beispiel: Aufgrund diverser nicht unerheblicher Mängel am erst kürzlich zu einem Preis von 99.000,- € gekauften Neufahrzeug erklärte K die Minderung des Kaufpreises i.H.v. 20%. Als kurze Zeit später erneut Mängel auftraten, erklärte K sodann den „großen Schadensersatz" und verlangte Rückabwicklung des Vertrags (Fall nach BGH NJW 2018, 2863).

Rechte bei Sachmängeln – Schadensersatz

⇨ *Aufgrund der Gestaltungswirkung der Minderungserklärung konnte K sich nicht mehr einseitig von der Minderung lösen und etwa den Rücktritt erklären. Denn anders als die Minderung hat der Rücktritt die Rückabwicklung zur Folge. Fraglich war daher allein, ob neben der Minderung noch der „große Schadensersetz" möglich ist. Aber auch dies hat der BGH ausgeschlossen. Mit der wirksamen Ausübung der Minderung habe ein Käufer zugleich das ihm vom Gesetz eingeräumte Wahlrecht zwischen Festhalten am und Lösen vom Kaufvertrag „verbraucht". Das Gewährleistungsrecht verlange dem Käufer einer mangelhaften Sache im Rahmen von § 437 BGB die grundlegende Entscheidung ab, ob er den Kaufvertrag (unter Liquidation entstandener Vermögenseinbußen) weitergelten lassen oder ob er sich von diesem lösen wolle. Dafür stünden ihm jeweils zwei Wege zur Verfügung. Wolle er die Kaufsache behalten, könne er entweder durch eine Gestaltungserklärung den Kaufpreis unter den Voraussetzungen des § 437 Nr. 2, § 441 BGB mindern oder im Wege der Geltendmachung eines Schadensersatzanspruchs statt der Leistung gemäß § 437 Nr. 3, § 281 Abs. 1 S. 1 BGB die Liquidation des Minderwerts erreichen (sog. kleiner Schadensersatz). Wolle er sich hingegen vom Kaufvertrag lösen, könne er entweder nach § 437 Nr. 2, § 323 BGB den Rücktritt vom Vertrag erklären oder aber Schadensersatz statt der ganzen Leistung nach § 437 Nr. 3, § 281 Abs. 1 S. 3 BGB fordern, der auf Ersatz des dem Käufer durch die Nichterfüllung des gesamten Vertrags entstandenen Schadens gerichtet sei und die Rückgewähr bereits erbrachter Leistungen (§ 281 Abs. 5 BGB) zur Folge habe (großer Schadensersatz).*

Fazit: Wie aus dem Beispiel deutlich geworden ist, kann der Schadensersatz statt der ganzen Leistung (der „große Schadensersatz") nur mit dem Rücktritt kombiniert werden, weil beide die Rückgabe der Sache zur Folge haben. Der „kleine Schadensersatz" kann hingegen mit der Minderung kombiniert werden, steht aber zum Rücktritt in einem Alternativverhältnis, da er den Verbleib der Sache beim Gläubiger (hier: beim Käufer) voraussetzt.

6. Aufwendungsersatzanspruch

Macht der Käufer im Vertrauen auf die Mangelfreiheit der Sache zum Zweck der Werterhaltung oder aus anderen Gründen Aufwendungen, kann er auch die damit verbundenen Kosten – jedoch nur *anstelle* eines Anspruchs auf Schadensersatz statt der Leistung – erstattet verlangen (Aufwendungsersatzanspruch, § 284 BGB). Sind die „Aufwendungen" also bereits im Rahmen eines Schadensersatzes statt der Leistung geltend gemacht worden, kommt diesbezüglich ein Aufwendungsersatzanspruch nicht in Betracht.

Beispiel: K kauft von einer Züchterin Z einen Mopswelpen. Einige Wochen nach der Übergabe stellt sich heraus, dass der Hund an einem Gendefekt leidet, der sich in epileptischen Anfällen zeigt (Fall nach LG Ingolstadt 31.5.2017 – 33 O 109/15). Es fallen Tierarztkosten i.H.v. 5.500,- € an.

⇨ *Dass in diesem Fall ein Sachmangel besteht, der bereits (da angeboren) zum Zeitpunkt der Übergabe vorlag, steht außer Frage. Eine Nachlieferung (§§ 437 Nr. 1, 439 Abs. 1 BGB) kann K nicht verlangen, da es sich um einen Stückkauf (und um eine nicht vertretbare Sache) handelt. Eine Nachbesserung (§§ 437 Nr. 1, 439 Abs. 1 BGB) kommt von vornherein nicht in Betracht, da ein Gendefekt nicht behoben werden kann. Es bleiben daher Minderung des Kaufpreises (§§ 437 Nr. 2 Var. 2, 441 BGB) und der Rücktritt (§§ 437 Nr. 2 Var. 1, 440, 323, 326 Abs. 5 BGB). Ggf. besteht auch ein Anspruch auf Schadensersatz (hier: §§ 437 Nr. 3 Var. 1, §§ 440, 280, 281, 311a BGB) in Bezug auf die Kosten der tiermedizinischen Versorgung, sofern Verschulden (Kenntnis oder fahrlässige Unkenntnis in Bezug auf den Gendefekt) auf Seiten der Z vorliegt. Dass die tierärztlichen Kosten 5.500,- € betrugen, ist unschädlich angesichts der Regelung in § 251 Abs. 2 S. 2 BGB, wonach die aus der Heilbehandlung eines verletzten Tieres entstandenen Aufwendungen nicht bereits dann unverhältnismäßig sind, wenn sie dessen Wert erheblich übersteigen. Ein Aufwendungsersatzanspruch in Bezug auf die tierärztliche Behandlung ist nicht gegeben, weil dieser nur anstelle des Schadensersatzanspruchs (aus § 281 BGB) geltend gemacht werden kann. K hätte es aber freigestanden, die Tierarztkosten alternativ als Aufwendungsersatzanspruch geltend zu machen, da die Voraussetzun-*

Rechte bei Sachmängeln – Aufwendungsersatzanspruch

gen die gleichen sind wie beim Schadensersatz statt der Leistung.

Wird Aufwendungsersatz beansprucht, wird man fordern müssen, dass nur solche Aufwendungen erstattungsfähig sind, die einen objektiven Nutzen haben.

Beispiel: Käufer K hat vor der Ausübung seines Rücktrittsrechts die Bremsen erneuern lassen, weil die verbauten Bremsen verschlissen waren. Die Kosten betrugen 1.000,- €. – Hier beträgt der Aufwendungsersatzanspruch des K 1.000,- €, da neue Bremsen objektiv erforderlich waren.

Gegenbeispiel: K hat ein Sportfahrwerk verbauen lassen, weil ihm das Serienfahrwerk zu weich erschien. Die Kosten betrugen 1.000,- €. – Hier hat K keinen Aufwendungsersatzanspruch, da das Sportfahrwerk objektiv nicht erforderlich war.

Auch im Rahmen eines **Tierkaufs** können Aufwendungsersatzansprüche gegeben sein, v.a., wenn Futter-, Einstell- bzw. Unterbringungskosten angefallen sind und Zubehör angeschafft wurde.

Beispiel: K kaufte beim Pferdezüchter V ein noch nicht berittenes Pferd. Einige Wochen nach der Übergabe stellt sich heraus, dass das Pferd aufgrund eines angeborenen Defekts an der Halswirbelsäule nicht beritten werden kann. K holt ein Sachverständigengutachten ein, in dem bestätigt wird, dass selbst durch eine aufwändige Operation mit anschließender Rehabilitation keine vollständige Genesung zu erwarten sei. K tritt daher vom Vertrag zurück und verlangt Ersatz für Sattel, Geschirr, Stallkosten, Tierarztkosten und Kosten für das Sachverständigengutachten.

⇨ Grundsätzlich sind Investitionen, die der Käufer mit Rücksicht auf die Mangelfreiheit der Sache getätigt hat, ersatzfähig. Das gilt aber nicht für Kosten, die nicht der Erhaltung des Tieres dienen, wie z.B. Kosten für eine Tierhalterhaftpflichtversicherung, sofern diese gesetzlich nicht vorgeschrieben ist. Dagegen sind Futter- und Einstellkosten sowie Tierarztkosten ebenso erstattungsfähig wie die Kosten des Sachverständigengutachtens, da diese Positionen objektiv erforderlich bzw. für die Schadensermittlung notwendig sind.

7. Rückgriff des Verkäufers gegen den Lieferanten

Wird ein Letztverkäufer von seinem Käufer wegen eines Sachmangels in Anspruch genommen, stellt sich für ihn regelmäßig die Frage, ob er seinen Lieferanten in **Regress** nehmen kann. Wäre eine Regressnahme ausgeschlossen, träfe dies den Letztverkäufer mitunter existenzgefährdend. Daher hat der Gesetzgeber in § 445a Abs. 1 BGB geregelt, dass der Verkäufer beim Verkauf einer neu hergestellten Sache von seinem Lieferanten Ersatz der Aufwendungen verlangen kann, die er im Verhältnis zu seinem Käufer nach § 439 Abs. 2 und 3 BGB sowie nach § 475 Abs. 4 und 6 BGB zu tragen hatte. Voraussetzung ist, dass der vom Käufer geltend gemachte Mangel bereits beim Übergang der Gefahr vom Lieferanten auf den Verkäufer (also regelmäßig zum Zeitpunkt der Übergabe nach § 446 BGB oder beim Versendungskauf gem. § 447 BGB zum Zeitpunkt der Übergabe an die Transportperson) vorhanden war. Die Beweislast hierfür trägt der Verkäufer. Ist also der Mangel erst später beim Verkäufer entstanden oder gelingt dem Verkäufer der Beweis, dass der Mangel bereits zum Zeitpunkt des Gefahrübergangs vom Lieferanten auf ihn vorhanden war, nicht, berechtigt dies den Verkäufer nicht zur Regressnahme.

Beispiel: Verkaufte V an K einen Neuwagen für dessen Gewerbebetrieb und musste aufgrund werksseitig manipulierter Motorsteuerungssoftware nacherfüllen, kann V von seinem Lieferanten die Kosten, die er für die Nacherfüllung aufbringen musste, gem. § 445a Abs. 1 BGB erstattet verlangen. Dass die manipulierte Motorsteuerungssoftware bereits zum Zeitpunkt der Lieferung des Fahrzeugs an V (und damit zum Zeitpunkt des Gefahrübergangs) installiert war, dürfte außer Frage stehen.

Handelt es sich beim letzten Vertrag um einen Verbrauchsgüterkauf, gilt die Beweislastumkehr nach § 477 BGB auch für Ansprüche des Lieferanten und der übrigen Käufer in der Lieferkette, wenn die Schuldner Unternehmer sind (§ 478 Abs. 3 BGB i.V.m. § 478 Abs. 1 BGB). Bei gebrauchten Sachen gelten die vorgenannten Ausführungen zum Regress nicht. In diesem Fall bleiben nur die allgemeinen Mängelrechte.

V. (Kein) Ausschluss der Gewährleistung

Nach Möglichkeit wird ein Verkäufer versuchen, Sachmängelrechte auszuschließen. Das Gesetz gestattet den vertraglichen Ausschluss der Gewährleistung zwar grundsätzlich (vgl. § 444 BGB), es enthält jedoch zahlreiche Ausnahmen, sodass in der Praxis ein Gewährleistungsausschluss nur in bestimmten Fällen und unter bestimmten Voraussetzungen möglich ist. Es ist zu unterscheiden:

1. Grundsatz: Gewährleistungsausschluss zulässig

Außerhalb des Verbrauchsgüterkaufs i.S.v. § 474 Abs. 1 S. 1 BGB ist ein Gewährleistungsausschluss grundsätzlich zulässig, wie sich aus der Formulierung in § 444 BGB ergibt. Bei einem Verbrauchsgüterkauf handelt es sich in erster Linie um einem Kaufvertrag über eine bewegliche Sache, bei dem auf Verkäuferseite ein Unternehmer und auf Käuferseite ein Verbraucher steht (vgl. § 474 Abs. 1 S. 1 BGB). Daraus folgt, dass ein „Nicht-Verbrauchsgüterkauf" immer dann vorliegt, wenn:

- auf beiden Seiten Verbraucher stehen („Verkauf Privat an Privat"),
- auf beiden Seiten Unternehmer stehen („Verkauf Unternehmer an Unternehmer"),
- auf Verkäuferseite ein Verbraucher und auf Käuferseite ein Unternehmer steht („Verkauf Verbraucher an Unternehmer") oder
- es sich um einen Immobilienkaufvertrag handelt (§ 474 Abs. 1 S. 1 BGB spricht nur von „beweglichen" Sachen)

Auch, wenn in diesen Konstellationen ein Ausschluss der Gewährleistung grundsätzlich **zulässig** ist, sollte er dennoch klar und unmissverständlich formuliert sein. Oft anzutreffende Formulierungen wie „Die Sache wird verkauft wie gesehen" oder „Das Fahrzeug wird verkauft wie gesehen unter Ausschluss jeglicher Gewährleistung" (sog. Besichtigungsklauseln) sind nicht unproblematisch, weil die Gerichte diese für zu unbestimmt und damit für unwirksam halten könnten. So haben der BGH (NJW 2016, 2495, 2496) und das OLG Oldenburg (Urt. v. 28.8. 2017 – 9 U 29/17) entschieden, dass die Formulierung „Gekauft wie gesehen" die Gewährleistung nicht (gänzlich) ausschließe. Gerade die Anknüpfung an eine vorangegangene Besichtigung lasse erkennen, dass die Gewährleistung nur für diejenigen Mängel ausgeschlossen werden solle, die der Käufer ohne Zuziehung eines Sachverständigen hätte wahrnehmen können. Gewährleistungsausschlüsse, die durch die Wendung „wie besichtigt" an eine vorangegangene Besichtigung anknüpfen, bezögen sich daher in aller Regel nur auf bei der Besichtigung wahrnehmbare, insbesondere sichtbare Mängel der Kaufsache (BGH a.a.O. mit Verweis auf BGHZ 74, 204, 210). Auf andere, bei Besichtigung nicht erkennbare Mängel bezieht sich der Gewährleistungsausschluss damit also nicht. Auch spielt die Unkenntnis des Verkäufers über Vorschäden keine Rolle, weil es beim Gewährleistungsrecht nicht auf die Kenntnis des Verkäufers ankommt, sondern allein auf das Vorliegen eines Sach- oder Rechtsmangels. Schließlich ist zu beachten, dass die mit Besichtigungsklauseln der genannten Art verbundenen „Zweifel bei der Auslegung" wohl auch gem. § 305c Abs. 2 BGB zu Lasten des Verkäufers gehen, sollten sie dem Begriff der Allgemeinen Geschäftsbedingungen (§ 305 Abs. 1 BGB) unterfallen, was regelmäßig der Fall ist, wenn sie in einem Vertragsvordruck vorformuliert sind. Unter allen genannten Aspekten für den Verkäufer rechtssicherer wäre bspw. die Formulierung: „Verkauft wird ... unter Ausschluss der Gewährleistung für alle dem Verkäufer nicht bekannten Mängel" (von der Wirksamkeit einer solchen Formulierung geht auch OLG Oldenburg, Urt. v. 28.8.2017 – 9 U 29/17 aus), und zwar gleichgültig, ob sie individualvertraglich oder klauselmäßig erfolgt. Diese Formulierung trägt zugleich dem Umstand Rechnung, dass der Verkäufer selbstverständlich nicht die Gewährleistung für ihm bekannte (dem Käufer aber verschwiegene) Mängel ausschließen kann (siehe § 444 BGB – dazu sogleich).

2. Grenzen des Gewährleistungsausschlusses

Auch, wenn nach dem oben Gesagten ein Gewährleistungsausschluss möglich wäre, so sind doch die (weiteren) gesetzlichen Grenzen zu beachten. So ist zunächst im Rahmen eines **Verbrauchsgüterkaufs** ein Ausschluss der Gewährleistung **nicht möglich** (§ 476 Abs. 1 S. 1 BGB – dazu unten S. 169 f.). Das Gesetz nennt aber auch außerhalb des Verbrauchsgüterkaufs Grenzen des Gewährleistungsausschlusses. So kann sich gem. § 444 BGB der Verkäufer auf einen Ausschluss oder eine Beschränkung der Mängelrechte nicht berufen, soweit er den Mangel **arglistig (also vorsätzlich) verschwiegen** oder **eine Garantie für die Beschaffenheit** der Sache (d.h. Zusicherung einer speziellen Eigenschaft wie z.B. „absolut fahrtauglich" oder „Felgen passen auf Ihr Fahrzeug" – siehe S. 33) übernommen hat. Zu beachten ist, dass ein „arglistiges Verschweigen" nicht nur dann vorliegt, wenn der Verkäufer den Gegenstand bewusst wahrheitswidrig als „mangelfrei" verkauft bzw. „ins Blaue" hinein behauptet, der Gegenstand sei mangelfrei, obwohl er dies nicht weiß, sondern auch dann, wenn der Verkäufer das Vorliegen eines Mangels zumindest für möglich hält und dabei billigend in Kauf nimmt, dass der Käufer den Mangel nicht erkennt.

Beispiel: Privatverkäufer V kreuzt im Kaufvertragsformular die Kästchen „Verkauf unter Ausschluss der Gewährleistung" sowie „unfallfrei" an, obwohl er es für möglich hält, dass der Wagen beim Vorbesitzer bereits einen Verkehrsunfall hatte. Käufer K, der für V erkennbar keinen Zweifel hegte, nimmt das Angebot an und unterschreibt. Zwei Monate nach der Übergabe meldet sich K trotz des vertraglichen Gewährleistungsausschlusses bei V und macht Sachmängelrechte geltend wegen eines defekten Motorsteuergeräts.

⇨ V kreuzte das Kästchen „unfallfrei" an, obwohl er das Vorliegen eines Unfallschadens zumindest für möglich hielt und billigend in Kauf nahm, dass K die Unfalleigenschaft nicht erkennt. Das genügt für das Merkmal „Arglist". Wegen § 444 BGB ist daher der Gewährleistungsausschluss unwirksam. K stehen daher die geltend gemachten Mängelrechte zu.

(Kein) Ausschluss der Gewährleistung

Ein Ausschluss der Mängelrechte besteht gem. § 442 BGB auch in Fällen, in denen der **Käufer** bei Vertragsschluss **den Mangel kennt**. Dann sind seine Rechte wegen eines Mangels ausgeschlossen (§ 442 Abs. 1 S. 1 BGB). Kenntnis setzt positives Wissen bezüglich des Mangels voraus.

Beispiel: V des letzten Beispiels schließt weder die Gewährleistung aus noch hat er es versäumt, K auf einen möglichen Defekt im Steuergerät hinzuweisen. Da der Preis „stimmt", geht K dieses Risiko ein und unterschreibt das Vertragsformular. Zwei Monate nach der Übergabe meldet sich K bei V und macht Sachmängelrechte geltend wegen des defekten Geräts.

⇨ Hier kannte K bei Vertragsschluss das Problem wegen des Steuergeräts. Wegen § 442 Abs. 1 S. 1 BGB stehen K in Bezug auf das Steuergerät keine Mängelrechte zu. Das gilt selbstverständlich erst recht, wenn V auf einen Defekt des Steuergeräts hingewiesen hätte.

Der Kenntnis gleichgesetzt ist **grob fahrlässige Unkenntnis vom Mangel**. In diesem Fall kann der Käufer Rechte wegen des Mangels nur geltend machen, wenn der **Verkäufer den Mangel arglistig verschwiegen** oder eine Garantie für die Beschaffenheit der Sache übernommen hat (§ 442 Abs. 1 S. 2 BGB). Hintergrund dieser Regelung ist, dass von einem gewissenhaften Käufer erwartet werden darf, dass er einen Kaufvertrag sorgsam durchliest und bei Unklarheiten nachfragt. Insbesondere drängt sich eine Nachfrage dann auf, wenn im Kaufvertrag ein Mangel der Kaufsache aufgeführt ist und dem Käufer wegen dieses Mangels ein hoher Nachlass auf den Normalpreis gewährt wird.

Beispiel: Käufer K ist an einem gebrauchten Mercedes C-Klasse interessiert. Auf dem Gelände des Gebrauchtwagenhändlers V entdeckt er ein passendes Exemplar. Dem Verkaufsschild entnimmt K, dass der Wagen 13 Jahre alt ist und eine Laufleistung von 165.000 km aufweist. Der Preis ist mit 5.500,- € angegeben. K entdeckt zwar im unteren Türbereich etwas Rost, das hält ihn aber nicht davon ab, übereilt den Kaufvertrag zu unterschreiben, wo es unter dem Punkt: „Mängel, Unfall- und andere Schäden" heißt: „Diverse Nachlackierungen aufgrund Aufbereitung! Türen Rost! Bei

(Kein) Ausschluss der Gewährleistung

allen Bauteilen ist möglicherweise mit Rost zu rechnen. Preisnachlass: Grundpreis 5.500,- €." Als Kaufpreis kann K 4.500,- € aushandeln. Drei Monate nach der Übergabe meldet sich K bei V und beanstandet Durchrostungen an den Schwellern.

⇨ *Hier kannte K bei Vertragsschluss zwar nicht unbedingt das Korrosionsproblem an den Schwellern, infolge des übereilten Vertragsschlusses ohne eingehende Sichtprüfung des 13 Jahre alten Wagens und der Hinweise im Kaufvertrag auf Rostprobleme ist aber zumindest grob fahrlässige Unkenntnis anzunehmen. K stehen in Bezug auf die Durchrostungen daher keine Mängelrechte zu. Etwas anderes könnte nur noch angenommen werden, wenn V das Ausmaß der Rostproblematik arglistig verschwiegen hätte. Doch das kann aufgrund der Formulierungen im Kaufvertrag und des hohen Preisnachlasses nicht angenommen werden. Nach der hier vertretenen Auffassung bleibt es daher dabei, dass K wegen der Rostproblematik keine Mängelrechte zustehen.*

Wie ausgeführt, kann der Käufer trotz grob fahrlässiger Unkenntnis vom Mangel Mängelrechte geltend machen, wenn der Verkäufer den Mangel arglistig verschwiegen oder eine **Garantie für die Beschaffenheit** der Sache übernommen hat (§ 442 Abs. 1 S. 2 BGB). Unter „Beschaffenheitsgarantie" ist nicht die Garantie i.S.d. §§ 443 Abs. 1, 479 BGB gemeint (dazu S. 54 f.), sondern eine Zusicherung einer speziellen Eigenschaft der verkauften Sache (Beispiel: „absolut fahrtüchtig"). Gibt der Verkäufer eine solche Zusicherung ab, haftet er immer für das Vorhandensein der zugesicherten Eigenschaft, und zwar selbst bei einem an sich wirksamen vertraglichen Ausschluss der Gewährleistung. Der Grund hierfür ist, dass der Verkäufer sich ansonsten widersprüchlich verhielte und damit gegen den Grundsatz von Treu und Glauben (§ 242 BGB) verstieße.

Eine wichtige Beschränkung des Haftungsausschlusses enthält § 276 Abs. 3 BGB, wonach speziell beim **Schadensersatz** die Haftung bei Vorsatz nicht ausgeschlossen werden kann. Ein gleichwohl vereinbarter Haftungsausschluss wäre also unwirksam. Für Haftungsbeschränkungen, die in AGB, also in **Allgemeinen Geschäftsbedingungen** (§§ 305

(Kein) Ausschluss der Gewährleistung

ff. BGB) enthalten sind, sind die Schranken des § 307 Abs. 1, Abs. 2 Nr. 2 BGB und insb. die des § 309 Nr. 7 BGB zu beachten. So ist gem. § 309 Nr. 7 a) BGB in AGB ein Ausschluss oder eine Begrenzung der Haftung für Schäden aus der Verletzung des Lebens, des Körpers oder der Gesundheit, die auf einer fahrlässigen Pflichtverletzung des Verwenders beruhen, unwirksam. Auch ist der formularmäßige Ausschluss oder die Begrenzung der Haftung für sonstige Schäden, die auf einer grob fahrlässigen Pflichtverletzung des Verwenders beruhen, gem. § 309 Nr. 7 b) BGB unwirksam. Ein pauschaler Haftungsausschluss in einem Formularkaufvertrag wäre also unwirksam. Auch Pauschalierungen von Schadensersatzansprüchen, die sich der Verwender der AGB gewähren lässt, sind unter den in § 309 Nr. 5 BGB genannten Voraussetzungen unwirksam.

Das **AGB-Recht** greift selbstverständlich auch außerhalb des Schadensersatzrechts. Bedeutsam ist v.a. § 309 Nr. 8 b) BGB, der bei Verträgen über Lieferungen neu hergestellter Sachen und über Werkleistungen den formularmäßigen Ausschluss oder die formularmäßige Beschränkung verschiedener Mängelrechte für unwirksam erklärt. Zu nennen ist insbesondere die Beschränkung der Ansprüche gegen den Verwender insgesamt oder bezüglich einzelner Teile auf ein Recht auf Nacherfüllung, sofern dem anderen Vertragsteil nicht ausdrücklich das Recht vorbehalten wird, bei Fehlschlagen der Nacherfüllung zu mindern oder nach seiner Wahl vom Vertrag zurückzutreten (§ 309 Nr. 8 b) bb) BGB). Auch ist eine Klausel, die die Verpflichtung des Verwenders ausschließt oder beschränkt, die zum Zweck der Nacherfüllung erforderlichen Aufwendungen nach § 439 Abs. 2 und 3 BGB oder § 635 Abs. 2 BGB zu tragen oder zu ersetzen, unwirksam gem. § 309 Nr. 8 b) cc) BGB. Das betrifft die sog. Aus- und Wiedereinbaukosten des kauf- bzw. werkvertraglichen Nacherfüllungsanspruchs, siehe dazu S. 105 ff.

(Kein) Ausschluss der Gewährleistung

3. Speziell: Verbrauchsgüterkauf

Bei einem **Verbrauchsgüterkauf**, also in erster Linie bei einem Kaufvertrag über eine neue oder gebrauchte bewegliche Sache (worunter auch ein Tier fällt, vgl. § 90a S. 3 BGB), bei dem auf Verkäuferseite ein Unternehmer und auf Käuferseite ein Verbraucher steht (vgl. § 474 Abs. 1 S. 1 BGB), ist ein **Ausschluss der Gewährleistung** schlicht **unwirksam**. Das ergibt sich aus § 476 Abs. 1 S. 1 BGB, wonach eine Vereinbarung, die zum Nachteil des Verbrauchers u.a. von den §§ 433-435, 437, 439-443 BGB abweicht, unwirksam ist. Das gilt selbst dann, wenn sich der Verbraucher mit dem Gewährleistungsausschluss einverstanden erklärt oder diesen sogar anbietet, um den Kaufvertrag überhaupt abschließen zu können. Dem liegt die Überlegung zugrunde, dass beim Verbrauchsgüterkauf der Gesetzgeber die Gewährleistungsrechte der Dispositionsbefugnis der Parteien entziehen wollte. Das gilt auch für den von der Norm des § 476 BGB geschützten Verbraucher. Dieser kann auf seinen Schutz insoweit nicht verzichten.

Beispiel: Auf dem Hof des Gebrauchtwagenhändlers V steht ein von V in Zahlung genommener 10 Jahre alter VW Golf zum Verkauf. Der Preis ist mit 2.500,- € angegeben. Interessent K geht auf V zu, um Näheres über den Wagen in Erfahrung zu bringen. Nach einer kurzen Probefahrt zeigt sich K einverstanden mit dem Wagen, möchte aber lediglich 2.000,- € zahlen. V erwidert, dass er mit diesem Preis nicht klarkomme, da er ja noch Gewährleistung geben müsse. Daraufhin meint K, V solle ihm den Wagen unter Ausschluss der Gewährleistung verkaufen, damit V kein Risiko eingehe und daher der Preis reduziert werden könne. V erklärt sich einverstanden und die Parteien einigen sich auf einen Preis von 2.250,- €. Zwei Monate nach der Übergabe meldet sich K dennoch bei V und macht Sachmängelrechte geltend wegen eines angeblichen Motorschadens.

⇨ Da bei einem Verbrauchsgüterkauf ein Ausschluss der Gewährleistung stets unwirksam ist, stehen K trotz seines „Verzichts" Sachmängelrechte zu. Dieses Ergebnis ist nicht unbillig, da V als Gebrauchtwagenhändler unterstellt werden kann, dass er die gesetzlichen Regelungen kennt. Auch anderweitige „Umgehungsgeschäfte" wären unzulässig (vgl. dazu S. 180).

(Kein) Ausschluss der Gewährleistung

Täuscht der Käufer den Verkäufer über seine Verbrauchereigenschaft, indem er wahrheitswidrig vorgibt, der Verwendungszweck sei gewerblich, greift der o.g. Schutzzweck nicht. In diesem Fall kann er sich nicht auf die Schutzvorschriften der §§ 474 ff. BGB berufen (BGH NJW 2005, 1045). Insbesondere trifft den gewerblichen Verkäufer keine Prüfpflicht, ob es sich bei dem Käufer, der vorgibt, der Verwendungszweck sei gewerblich, nicht doch um einen Verbraucher handeln könnte.

Beispiel: Unternehmer V möchte seinen Geschäftswagen, einen BMW X5, verkaufen. Dazu inseriert er ihn in einer Autobörse im Internet. Da er die gesetzlichen Gewährleistungsrechte ausschließen möchte, schreibt er in die Anzeige: „Verkauf nur an Gewerbe". Interessent K, ein Verbraucher, nimmt Kontakt zu V auf, um Näheres über den Wagen in Erfahrung zu bringen. Da er den Wagen unbedingt haben möchte, behauptet er gegenüber V wahrheitswidrig, der Wagen sei für seinen Gewerbebetrieb bestimmt. V hat keinen Grund, an den Angaben des K zu zweifeln, und erklärt sich einverstanden; die Parteien einigen sich auf einen Preis von 32.250,- €. V verwendet ein Vertragsformular „Verkauf an Gewerbe" und schließt die Gewährleistung aus. Zwei Monate nach der Übergabe meldet sich K dennoch bei V und macht Sachmängelrechte geltend wegen eines angeblichen Getriebeschadens.

⇨ Den Verkäufer einer Sache trifft keine generelle Prüfpflicht, ob die Angaben des Käufers zur beabsichtigten gewerblichen Nutzung wahrheitsgemäß sind. Da V keinen Anlass hatte, an den Angaben des K zweifeln, durfte er guten Glaubens davon ausgehen, keinen Verbrauchsgüterkaufvertrag zu schließen. Der Gewährleistungsausschluss war damit wirksam.

Kennt aber der Verkäufer die Falschbehauptung des Käufers (ist er also „bösgläubig"), ist er wiederum nicht schutzwürdig und es greifen die Schutzvorschriften der §§ 474 ff. BGB. Das gilt auch dann, wenn die Parteien bewusst ein Vertragsformular „Verkauf an Gewerbe" verwenden, um die Schutzvorschriften eines Verbrauchsgüterkaufs zu umgehen (vgl. § 476 Abs. 1 S. 2 BGB).

(Kein) Ausschluss der Gewährleistung

Beispiel: K des obigen Beispiels teilt V wahrheitsgemäß mit, dass er zwar kein Gewerbe ausübe, er aber dennoch unbedingt den Wagen kaufen möchte, da dieser über seine Wunschausstattung verfüge. V äußert zunächst seine Bedenken wegen der gegenüber K nicht ausschließbaren Mängelrechte, sagt K aber, dass er bereit sei, den Wagen an K zu einem Preis von 32.250,- € zu verkaufen, wenn K mit dem Ausschluss der Gewährleistung und der Verwendung eines Vertragsformulars „Verkauf an Gewerbe" einverstanden sei. K ist gerne einverstanden, weil er den Wagen übernehmen möchte. Zwei Monate nach der Übergabe meldet sich K dennoch bei V und macht Sachmängelrechte geltend wegen eines angeblichen Getriebeschadens.

⇨ In diesem Fall war V bösgläubig, da er die Verbrauchereigenschaft des K kannte. Die Verwendung des Vertragsformulars „Verkauf an Gewerbe" und der Ausschluss der Gewährleistung helfen V nicht. Mithin greifen die Schutzvorschriften der §§ 474 ff. BGB. Der Gewährleistungsausschluss war damit unwirksam (anders wohl OLG Düsseldorf NJW 2015, 2043, 2044 f.).

Fazit: Ein **Verbrauchsgüterkauf** (mit der Folge, dass ein Ausschluss der Gewährleistung von vornherein nicht möglich ist), liegt vor, wenn:

⇨ auf Verkäuferseite ein Unternehmer und auf Käuferseite ein Verbraucher steht („Verkauf Unternehmer an Verbraucher") und

⇨ es sich bei dem Kaufgegenstand um eine bewegliche Sache handelt. Darauf, ob es sich bei der Sache um eine neue oder gebrauchte handelt, kommt es nicht an. Auch ein Tier kann (wegen § 90a BGB) Gegenstand eines Verbrauchsgüterkaufs sein.

⇨ Um einen Verbrauchsgüterkauf handelt es sich auch, wenn der Vertrag neben dem Verkauf einer beweglichen Sache die Erbringung einer Dienstleistung durch den Unternehmer zum Gegenstand hat (§ 474 Abs. 1 S. 2 BGB). Damit sind Fälle gemeint, in denen die Dienstleistung neben der Übergabe und Übereignung der Sache keine eigenständige gleichrangige Bedeutung hat. Darunter fallen z.B. die Montage und Installation der Sache beim Verbraucher, sofern die Montage oder die Installation nur Nebenzweck des Vertrags ist.

(Kein) Ausschluss der Gewährleistung

Beispiel: Verbraucher K kauft im Onlineshop des Unternehmers V einen Fernseher mit 65-Zoll-Bildschirmdiagonale. Die Parteien vereinbaren, dass V das Gerät nicht nur liefern, sondern auch aufstellen und anschließen soll. Zwei Monate nach der Lieferung und dem Anschließen des Geräts meldet sich K bei V und macht Sachmängelrechte geltend wegen des nicht ordnungsgemäß laufenden Geräts.

⇨ *Da gem. § 474 Abs. 1 S. 2 BGB ein Verbrauchsgüterkauf auch dann vorliegt, wenn der Vertrag neben dem Verkauf einer beweglichen Sache die Erbringung einer Dienstleistung durch den Unternehmer zum Gegenstand hat, und das bei der Lieferung, dem Aufstellen und dem Anschließen eines Fernsehgeräts der Fall ist, stehen K die in § 437 BGB genannten Mängelrechte zu.*

Auch eine bestehende **Herstellergarantie** ändert **nichts** daran, dass bei einem Verbrauchsgüterkauf der Verkäufer eine Gewährleistung geben muss. Denn Gewährleistung und Garantie sind grundverschiedene Rechtsinstitute (zur Unterscheidung siehe S. 54 ff.). Möglich ist aber, auch bei einem Verbrauchsgüterkauf die Verjährungsfrist von an sich 2 Jahren (§ 438 Abs. 1 Nr. 3, Abs. 2 BGB) auf 1 Jahr zu verkürzen, sofern es sich um eine gebrauchte bewegliche Sache handelt (§ 476 Abs. 2 BGB), siehe dazu unten S. 188.

Eine **wichtige gesetzliche Ausnahme** vom Anwendungsbereich der Schutzvorschriften des Verbrauchsgüterkaufs ist in § 474 Abs. 2 S. 2 BGB zu finden, wonach der Verkauf von **gebrauchten Sachen** im Wege einer **öffentlichen Versteigerung**, an welcher der Verbraucher persönlich teilnehmen kann, keinen Verbrauchsgüterkauf darstellt. Der Grund für diese Ausnahmeregelung besteht darin, dass der Käufer, der gebrauchte Sachen im Rahmen einer öffentlichen Versteigerung erwirbt, nicht schutzbedürftig ist, zumal sich die Frage nach dem Gegner von Gewährleistungsansprüchen als schwierig erweisen dürfte. Eine „öffentliche Versteigerung" liegt vor, wenn die Versteigerung durch einen für den Versteigerungsort bestellten Gerichtsvollzieher oder zu Versteigerungen befugten anderen Beamten oder öffentlich angestellten

(Kein) Ausschluss der Gewährleistung

Versteigerer erfolgt (vgl. § 383 Abs. 3 S. 1 BGB). Das darf nicht mit den „Internetauktionen" verwechselt werden, bei denen es sich um normale Kaufverträge handelt.

Eine weitere wichtige gesetzliche Ausnahme vom Anwendungsbereich der Schutzvorschriften des Verbrauchsgüterkaufs ist in § 476 Abs. 3 BGB zu finden, wonach die Einschränkungen der Schutzvorschriften des Verbrauchsgüterkaufs unbeschadet des AGB-Rechts nicht für den Anspruch auf **Schadensersatz** gem. § 437 Nr. 3 BGB gelten. Der Schadensersatzanspruch gem. § 437 Nr. 3 BGB darf also grundsätzlich **beschränkt** oder **ausgeschlossen** werden, sofern die Grenzen des § 276 Abs. 3 BGB (kein Ausschluss der Haftung wegen Vorsatzes) und des AGB-Rechts (z.B. gem. § 309 Nr. 7 BGB) beachtet werden, vgl. dazu oben S. 167 f.

Zusammenfassung zur Möglichkeit des Gewährleistungsausschlusses bzw. der Beschränkung der Gewährleistung:

- Beim **Verbrauchsgüterkauf** sind Gewährleistungsausschluss und (inhaltlich) Gewährleistungsbeschränkung, soweit es nicht um Schadensersatz geht, generell unwirksam (§ 476 Abs. 1 S. 1 BGB). Ausschluss oder Beschränkung des Anspruchs auf Schadensersatz sind also grds. möglich, wobei Grenzen durch § 276 Abs. 3 BGB und das AGB-Recht gezogen werden (§ 476 Abs. 3 i.V.m. §§ 307-309 BGB).

- **Außerhalb des Verbrauchsgüterkaufs** sind Gewährleistungsausschluss und Gewährleistungsbeschränkung grds. möglich. Ausnahme: Verkäufer hat den **Mangel arglistig verschwiegen oder eine Garantie** für die Beschaffenheit der Sache übernommen (§ 444 BGB). Auch kann die Haftung für Schadensersatzansprüche aus grob fahrlässiger bzw. vorsätzlicher Verletzung von Pflichten des Verkäufers sowie für jede Verletzung von Leben, Körper und Gesundheit nicht ausgeschlossen werden, siehe dazu § 276 Abs. 3 BGB (in Bezug auf Vorsatz) und das AGB-Recht (insb. §§ 307-309 BGB).

(Kein) Ausschluss der Gewährleistung

Arglistiges Verschweigen in diesem Zusammenhang liegt zunächst vor, wenn der Verkäufer bewusst wahrheitswidrig behauptet, der Gegenstand sei mangelfrei (Beispiel: „Wagen ist unfallfrei"). Zwar liegt hier an sich kein „Verschweigen" vor, das aktive Täuschen ist aber erst recht von § 444 BGB erfasst. Der klassische Fall des „arglistigen Verschweigens" liegt aber vor, wenn der Verkäufer vorsätzlich ihm bekannte Mängel verschweigt und dadurch den Käufer zum Vertragsschluss mit dem konkreten Inhalt veranlasst.

Im Übrigen ist zu beachten, dass objektiv falsche Angaben bzw. objektiv falsch beantwortete Fragen nicht stets den Vorwurf der Arglist begründen. Es ist zu unterscheiden:

- Macht der Verkäufer zwar objektiv falsche Angaben, glaubt aber, die Angaben wahrheitsgemäß gemacht zu haben, begründet dies keine Arglist. Denn derjenige, der gutgläubig falsche Angaben macht, handelt grds. nicht arglistig, selbst wenn der gute Glaube auf Fahrlässigkeit oder gar Leichtfertigkeit beruht (BVerfG v. 3.3.2015 – 1 BvR 3271/14).

- Anders ist es, wenn der Verkäufer falsche Angaben ohne tatsächliche Grundlage „ins Blaue hinein" macht, obwohl er das Vorliegen eines Mangels zumindest für möglich hält und dabei billigend in Kauf nimmt, dass der Käufer den Mangel nicht erkennt. Wer so auftritt, handelt grds. bedingt vorsätzlich und damit „arglistig" (BVerfG v. 3.3.2015 – 1 BvR 3271/14).

4. AGB-Recht

Wie bereits aus den bisherigen Ausführungen deutlich geworden ist, enthält auch das AGB-Recht (konkret geht es um die Klauselverbote nach §§ 309, 308 BGB und die Inhaltskontrolle nach § 307 BGB) etliche Beschränkungen und Verbote des Ausschlusses der Gewährleistung, wobei erneut zu unterscheiden ist zwischen Verbrauchsgüterkaufverträgen und sonstigen Kaufverträgen sowie zwischen den Arten der Mängelrechte (Nacherfüllung, Rücktritt und Minderung einerseits; Schadensersatz andererseits).

(Kein) Ausschluss der Gewährleistung

a. Verbrauchsgüterkauf

Bei einem **Verbrauchsgüterkauf**, also in erster Linie bei einem Kaufvertrag über eine bewegliche Sache von einem Unternehmer an einen Verbraucher (§ 474 Abs. 1 S. 1 BGB), ist wegen § 476 Abs. 1 S. 1 BGB ein **Ausschluss der Gewährleistung** schlicht **unwirksam**. Das gilt entsprechend auch für einen Verbrauchervertrag i.S.d. § 310 Abs. 3 BGB, der die Lieferung herzustellender oder zu erzeugender beweglicher Sachen zum Gegenstand hat (sog. Werklieferungsvertrag, § 650 BGB, auf den die Vorschriften über den Kauf – und damit auch diejenigen über den Verbrauchsgüterkauf – Anwendung finden), und sowohl individualvertraglich als auch beim Formularvertrag. Es macht auch keinen Unterschied, ob es sich um eine neue oder gebrauchte Sache handelt. Lediglich der Ausschluss und die Beschränkung des Anspruchs auf **Schadensersatz** sind – wie sich aus § 476 Abs. 3 BGB ergibt, der auf §§ 307-309 BGB verweist – nicht von vornherein unzulässig. Die Grenzen der Haftungsfreizeichnung in Bezug auf Schadensersatz ergeben sich danach – wie bei einem Nicht-Verbrauchsgüterkauf – aus den §§ 307-309 BGB. Selbstverständlich bleibt die Regelung des § 276 Abs. 3 BGB davon unberührt, wonach ein Ausschluss der Haftung bei Vorsatz stets unzulässig ist.

b. Nicht-Verbrauchsgüterkauf

Greift – außerhalb des Verbrauchsgüterkaufs (bzw. des Verbrauchervertrags) – das **AGB-Recht**, ist zunächst zu beachten, dass gem. § 310 Abs. 1 S. 1 BGB die Vorschriften der § 305 Abs. 2 und 3, § 308 Nr. 1, 2 bis 8 und § 309 BGB bei Verwendung von AGB gegenüber einem Unternehmer nicht gelten. Alleinige Grundlage einer Inhaltskontrolle sind demnach § 307 BGB und § 308 Nr. 1a und 1b BGB. Allerdings ist es herrschende Rechtsauffassung, dass die besonderen Klauselverbote der §§ 309, 308 Nr. 1, 2-8 BGB mittelbar über § 307 BGB auch bei der Inhaltskontrolle von AGB im unternehmerischen Geschäftsverkehr zu beachten sind (BGH NJW 2007, 3774, 3775 zu § 309 BGB), soweit dies nach geltenden Gewohnheiten und Gebräuchen angezeigt ist

(Kein) Ausschluss der Gewährleistung

(BGH NJW 2007, 3774, 3775 mit Verweis auf § 310 Abs. 1 S. 2 BGB). Hintergrund ist, dass auch Unternehmer (wenn auch abgeschwächt) schutzbedürftig sind. Stünde auf Käuferseite also ein Verbraucher und läge in einer Klausel ein Verstoß gegen §§ 309, 308 Nr. 1, 2 bis 8 BGB, ist das nach dem BGH ein Indiz dafür, dass die Klausel auch im Falle der Verwendung gegenüber Unternehmern zu einer unangemessenen Benachteiligung führt und damit gegen § 307 BGB verstößt, es sei denn, sie kann wegen der besonderen Interessen und Bedürfnisse des unternehmerischen Geschäftsverkehrs ausnahmsweise als angemessen angesehen werden (BGH NJW 2007, 3774, 3775).

Auf dieser Grundlage ist bei der Verwendung von Formularverträgen gegenüber Unternehmern wie folgt zu unterscheiden:

- Geht es um **Schadensersatz**, sind Ausschluss und Beschränkung der Haftung bei vorsätzlicher oder fahrlässiger Verletzung von Leben, Körper, Gesundheit unzulässig (§ 309 Nr. 7 a) BGB). Ein Ausschluss oder eine Begrenzung der Haftung für sonstige Schäden (i.d.R. Sachschäden) ist bei Vorsatz oder grober Fahrlässigkeit ausgeschlossen (§ 309 Nr. 7 b) BGB). Daraus folgt: Ein Ausschluss der Haftung für einfache und mittlere Fahrlässigkeit ist hier (d.h. bei den „sonstigen Schäden") also möglich. Das gilt selbstverständlich auch für Verbrauchsgüterkaufverträge, da § 476 Abs. 3 BGB die Regelungen der §§ 307-309 BGB unberührt lässt. Allgemein anerkannt ist folgende formularmäßige Klausel: „Der Kaufgegenstand wird unter Ausschluss jeglicher Gewährleistung verkauft. Der Ausschluss gilt nicht für Schadenersatzansprüche aus grob fahrlässiger bzw. vorsätzlicher Verletzung von Pflichten des Verkäufers sowie für jede Verletzung von Leben, Körper und Gesundheit."

- Bei (anderen) **Mängelrechten** aufgrund von Pflichtverletzungen gilt § 309 Nr. 8 BGB. Hierbei ist zu differenzieren:

    - Gemäß § 309 Nr. 8 a) BGB kann das Recht, sich vom Vertrag zu lösen, unter den in der Vorschrift genannten Voraussetzungen nicht ausgeschlossen werden.

(Kein) Ausschluss der Gewährleistung

- Bei Verträgen über <u>neu</u> hergestellte Sachen und Werkleistungen greift darüber hinaus § 309 Nr. 8 b) BGB, der im Wesentlichen den Ausschluss bzw. die Beschränkung von Mängelrechten sanktioniert. Dadurch, dass die Mängelrechte des Verbrauchers aber bereits wegen § 476 BGB (der über § 650 BGB auch für Verbraucherwerklieferungsverträge Anwendung findet) nicht beschränkt werden können, also zwingendes Recht darstellen, reduziert sich die praktische Relevanz des § 309 Nr. 8 b) BGB auf

- Verträge über neu herzustellende unbewegliche Sachen (Hauptfall: Neubau einer Immobilie),
- Werkleistungen außerhalb der Werklieferungsverträge,
- Kaufverträge zwischen Unternehmern („Business to Business", sog. B2B-Geschäfte), sofern es um neue Sachen und Werkleistungen geht und man den betreffenden Tatbestand des § 309 Nr. 8 b) BGB über § 307 BGB auch gegenüber Unternehmern anwendet)
- und Verträge zwischen Verbrauchern („Privat an Privat", sog. C2C-Verträge) in Bezug auf neue Sachen und Werkleistungen.

Ist die Vorschrift des § 309 Nr. 8 b) BGB danach anwendbar, sind etliche Fallgruppen zu unterscheiden:

- Zunächst geht es um das Verbot, die <u>Mängelrechte</u> (nach § 437 BGB) <u>schlechthin auszuschließen</u> (§ 309 Nr. 8 b) aa) BGB). In Bezug auf neu hergestellte Sachen und Werkleistungen wäre ein vollständiger Ausschluss der Gewährleistung in AGB also unwirksam. Die Beschränkung der Mängelhaftung auf Rücktritt unter Ausschluss der Minderung verstößt aber nicht gegen diesen Verbotstatbestand. Unwirksam ist aber die Beschränkung auf Minderung unter Ausschluss des Rücktrittsrechts (Grüneberg, in: Palandt, BGB, § 309 Rn. 63). Nach der Rechtsprechung des BGH gilt die Unwirksamkeitsregelung des § 309 Nr. 8 b) aa) BGB (über § 307 BGB) auch bei der Verwendung gegenüber Unternehmern, also im unternehmerischen Rechtsverkehr (BGH NJW-RR 1993, 560, 561).

(Kein) Ausschluss der Gewährleistung

- Von Relevanz ist auch das Verbot, die Ansprüche gegen den Verwender insgesamt oder bezüglich einzelner Teile auf ein Recht <u>auf Nacherfüllung zu beschränken</u>, sofern dem anderen Vertragsteil nicht ausdrücklich das Recht vorbehalten wird, bei Fehlschlagen der Nacherfüllung zu mindern oder nach seiner Wahl vom Vertrag zurückzutreten (§ 309 Nr. 8 b) bb) BGB). Nach der Rechtsprechung des BGH gilt die Unwirksamkeitsregelung des § 309 Nr. 8 b) bb) BGB auch im unternehmerischen Rechtsverkehr (BGH WM 1995, 1455, 1456).

- Auch der Versuch, die Kostentragungspflicht in Bezug auf die zum Zwecke der Nacherfüllung erforderlichen Aufwendungen (d.h. die Kosten der Nacherfüllung) auszuschließen oder zu beschränken, ist unwirksam (§ 309 Nr. 8 b) cc) BGB). Zu den nicht ausschließbaren oder einschränkbaren Aufwendungen zählen die erforderlichen Transport-, Wege-, Arbeits- und Materialkosten (§ 439 Abs. 2 BGB) und die mit dem Aus- und Wiedereinbau einer mangelhaften Sache verbundenen Aufwendungen (§ 439 Abs. 3 BGB). Das gilt auch für Werklieferungsverträge, da § 650 BGB auf die Vorschriften des Kaufrechts (und damit auch auf § 439 Abs. 3 BGB) verweist. Geht es im Zusammenhang mit den Kosten der Nacherfüllung um einen Verbrauchervertrag (gleichgültig, ob Verbrauchsgüterkaufvertrag oder Werklieferungsvertrag mit einem Verbraucher), ist § 475 Abs. 4 BGB zu beachten, der nicht über AGB eingeschränkt oder abbedungen werden kann. Das heißt, dass der Unternehmer die Höhe der zu übernehmenden Kosten der Nacherfüllung nur nach Maßgabe des § 475 Abs. 4 S. 2 und 3 BGB beschränken kann. Auf der Basis der Rechtsprechung des BGH greift § 309 Nr. 8 b) cc) BGB (über § 307 BGB) auch bei Formularverträgen gegenüber Unternehmern.

- Unzulässig ist es nach § 309 Nr. 8 b) dd) BGB (der ebenfalls über § 307 BGB auch bei Formularverträgen gegenüber Unternehmern gilt), wenn der Verwender die Nacherfüllung von der vorherigen Zahlung des vollständigen Entgelts oder eines unter Berücksichtigung des Mangels unverhältnismäßig hohen Teils des Entgelts abhängig macht.

(Kein) Ausschluss der Gewährleistung

- Und § 309 Nr. 8 b) ee) BGB schließt es aus, dass der Verwender dem anderen Vertragsteil für die Anzeige nicht offensichtlicher Mängel eine Ausschlussfrist setzt, die kürzer ist als die nach § 309 Nr. 8 b) ff) BGB zulässige Frist. Gegenüber Unternehmern gilt die Regelung des § 309 Nr. 8 b) ee) BGB nicht.
- Der grundsätzlich auch gegenüber Unternehmern geltende § 309 Nr. 8 b) ff) BGB betrifft zunächst die Verjährungsfristen des § 438 Abs. 1 Nr. 2 und des § 634a Abs. 1 Nr. 2 BGB. Danach ist die formularmäßige Verkürzung der 5-jährigen Verjährung für Bauleistungen unzulässig. In allen anderen Fällen der Mängelhaftung ist eine Verkürzung der Verjährung auf weniger als ein Jahr verboten. Daraus folgt: Sofern es sich nicht um einen Verbrauchsgüterkauf handelt, darf der Verkäufer auch beim Verkauf neuer Sachen (und nicht nur bei Gebrauchtsachen) die Gewährleistungsfrist von zwei Jahren auf ein Jahr verkürzen. Für einen Verbrauchsgüterkauf spielt diese Regelung indes keine Rolle, da die Verkürzung der 2-jährigen Verjährungsfrist beim Kauf neuer Sachen bereits über § 476 Abs. 2 BGB ausgeschlossen ist.

- Fazit: Da sich die Unwirksamkeitstatbestände des § 309 Nr. 8 b) BGB allesamt auf neu hergestellte Sachen und Werkleistungen beziehen, folgt daraus für Kaufverträge über gebrauchte Sachen, die nicht Verbrauchsgüterkaufverträge sind, dass die Mängelrechte grundsätzlich ausgeschlossen werden können. Freilich sind auch hier die Grenzen des § 309 Nr. 7 a) BGB (Unzulässigkeit des Ausschlusses oder der Beschränkung der Haftung bei vorsätzlicher oder fahrlässiger Verletzung von Leben, Körper, Gesundheit) und des § 309 Nr. 7 b) BGB (Unzulässigkeit des Ausschlusses oder der Begrenzung der Haftung für sonstige Schäden (i.d.R. Sachschäden) bei Vorsatz oder grober Fahrlässigkeit) zu beachten. Dies erklärt, warum die in Formularverträgen vorzufindenden Formulierungen wie:

„Das ... wird unter Ausschluss der Sachmängelhaftung verkauft, soweit der Verkäufer nicht nachstehend eine Garantie für die Beschaffenheit oder eine Zusicherung abgibt. Der Ausschluss der Sachmängelhaftung gilt nicht für Schadensersatzansprüche, die auf einer vorsätzlichen oder grob fahrlässigen Verletzung von Pflichten des Ver-

(Kein) Ausschluss der Gewährleistung

käufers beruhen oder auf einer schuldhaften Verletzung von Leben, Körper und Gesundheit".

wirksam sind.

- Die Schadensersatzpflicht, die auf leicht (d.h. einfach) fahrlässiger Verletzung von wesentlichen Vertragspflichten (Kardinalpflichten) beruht, kann nicht durch AGB ausgeschlossen werden (vgl. § 307 Abs. 2 Nr. 2 BGB). Wesentliche Vertragspflichten sind solche Pflichten, deren Verletzung den Vertragszweck gefährden würde und die für den Vertragspartner von grundlegender Bedeutung sind (siehe etwa BGH NJW 1985, 3016, 3017 – Substanzschädigung an Rechtsgütern des Vertragspartners). Das sind bei gegenseitigen Verträgen zunächst die Primärleistungspflichten, beim Kaufvertrag bspw. die Pflicht zur sachmängelfreien Lieferung. Aber auch Nebenleistungspflichten wie Beratungs-, Schutz- und Obhutspflichten, die die Durchführung des Vertrags oder die vertragsgemäße Verwendung des Liefergegenstands erst ermöglichen, gehören genauso zu den Kardinalpflichten i.S.d. § 305 Abs. 2 Nr. 2 BGB wie die Pflicht, Eigentum, Leib oder Leben des Vertragspartners vor erheblichen Schäden zu schützen und auf deren Erfüllung der Vertragspartner daher berechtigterweise vertrauen darf.

5. Umgehungsgeschäfte

Es kommt vor, dass Autohändler, die ja als gewerbliche Verkäufer bei einem Verkauf an Verbraucher wegen § 476 BGB an sich die Mängelrechte nicht ausschließen können, versuchen, die Gewährleistungsrechte des Käufers dadurch zu umgehen, dass sie eine Vertragsgestaltung wählen, die es scheinbar ermöglicht, Mängelrechte des Käufers auszuschließen. Vor allem ist hier das sog. **Agenturgeschäft** zu nennen. Bei dieser Konstruktion tritt der Autohändler lediglich als „Vermittler" auf, d.h. er „vermittelt" einen Kaufvertrag zwischen dem bisherigen Eigentümer (einer Privatperson) und dem privaten Käufer. In diesem Kaufvertrag („Verkauf Privat an Privat") wird dann die Gewährleistung so weit ausgeschlossen, wie dies generell bei Kaufverträgen zwischen Privaten möglich ist. Handelt es sich dabei tatsächlich nur um eine

Umgehungsgeschäfte

Vermittlung, ist diese Konstruktion unproblematisch, d.h. ohne weiteres zulässig. Wenn aber in Wahrheit der Autohändler derjenige ist, der im Verhältnis zum ursprünglichen Privatverkäufer das wirtschaftliche Risiko des Gebrauchtwagenverkaufs tragen soll und nur formal als Vermittler auftritt, um die Gewährleistungsrechte auszuschließen, liegt ein Umgehungsgeschäft vor, für das § 476 Abs. 1 S. 2 BGB anordnet, dass die Verbraucherschutzvorschriften genauso gelten, wie sie gelten würden, wenn der Vertrag von vornherein zwischen dem Händler und dem Privatkäufer geschlossen worden wäre (siehe BGH NJW 2005, 1039 ff.). In diesem Fall sind Mängelrechte gegenüber dem Autohändler (nicht gegenüber dem im Kaufvertrag angegebenen Privatverkäufer) geltend zu machen (siehe dazu grundlegend BGH NJW 2005, 1039 ff.).

Ein Umgehungsgeschäft liegt auch dann vor, wenn der als Verkäufer auftretende Händler und der Privatkäufer einen **gewerblichen Kauf vereinbaren**, damit der Händler wirksam die Mängelrechte ausschließen kann. Wegen § 476 Abs. 1 BGB ist aber auch dies nicht möglich, weil bei einem Verbrauchsgüterkauf ein Gewährleistungsausschluss unzulässig ist, und zwar auch dann, wenn der Verbraucher damit einverstanden ist oder dies sogar fordert, etwa, weil er nur so den Verkäufer zum Verkauf bewegen kann. Nach §§ 474 Abs. 2 S. 1, 476 Abs. 1 BGB sind die Regelungen zum Verbrauchsgüterkauf zwingendes Recht. Abweichende Vereinbarungen, die zulasten des Verbrauchers gehen, sind daher nicht möglich, und zwar auch dann nicht, wenn sich der Verbraucher damit ausdrücklich einverstanden erklärt oder den Ausschluss der Gewährleistung sogar vorschlägt (etwa, um bessere Konditionen zu erzielen oder den Vertrag überhaupt zu erhalten).

Erklärt der Privatkäufer gegenüber dem gewerblichen Verkäufer, der nur an einen Gewerbetreibenden verkaufen möchte, um wirksam die Mängelrechte ausschließen zu können, wahrheitswidrig, er sei Unternehmer, kann sich der Privatkäufer später nicht auf das Vorliegen eines Verbrauchsgüterkaufs und dessen Vorschriften berufen (Rechtsschutzversagung).

Umgehungsgeschäfte

Schließlich liegt ein Umgehungsgeschäft vor, wenn sich ein Freiberufler oder ein GmbH-Geschäftsführer veranlasst sieht, den bislang beruflich bzw. betrieblich genutzten Gegenstand zunächst in das Privatvermögen zu überführen oder an eine nahestehende Privatperson zu veräußern, damit diese anschließend als Privatperson in deren Namen die Veräußerung unter Ausschluss der Gewährleistung vornimmt („Strohmanngeschäft"). Derartiges Verhalten wird man als „Umgehungsgeschäft" i.S.d. § 476 Abs. 1 S. 2 BGB ansehen müssen. Dem liegt der Gedanke zugrunde, dass sog. „höhere" Berufe wie Rechtsanwalt, Architekt, niedergelassener Arzt etc. nach der Rechtsordnung zwar als selbstständige berufliche Tätigkeiten, nicht aber als Gewerbe anzusehen sind (andernfalls unterlägen sie der Gewerbesteuer und der Gesetzgeber könnte zudem keine Werbebeschränkungen regeln). Da sie der Gesetzgeber aber dennoch als von dem Begriff des Unternehmers erfasst sehen wollte, hat er § 14 Abs. 1 BGB entsprechend formuliert. Danach sind Unternehmer i.S.d. § 14 Abs. 1 BGB auch solche Personen, die das Rechtsgeschäft zwar nicht in Ausübung einer gewerblichen, aber selbstständigen beruflichen Tätigkeit abschließen. Damit sind gerade die Freiberufler erfasst, die eine selbstständige berufliche Tätigkeit ausüben, die nicht gewerblicher Natur ist und nicht dem Kaufmannsbegriff der §§ 1 ff. HGB unterfällt. Auch branchen- bzw. berufsfremde Nebengeschäfte unterfallen den Bestimmungen der §§ 474 ff. BGB über den Verbrauchsgüterkauf.

Folge eines solchen Umgehungsgeschäfts ist, dass der Freiberufler bzw. die GmbH so behandelt werden, als seien sie selbst als Verkäufer aufgetreten. Vollumfänglich greifen dann die Mängelrechte einschließlich der für den Unternehmer ungünstigen Beweislastumkehr (§ 477 BGB) und der zweijährigen Verjährungsfrist (§ 438 Abs. 1 Nr. 3 BGB – die prinzipiell mögliche Verkürzung auf ein Jahr gem. § 476 Abs. 2 BGB für gebrauchte Sachen hätte vereinbart werden müssen, was aber nicht geschehen ist). Ein „Umgehungsgeschäft" i.S.d. § 476 Abs. 1 S. 2 BGB wird man aber nicht mehr annehmen können, wenn einige Zeit zwischen der Überführung in das Privatvermögen oder dem Verkauf an eine nahestehende Person und der späteren Veräußerung an den Verbraucher verstrichen ist. Eine zeitliche Bemessung, die sich an der zulässigen Verkürzung der Mängelrechte bei gebrauchten Sachen (also an der Jahresfrist) orientiert, dürfte die Umgehungsabsicht verneinen lassen.

5. Teil – Verjährung und Beweislast

I. Verjährung

Zunächst ist festzustellen, dass die Verjährungsfristen lediglich Fristen darstellen, innerhalb derer ein bereits zum Zeitpunkt des Gefahrübergangs vorhandener Sachmangel geltend gemacht werden kann. Keinesfalls dürfen die Verjährungsfristen als eine Art „Haltbarkeitsgarantie" dahingehend missverstanden werden, dass der Verkäufer für während der Verjährungsfrist auftretende Störungen einstehen muss. Es kommt stets darauf an, dass der Mangel zum Zeitpunkt des Gefahrübergangs (i.d.R. die Übergabe, § 446 BGB) zumindest „angelegt" war, auch wenn er sich erst später zeigt. Der Käufer hat dann lediglich Zeit, den Mangel innerhalb der Verjährungsfrist geltend zu machen (vgl. bereits S. 23 ff.).

1. Gesetzliche Verjährungsfristen

Mängelansprüche nach § 437 Nr. 1 BGB (**Nacherfüllung**) und § 437 Nr. 3 BGB (**Schadensersatz, Aufwendungsersatz**) unterliegen der Verjährung des § 438 BGB. Diese beträgt allgemein

- ⇨ bei beweglichen Sachen (z.B. Autos, Smartphones, Computer etc., aber auch Tiere fallen darunter, vgl. § 90a BGB) **2 Jahre** nach Ablieferung der Sache (§ 438 Abs. 1 Nr. 3, Abs. 2 BGB),
- ⇨ bei arglistigem Verschweigen des Mangels durch den Verkäufer **3 Jahre** (§§ 438 Abs. 3, 195 BGB; Verjährungsbeginn: § 199 BGB).

In § 438 BGB ist aber nicht die Rede von einer Verjährung der in § 437 Nr. 2 BGB genannten Rechte der **Minderung** und des **Rücktritts**, was die Frage nach deren Fristen aufwirft. Beim Rücktritt und bei der Minderung (§ 437 Nr. 2 BGB) handelt es sich nicht um Ansprüche, sondern um Gestaltungsrechte: Mit ihrer Hilfe „gestaltet" der Käufer das Schuldverhältnis neu. Da aber nur Ansprüche der Verjährung unterliegen (vgl. § 194 BGB), können Rücktritt und Minderung an sich nicht verjähren (klarstellend BGH NJW 2015, 2106, 2108). Das heißt aber nicht, dass diese Rechte unbefristet ausgeübt werden könnten. Denn der Gesetzgeber hat die Frist zur Ausübung dieser Rechte an die Verjährung des Nacherfüllungsanspruchs gekoppelt. Rücktritt und Minderung sind also nicht mehr möglich, wenn der Anspruch auf Nacherfüllung verjährt ist und der Verkäufer sich hierauf beruft (§ 438 Abs. 4 i.V.m. § 218 BGB). Im Einzelnen gilt:

- Ihrer Rechtsnatur als Gestaltungsrecht folgend, unterliegt die **Minderung** an sich nicht der Verjährung (siehe § 194 BGB, wonach nur Ansprüche der Verjährung unterliegen). Da aber die Minderung auch nicht in der Sondervorschrift des § 438 BGB genannt ist, könnte man meinen, sie sei unbefristet möglich. Dieser Gedanke trägt aber nicht. Denn durch die in § 437 Nr. 2 BGB angeordnete Alternativität von Minderung und Rücktritt, die grundsätzlich an dieselben Voraussetzungen anknüpfen, stellt der Gesetzgeber auch an die Verjährung bzw. den Ausschluss wegen Fristverstreichung dieselben Voraussetzungen. Es gilt daher (wie beim Rücktritt) über § 438 Abs. 4 S. 1 BGB auch bei der Minderung die Regelung des § 218 BGB, der den Ausschluss des Rücktritts (und damit auch der Minderung) betrifft. Nach § 218 Abs. 1 S. 1 BGB ist der Rücktritt wegen nicht oder nicht vertragsgemäß erbrachter Leistung unwirksam, wenn der Anspruch auf die Leistung oder der Nacherfüllungsanspruch verjährt ist und der Schuldner sich hierauf beruft. Abzustellen ist also auf die Verjährung des Nacherfüllungsanspruchs: Ist der Anspruch auf Nacherfüllung verjährt (bzw. wäre er verjährt), sind auch der Rücktritt und die Minderung ausgeschlossen.

- Auch beim **Rücktritt** handelt es sich um ein Gestaltungsrecht: Mit seiner Hilfe „gestaltet" der Käufer das Schuldverhältnis neu. Da – wie aufgezeigt – aber nur Ansprüche der Verjährung unterliegen (vgl. § 194 BGB), kann ein Rücktrittsrecht schon kategorisch nicht verjähren (klarstellend BGH NJW 2015, 2106, 2108). Das heißt aber nicht, dass dieses Recht unbefristet ausgeübt werden könnte. Denn der Gesetzgeber hat die Frist zur Ausübung dieses Rechts (wie desjenigen der Minderung) an die Verjährung des Nacherfüllungsanspruchs gekoppelt. Ein Rücktritt ist also nicht mehr möglich (siehe § 218 Abs. 1 S. 1 BGB: „unwirksam"), wenn der (hypothetische) Anspruch auf Nacherfüllung verjährt ist und der Verkäufer sich hierauf beruft (§ 438 Abs. 4 S. 1 i.V.m. § 218 BGB).

Beispiel: Lässt der Käufer die Gewährleistungsfrist von zwei Jahren, die gem. § 438 Abs. 1 Nr. 3, Abs. 2 BGB nach Ablieferung der mangelhaften beweglichen Sache zu laufen begann, verstreichen, kann er auch nicht mehr den Rücktritt erklären, obwohl der Rücktritt als Gestaltungsrecht an sich nicht der Verjährung unterliegt.

2. Vertragliche Fristverkürzung

Eine vertragliche Verkürzung der Verjährungsfristen ist unter bestimmten Voraussetzungen durchaus zulässig, wobei aber zunächst zwischen Kaufverträgen, die keine Verbrauchsgüterkaufverträge sind, und Verbrauchsgüterkaufverträgen zu unterscheiden ist. Des Weiteren ist zwischen individualvertraglicher und formularmäßiger (AGB-mäßiger) Vereinbarung zu unterscheiden.

a. Grundsatz: Fristverkürzung möglich

Da bei allen Kaufverträgen, die nicht Verbrauchsgüterkaufverträge sind (also Kauf „Privat von Privat", „Unternehmer von Unternehmer", „Unternehmer von Privat"), grundsätzlich bereits der vollständige Ausschluss der Gewährleistung zulässig wäre (zu den Einschränkungen siehe S. 163 ff.), ist erst recht eine Verkürzung der Verjährungsfristen (von dem Fall, dass der Verkäufer den Käufer arglistig über den Mangel getäuscht oder ihm eine Beschaffenheitsgarantie gegeben hat, einmal abgesehen) individualvertraglich grundsätzlich zulässig. Das ergibt sich aus § 444 BGB, der von Ausschluss und Beschränkung spricht. In Bezug auf vorsätzlich herbeigeführte Schäden ist ein vertraglicher Ausschluss der Haftung von vornherein stets unzulässig (vgl. § 276 Abs. 3 BGB). Das muss auch für die Verkürzung der Verjährungsfristen gelten.

b. Beschränkungen durch AGB-Recht

Bei der Verwendung von AGB sind die Regelungen der §§ 307-309 BGB zu berücksichtigen, wobei zwischen neuen und gebrauchten Sachen zu unterscheiden ist:

⇨ Beim Verkauf von neuen Sachen (und bei Werkleistungen) ist in AGB eine Beschränkung der Verjährungsfrist auf ein Jahr möglich, vgl. § 309 Nr. 8 b) ff) BGB. Das gilt jedoch nicht für Bauleistungen i.S.d. § 438 Abs. 1 Nr. 2, § 634a Nr. 2 BGB (keine formularmäßige Verkürzung der 5-jährigen Verjährungsfrist zulässig) und nicht für Schäden, die auf einer grob fahrlässigen oder vorsätzlichen Verletzung von Pflichten des Verkäufers beruhen (§ 309 Nr. 7 b) BGB), sowie bei fahrlässiger (oder vorsätzlicher) Verletzung von Leben, Körper oder Gesundheit (§ 309 Nr. 7 a) BGB).

⇨ Bei gebrauchten Sachen kann – da die Gewährleistung gänzlich ausgeschlossen werden kann (es sei denn, der Verkäufer handelt vorsätzlich, § 276 Abs. 3 BGB, oder hat den Käufer arglistig über den Mangel getäuscht bzw. ihm eine Beschaffenheitsgarantie gegeben, § 444 BGB) – auch die Verjährungsfrist (beliebig) verkürzt werden. Dies ist erst recht zulässig. Das gilt jedoch nicht für Schäden, die auf einer grob fahrlässigen oder vorsätzlichen Verletzung von Pflichten des Verkäufers beruhen (§ 309 Nr. 7 b) BGB), sowie bei fahrlässiger (oder vorsätzlicher) Verletzung von Leben, Körper oder Gesundheit (§ 309 Nr. 7 a) BGB).

Beispiel: V verkauft K einen 5 Jahre alten Hengst und kürzt dabei die gesetzliche Verjährungsfrist für Ansprüche des K wegen eines Sachmangels des Tieres auf drei Monate nach Gefahrübergang ab (Fall nach BGH NJW 2020, 759). – Das ist zulässig, da V frei gewesen wäre, die Mängelrechte ganz auszuschließen. Selbst in AGB wäre die Verkürzung zulässig gewesen, sofern die Klauselverbote des § 309 Nr. 7 a) und 7 b) BGB beachtet worden wären.

c. Verbrauchsgüterkaufverträge

Bei Verbrauchsgüterkaufverträgen, also in erster Linie bei Kaufverträgen über bewegliche Sachen, bei denen auf Verkäuferseite ein Unternehmer und auf Käuferseite ein Verbraucher steht (vgl. § 474 Abs. 1 S. 1 BGB), ist der Ausschluss der Gewährleistung niemals zulässig (siehe § 476 Abs. 1 S. 1 BGB). Das gilt auch für (hier nicht weiter auszuführende) Werklieferungsverträge (§ 650 BGB), die Verbraucherverträge sind (bei denen also ein Unternehmer an einen Verbraucher leistet, siehe § 310 Abs. 3 BGB), da § 650 BGB auf die Kaufvertragsvorschriften (und damit auch auf § 476 BGB) verweist. Allein hinsichtlich der Frage, ob wenigstens eine Fristverkürzung möglich ist, bleibt Raum für eine Unterscheidung:

⇨ Beim Verbrauchsgüterkauf einer **neuen Sache** ist jegliche vertragliche Verkürzung der Verjährungsfrist bzgl. der in § 437 BGB bezeichneten Ansprüche auf weniger als zwei Jahre stets unzulässig (vgl. § 476 Abs. 2 BGB). Dabei spielt es keine Rolle, ob die Fristverkürzung einzelvertraglich (d.h. individualvertraglich) oder formularmäßig (also durch AGB) vereinbart wurde. Denn § 476 BGB ist zwingendes Recht. Die in § 476 Abs. 3 BGB angeordnete Geltung der §§ 307-309 BGB ändert daran nichts, da eine Erleichterung der Verjährung auch nach § 309 Nr. 8 b) ff) BGB unzulässig wäre.

⇨ Beim Verbrauchsgüterkauf einer **gebrauchten Sache** ist eine Verkürzung bis auf ein Jahr zulässig (§ 476 Abs. 2 BGB). Dabei spielt es ebenfalls keine Rolle, ob die Fristverkürzung individualvertraglich oder formularmäßig vereinbart wurde. § 309 Nr. 8 b) ff) BGB ist nicht anwendbar auf Kaufverträge über gebrauchte Sachen. Allerdings verstößt eine Klausel in AGB, die die gesetzliche Verjährungsfrist für die Gewährleistungsrechte des Käufers wegen eines Sachmangels verkürzt, nach Auffassung des BGH gegen § 309 Nr. 7 a) und 7 b) BGB. Zwar sei die Verkürzung der Verjährungsfristen bei Sachmängelhaftung grds. AGB-fest, nicht aber, wenn die in § 309 Nr. 7 a) und 7 b) BGB bezeichneten Schadensersatzansprüche nicht von der Verkürzung der Verjährungsfrist ausgenommen werden (BGH NJW 2013, 2584, 2585). Das heißt: In AGB darf eine Haftung für Schäden zwar ausgeschlossen werden, nicht aber, wenn sie vorsätzlich oder grob fahrlässig verursacht wurden oder wenn Leben, Körper oder Gesundheit betroffen sind. Allgemein anerkannt ist folgender formularmäßiger Haftungsausschluss: „Der Kaufge-

Verjährung und Beweislast

genstand wird unter Ausschluss jeglicher Gewährleistung verkauft. Der Ausschluss gilt nicht für Schadenersatzansprüche aus grob fahrlässiger bzw. vorsätzlicher Verletzung von Pflichten des Verkäufers sowie für jede Verletzung von Leben, Körper und Gesundheit."

*Beispiel (nach BGH NJW 2013, 2584): K kaufte von einem Autohaus einen Gebrauchtwagen, den er durch das Autohaus vor Übergabe mit einer Autogasanlage ausstatten ließ. Die Gebrauchtwagen-AGB des Autohauses sahen u.a. vor: „Sachmangel: Ansprüche des Käufers wegen Sachmängeln **verjähren in einem Jahr** ab Ablieferung des Kaufgegenstandes an den Kunden. (…). Haftung: Hat der Verkäufer aufgrund der gesetzlichen Bestimmungen nach Maßgabe dieser Bedingungen für einen Schaden aufzukommen, der leicht fahrlässig verursacht wurde, so haftet der Verkäufer beschränkt: Die Haftung besteht nur bei Verletzung vertragswesentlicher Pflichten und ist auf den bei Vertragsabschluss vorhersehbaren typischen Schaden begrenzt. Diese Beschränkung gilt nicht bei Verletzung von Leben, Körper und Gesundheit." Alsbald nach der Übergabe des Wagens traten Funktionsstörungen an der Gasanlage auf, sodass K das Fahrzeug mehrmals zum Autohaus zwecks Reparatur brachte. K setzte dem Autohaus schließlich eine Frist zur Erklärung der Reparaturbereitschaft und kündigte an, anderenfalls die Reparatur von einer anderen Werkstatt vornehmen zu lassen. K forderte die zu erwartenden Beseitigungskosten für den Sachmangel (ca. 1.300 €), Schadensersatz (800 €) und die Erstattung vorgerichtlicher Anwaltskosten. Das Autohaus hingegen berief sich auf die mittlerweile eingetretene Verjährung der geltend gemachten Ansprüche, da zwischen der Übergabe des Fahrzeugs und den geltend gemachten Ansprüchen mehr als ein Jahr liege.*

⇨ An sich ist beim Verbrauchsgüterkauf bei gebrauchten Sachen eine Verkürzung der gesetzlichen Verjährungsfristen von zwei Jahren auf ein Jahr möglich (§ 476 Abs. 2 BGB). Allerdings fand diese Vereinbarung nicht auf individueller Basis, sondern auf Basis von AGB statt. Das eröffnet die Prüfung der Wirksamkeit nach §§ 305 ff. BGB.

Eine Klausel in AGB, die die gesetzliche Verjährungsfrist für die Gewährleistungsrechte des Käufers wegen eines Sachmangels verkürzt, verstößt nach Auffassung des BGH gegen § 309 Nr. 7 a) und 7 b) BGB.

Zwar sei die Verkürzung der Verjährungsfristen bei Sachmängelhaftung grds. AGB-fest, nicht aber, wenn die in § 309 Nr. 7 a) und 7 b) BGB bezeichneten Schadensersatzansprüche nicht von der Verkürzung der Verjährungsfrist ausgenommen werden.

Zu beachten ist, dass in öffentlichen Versteigerungen (§ 156 BGB) wegen § 474 Abs. 2 S. 2 BGB auch gegenüber Verbrauchern die Verjährungsfristen unter den Mindestfristen des § 476 Abs. 2 BGB vereinbart werden können.

Beispiel: V verkauft im Rahmen einer öffentlichen Versteigerung K einen 5 Jahre alten Hengst und kürzt dabei die gesetzliche Verjährungsfrist für Ansprüche des K wegen eines Sachmangels des Tieres auf drei Monate nach Gefahrübergang ab (Fall nach BGH NJW 2020, 759).

⇨ Das ist zulässig, da V wegen § 474 Abs. 2 S. 2 BGB frei gewesen wäre, die Mängelrechte ganz auszuschließen. Selbst in AGB wäre die Verkürzung zulässig gewesen, sofern die Klauselverbote des § 309 Nr. 7 a) und 7 b) BGB beachtet worden wären.

Europarechtswidrigkeit des § 476 Abs. 2 BGB? Möglicherweise verstößt § 476 Abs. 2 BGB gegen die Verbrauchsgüterkauf-Richtlinie 1999/44/EG, da nach Art. 5 Abs. 1 S. 1 der RL die Haftungsdauer zwei Jahre ab Lieferung beträgt. Bei Gebrauchtgütern dürfen die Mitgliedstaaten diese Frist auf bis zu ein Jahr verkürzen. Nach der Lesart des EuGH bedeutet „Verkürzung der Haftungsdauer" aber nicht, dass den Parteien die Möglichkeit eingeräumt ist, die Dauer der in Art. 5 Abs. 2 S. 2 der RL genannten Verjährungsfrist zu begrenzen (EuGH DAR 2018, 254 ff.). Zu beachten ist jedoch, dass die Verbrauchsgüterkauf-Richtlinie demnächst von der Richtlinie (EU) 2019/771 v. 20.05. 2019 (Warenkauf-Richtlinie; WKRL) abgelöst wird. Die WKRL ist gem. Art. 24 Abs. 1 bis zum 1.7.2021 von den Mitgliedstaaten in nationales Recht umzusetzen; diese wenden die WKRL ab dem 1.1.2022 an. Im Zuge der damit verbundenen Umsetzung sind umfangreiche Änderungen im BGB zu erwarten und damit auch hinsichtlich der Verjährungsfristen.

d. Abgrenzung Neu- und Gebrauchtware

Die Abgrenzung zwischen „neu" und „gebraucht" kann sich im Einzelfall als schwierig erweisen. Kein Zweifel besteht jedenfalls in Fällen, in denen die Sache noch originalverpackt bzw. unbenutzt ist und auch Lagerhöchstfristen nicht überschritten sind. Handelt es sich bei der Sache aber um eine solche, die bereits aus der Verpackung herausgenommen wurde, bei der bereits eine einmalige oder gar mehrmalige Funktionsprüfung vorgenommen wurde oder die lange gelagert wurde, ist die Abgrenzung zwischen „neu" und „gebraucht" unklar. Praktische Beispiele sind „B-Ware", „Vorführware", „Retourware", „Lagerware" etc. Auch bei Tageszulassungen von Kfz ist die Einstufung unklar.

Noch schwieriger ist die Abgrenzung zwischen „neu" und gebraucht" bei **Tieren**, da Tiere nicht „neu hergestellt", sondern geboren werden oder schlüpfen. Zudem seigt bei Lebewesen mit zunehmendem Alter das Lebens- und Gesundheitsrisiko. Man könnte sich somit auf den Standpunkt stellen, dass ein Tier gleich nach der Geburt – mit der ersten Nahrungsaufnahme oder den ersten Bewegungen – zu einer „gebrauchten Sache" wird. Dann aber gäbe es praktisch keine „neuen Tiere" und die Verjährungsfrist wäre vertraglich stets auf ein Jahr reduzierbar, was aus Sicht des Käufers nicht angemessen erscheint. Nach der gesetzgeberischen Wertung sind jedenfalls junge Haustiere nicht als „gebraucht", sondern als „neu" anzusehen (BT-Drs. 14/6040, S. 245). Damit verlagert sich das Abgrenzungsproblem auf die Frage, wann ein Tier noch als „jung" anzusehen ist. Nach dem BGH ist die Abgrenzung zwischen „neu" und „gebraucht" sowohl bei Sachen als auch bei Tieren nach einem **objektiven Maßstab** vorzunehmen und daher – jedenfalls bei einem Verbrauchsgüterkauf – einer Parteivereinbarung entzogen (BGH NJW 2007, 674, 677; vgl. auch OLG Hamm MMR 2014, 386, 387). Das bedeutet, dass es nicht in der Hand der Vertragsparteien (insbesondere nicht in der des Verkäufers) liegt, über die Frage „neu" oder „gebraucht" zu entscheiden. Denn anderenfalls könnte der Verkäufer über die Bezeichnung der Sache (oder des Tieres) als „gebraucht" eine Verkürzung der gesetzlichen Verjährungsfrist von 2 Jahren auf 1

Jahr herbeiführen und damit die Regelung des § 476 Abs. 2 BGB umgehen.

Sachen gelten dann als „gebraucht", wenn sie vom Hersteller, vom Verkäufer oder von einem Dritten **bereits ihrer gewöhnlichen Verwendung zugeführt wurden und deshalb mit einem höheren Sachmängelrisiko behaftet sind** (OLG Hamm MMR 2014, 386, 387). Diese Auslegung entspricht der EU-Verbrauchsgüterkauf-Richtlinie, die ja dem Verbrauchsgüterkaufrecht zugrunde liegt und wo – in der englischen Fassung – in Art. 7 Abs. 1 von „second-hand goods" (also sinngemäß von „aus zweiter Hand") gesprochen wird.

Bei Tieren hat der BGH eine Präzisierung vorgenommen, speziell ging es im Fall um ein Pferd. Er hat entschieden: „Für die Frage, ab welchem Zeitpunkt ein noch nicht genutztes Pferd nicht mehr als „neu" zu bewerten ist, lassen sich keine allgemein gültigen zeitlichen Grenzen aufstellen. Jedenfalls ist ein zum Zeitpunkt des Verkaufs weder gerittener noch angerittener und auch nicht einer sonstigen Verwendung (etwa Zucht) zugeführter knapp zweieinhalb Jahre alter Hengst, der schon seit längerer Zeit von der Mutterstute getrennt ist, infolgedessen über einen nicht unerheblichen Zeitraum eine eigenständige Entwicklung vollzogen hat und seit längerem geschlechtsreif ist, als „gebraucht" im Sinne von § 474 Abs. 2 Satz 2 BGB beziehungsweise als nicht „neu hergestellt" im Sinne von § 309 Nr. 8 Buchst. b Doppelbuchst. ff BGB anzusehen" (BGH NJW 2020, 759, 764).

Allein der Umstand, dass eine Sache nicht mehr original verpackt ist bzw. ihre Originalverpackung beschädigt wurde oder fehlt („**B-Ware**"), macht diese nicht zu einer „gebrauchten" Sache, solange es an jeglicher Verwendung fehlt, die mit einer Erhöhung des Sachmängelrisikos verbunden sein könnte (OLG Hamm a.a.O.). Selbst das einmalige Auspacken und Vorführen eines Geräts seitens des Verkäufers macht die Sache nicht zu einer „gebrauchten". Denn hierdurch wird der Artikel nicht schon seiner gewöhnlichen Verwendung zugeführt. Zudem ist in einem solchen Fall die Sache nicht einem eine Verkürzung der Gewährleistungsfrist rechtfertigenden Mängelrisiko ausgesetzt.

„Kfz-Tageszulassungen" (und erst recht noch nicht zugelassene Fahrzeuge) sind grundsätzlich als Neufahrzeuge zu betrachten, wenn

- das betreffende Modell noch in unveränderter Form hergestellt wird,
- nicht mehr als zwölf Monate zwischen Kauf und Produktion verstrichen sind,
- das Fahrzeug keine Standschäden aufweist
- und es auch noch nicht am Straßenverkehr teilgenommen hat, d.h. noch nicht genutzt wurde (BGH NJW 2004, 160 f.).

Als „neu" sollen auch Fahrzeuge gelten, die nur zur Fahrzeugüberführung und dabei nicht mehr als 1.000 Kilometer gefahren wurden (LG Bielefeld DAR 2002, 35; OLG Stuttgart MDR 2000, 1315). Das ist angesichts der Bedeutung des „richtigen" Einfahrens sehr bedenklich, zumal der Käufer eines Neuwagens nicht unbedingt damit rechnet, dass das gekaufte Neufahrzeug bereits eine solche hohe Laufleistung aufweist.

Bei mehrmaliger Vorführung eines Geräts oder bei **Vorführgeräten** im eigentlichen Sinne ist dies jedoch regelmäßig anders zu beurteilen, da hier eine echte Benutzung vorliegt (OLG Hamm a.a.O.).

Bei **Lagerware** ist von Neuware auszugehen, wenn sie durch die Lagerung keinen Schaden erlitten hat und nach wie vor in der gleichen Ausführung hergestellt wird (vgl. OLG Saarbrücken WRP 2014, 987). Sie ist jedoch „Gebrauchtware", wenn sie eine lange Zeit unter unbekannten Bedingungen gelagert wurde bzw. wenn die vom Hersteller angegebene Höchstlagerdauer überschritten ist (OLG Saarbrücken a.a.O.). Bei Überschreiten der vom Hersteller genannten maximalen Aufbewahrungsdauer kann ein Produkt nicht mehr als neu bezeichnet werden. Hersteller insbesondere von Kfz-Verschleißteilen (Reifen, Öle etc.) versehen ihre Produkte regelmäßig mit Angaben zur maximalen Lagerzeit, allein schon deshalb, um ihr Risiko von Schadensersatzklagen nach dem Produkthaftungsgesetz zu mindern. Daher ist es nicht nur zulässig, sondern auch üblich, dass Verkäufer in derartigen Fällen die Sache als Gebrauchtware deklarieren.

Das gilt erst recht bei „**Vorführwagen**", also bei Wagen, die Kunden zu Probefahrten überlassen und damit gewerblich genutzt wurden.

Bei **Tieren** kann das bloße Alter nicht (stets) entscheidend sein, solange das Tier noch „jung" ist. Wann ein Tier als „jung" gilt, ist anhand der rasseüblichen Kriterien zu bestimmen. So sind Hundewelpen „neu", wenn sie maximal ca. 12 Wochen alt sind. Auch ist ein im Zeitpunkt der Übergabe erst sechs Monate altes Fohlen, das sich überdies noch nicht von der Mutterstute „abgesetzt" hat, ein Jungtier und damit ein „Neutier" (BGH NJW 2007, 674, 675). Nicht mehr „neu" ist ein Tier aber, wenn es einem bestimmten Zweck dienen soll und dafür bereits verwendet wurde. Unter den Begriff „verwendet" fällt in diesem Fall auch der Beginn einer entsprechenden Ausbildung des Tieres (BGH a.a.O.).

Fazit: Ist eine Sache oder ein Tier objektiv „neu", kann sie bzw. es nicht mit der vereinbarten Beschaffenheit „gebraucht" verkauft werden, um eine Verkürzung der Verjährung von Mängelansprüchen des Verbrauchers zu ermöglichen. Der mit § 476 Abs. 2 BGB beabsichtigte Verbraucherschutz wäre ausgehöhlt, wenn die Eigenschaft „gebraucht" einer Parteivereinbarung zugänglich wäre.

II. Beweislast

Erfolg und Misserfolg eines Zivilprozesses hängen sehr oft von der Frage ab, wer die Beweislast für eine anspruchsbegründende Tatsache trägt. Grundsätzlich trägt der Anspruchsteller (also derjenige, der einen Anspruch geltend macht), die Beweislast dafür, dass die Voraussetzungen des Anspruchs vorliegen. Er trägt damit grundsätzlich auch die volle Beweislast für das Vorliegen eines Sachmangels im Zeitpunkt des

Gefahrübergangs. Gelingt ihm dieser Beweis nicht, wird er keinen Erfolg haben. Zu etwaigen Beweislasterleichterungen vgl. bereits S. 66.

Eine Besonderheit gilt wiederum bei einem **Verbrauchsgüterkauf**: Zwar trägt auch hier grundsätzlich der Anspruchsteller die volle Beweislast für das Vorliegen eines Sachmangels im Zeitpunkt des Gefahrübergangs. Allerdings hat der Gesetzgeber in § 477 BGB eine Beweislastumkehr in den ersten 6 Monaten nach Gefahrübergang angeordnet: Es besteht die widerlegbare Vermutung, dass der Mangel *bereits bei Gefahrübergang* bestand. Die Beweislastumkehr betrifft also nur den Zeitpunkt des Mangels, nicht den Mangel selbst. Allerdings gestattet das Gesetz es dem Anspruchsgegner, den Entlastungsbeweis zu erbringen, was i.d.R. nur durch ein Sachverständigengutachten Erfolg versprechend ist.

Beachte: Dadurch, dass beim Verbrauchsgüterkauf die Beweislastumkehr nur während der ersten 6 Monate nach Gefahrübergang greift und danach der Käufer das Vorliegen eines Mangels zum Zeitpunkt des Gefahrübergangs beweisen muss, heißt das für die Praxis, dass nach Ablauf der ersten Monate zum Vorschein tretende Mängel kaum durchgesetzt werden können, jedenfalls nicht ohne (kostenaufwändiges) Sachverständigengutachten.

Sachverzeichnis

Abgrenzung Neu – Gebraucht 191
Abschlusszwang 11 f.
Abzug (Ausgleich) neu für alt 91
AGB 174 ff.
Agenturgeschäft 180
Anfechtung 57 ff.
Angebot 3
Annahme eines Angebots 3
Anzahl Nachbesserungsversuche 93
arglistige Täuschung 62
arglistiges Verschweigen Mangel 62, 125, 165, 173, 174, 186
Autokauf 27 ff., 41 ff.
Aufwendungen 123, 160 ff.
Aufwendungsersatzanspruch 160 ff.
Auktion 19
Aus- und Einbaukosten Nacherfüllung 105
Ausschluss Gewährleistung 163 ff.
Ausschluss Rücktritt 134
Ausschluss Widerrufsrecht 17 ff.

B-Ware 192
Begleitschäden 151
Beschaffenheitsgarantie 56
Beschaffenheitsvereinbarung 24 ff.
Beweislast 2, 40, 66, 98, 162, 194 f.

Darlegungslast 67 ff.

Eigenschaftsirrtum 58
Eignung für gewöhnliche Verwendung 36
Eignung für vertraglich vorausgesetzte Verwendung 34
Entbehrlichkeit Fristsetzung 130
Ersatzlieferung 61, 75
Ersparte Aufwendungen 87, 138

Fehlerbegriff 23
Fernabsatzverträge 16
Fliesenfall 106 ff.
Formfreiheit/Formzwang 9
Fristsetzung (vor Rücktritt) 128
Fristsetzung (bei Schadensersatz) 153

Garantie 54
Gattungsschuld 76 ff.
Gebrauchte Sachen 39 ff.
Gebrauchtwagen 31 ff., 41 ff.
Gefahrübergang 52
Geschäftsfähigkeit 3
Gewährleistungsausschluss 163 ff.
Gewährleistungsrechte 70 ff.
Grenzen Gewährleistungsausschluss 165 ff.

Haftungsausschluss 158 ff.
Haltbarkeitsgarantie 56
Herstellergarantie 54

Immobilienkauf 65, 177

Kaufpreisminderung 141 ff.
Kfz-Tageszulassung 28, 30, 144, 193
Kontrahierungszwang 11 f.
Kosten der Nacherfüllung 98
Kosten der Schadensermittlung 157
Kosten der Suche nach Mängelursache 123
kurzlebige Produkte 49

Lagerware 193
Lieferung mangelfreie Sache 75 ff.

Mangelbegriff 23 ff.
Mangelbeseitigung 73 ff.
Mangelfolgeschaden 151, 156
Mangelschaden 156 ff.
Mangelverdacht 50
Minderung Kaufpreis 141 ff.

Nachbesserung 73 ff.
Nachbesserungsversuche (Anzahl) 93
Nacherfüllung 71 ff.
Nacherfüllungsort 102
Nacherfüllung Kosten 98, 105
Nachlieferung 80 ff.
Nebenpflichten 15
Neuwagenkauf 25, 27
Nutzungsausfallschaden 156
Nutzungsersatz 87, 90, 138

Ort der Nacherfüllung 102

Produktprüfpflicht 112, 154 f.

Rechte bei Sachmängeln 70 ff.
Rechtsanwaltskosten 157
Rechtsbindungswille 6
Rückgewährschuldverhältnis 137
Rückgriff gegen Lieferanten 162
Rücktritt vom Kaufvertrag 127 ff.

Sachmangel-Begriff 23 ff.
Sachverständigenkosten 123, 157
Schadensermittlung 157
Schadensersatz 147 ff.
Schadensersatz neben der Leistung 151
Schadensersatz statt der ganzen Leistung 150
Schadensersatz statt der Leistung 147
Stellvertretung 3
Schweigen im Rechtsverkehr 10
Stückschuld 79 ff.

Tageszulassung (Autokauf) 28, 30, 144, 193
Täuschung 62
Taschengeld (Minderjährige) 5
Ticket(vor)verkauf 19
Tierkauf 47, 92, 161, 194
Trennungsprinzip 13

Umgehungsgeschäfte 180
Unfallwagen 43

Sachverzeichnis

unklare Mangelursache 123
Unmöglichkeit der Leistung 133
Unverhältnismäßigkeit 112, 124 ff.
Unzumutbarkeit 112, 124 ff.

Verbrauchsgüterkauf 15, 40, 117, 132, 169, 175, 187, 195
Verjährung 184 ff.
Verkürzung Verjährungsfrist 188 ff.
Verschleißteile 48
Verschulden 153
Versendungskauf 54
Verspätungsschaden (Verzögerung) 152, 156
Vertragsfreiheit 11

Vertretenmüssen 153
Vertretung 3
Vorführwagen 28, 31, 194

Wechsel Minderung zu Rücktritt 142
Wechsel Nacherfüllungsart 95
Werklieferungsvertrag 121
Wertersatz 91, 138
Widerrufsrecht 15
Willenserklärungen 3

Zur-Verfügung-Stellen zwecks Prüfung 100
Zustandekommen Kaufvertrag 3 ff.

Notizen